LES FORÇATS

DU MARIAGE

PAR

M.-L. GAGNEUR

PARIS

AUX BUREAUX DE L'ADMINISTRATION DU *FIGARO*

5, RUE COQ-HÉRON, 5

1869

LES
FORÇATS DU MARIAGE

I

Le 21 avril 1860, le comte Robert de Luz, l'un de ces oisifs fastueux qu'on appelle les rois de la mode, annonçait ainsi à son ami Pierre Fromont une nouvelle qui faisait scandale dans le monde du *high life* :

« Mon cher ami,

Avant de lire cette lettre, mets-toi en parfait équilibre, cale ta chaise et cramponne-toi à tout ce qui peut te soutenir. Es-tu solide ? — Oui. — Gare le choc ! Eh bien ! je me marie !...

Allons ! remets-toi... Le coup a été rude, hein ? Ton pauvre Robert !... Que veux-tu ! Il y a comme cela dans la vie des naufrages inattendus, des désastres inouïs ! Cependant, rassure-toi ; je n'ai subi dans ma personne aucune avarie grave, ni au moral, ni au physique. Je continue à jouir de l'usage complet de mes facultés. Je possède encore toutes mes dents et la plus grande partie de mes cheveux. Enfin, il ne me pousse pas le plus léger bedon.

Quoi donc a pu me conduire à cette résolution désespérée ? Un beau matin, le comte de Luz s'est réveillé comte Job, c'est-à-dire ruiné de fond en comble. Les huissiers étaient à ma porte, menaçant de saisir mon mobilier et mes tableaux, mes beaux tableaux ! Au mot tableau, tu t'attendris, n'est-ce pas ? mon cher artiste. Toi qui es un sage, tu ne comprends guère qu'on puisse manger en dix ans une fortune de huit millions. J'ai jeté mon argent par toutes les fenêtres ; je suis un vil dissipateur, je le reconnais. Je m'en flatte même ; car le dissipateur, selon moi, a une véritable mission sociale. Il éparpille ces monstrueux amas de richesses qui font les grandes misères.

Or, que pouvait faire un pauvre diable de comte comme moi, sans comté et sans un sou vaillant ? Travailler ?... A quoi ? — Ce n'était pas possible. Sérieusement, est-ce que je suis fait pour cela ?

Le stoïcisme dans l'infortune, les joies du travail austère, épargne-moi ces vertueuses sornettes.

Il y a parmi les hommes, comme parmi les végétaux, cela est incontestable, des êtres utiles et des êtres de luxe. Toute modestie à part, puis-je me classer parmi les légumes ? Non, car je ne suis bon à rien. Ma destinée, c'est le plaisir.

Le mariage, cette belle institution sociale, a été inventé évidemment par les hommes légumes à l'usage des hommes légumes ; et si je me résous à descendre dans cette classe intéressante des légumineux, c'est que mon mariage doit m'apporter trois cent mille francs de rente.

Les industriels Patouillet payent à leur unique enfant le titre de comtesse. S'inquiètent-ils autrement de son bonheur ? Non. Et pourtant, selon toute probabilité, elle sera malheureuse.

Toutefois, je suis moins pervers qu'on ne le pourrait croire : j'ai des remords. Je sens fort bien que je commets-là une très vilaine action. C'est la première de ma vie. Je le dis avec quelque fierté.

Vendre son titre, c'est honteux, crieront les augustes fossiles du noble faubourg. Mais moi qui n'attache à ce titre que la valeur qu'on veut bien lui donner, je le vends avec d'autant moins de scrupules que les Patouillet me l'achètent fort cher.

Ce qui me semble déloyal, immoral même dans le sens vrai du mot, c'est d'engager frauduleusement ma liberté, alors que je compte bien la garder tout entière; c'est de me lier par un serment éternel, quand dans six mois... que dis-je? dans trois mois peut-être... Tiens, je ne suis pas sûr, en ce moment même, d'être fidèle à ma femme plus de quinze jours; car ni serment ni sacrement ne pourront jamais faire que je ne sois par nature, par race, un parfait mauvais sujet, d'autant plus inconstant que je suis plus blasé; aussi passionné que sceptique, et plus sceptique que toi.

Quelle gracieuse fille pourtant que Marcelle Patouillet! On se demande par quel phénomène de génération de simples légumes, comme les Patouillet, ont pu produire une fleur aussi rare.

Cependant, comme artiste, tu apprécierais peu sa beauté. Pour toi, qui es un vigoureux réaliste, les chairs sont trop blanches, trop morbides. Ce n'est point une baigneuse de Courbet, c'est une fine et frêle Parisienne.

Figure-toi un petit pied cambré, coquet, un vrai pied de race, une main étroite, allongée, d'une transparence nacrée et rose en dedans comme une coquille. Le front un peu bombé, réfléchi et mélancolique, la bouche sérieuse, fière, un peu triste, mais un sourire si bon, si tendre, et des dents mutines et fraîches, les dents d'une enfant.

Elle a adopté une coiffure grecque qui sied à ses cheveux blonds, à son profil pur. Elle est grande. Son corps souple, trop souple même, semble toujours chercher un appui. Je voudrais à la future comtesse de Luz plus de hauteur dans l'attitude. Mais j'oublie de te parler de ses yeux. Ils sont d'un bleu sombre, profonds et lumineux. Sais-tu ce que je lis avec terreur dans son regard? Une âme ardente et douce, des affections concentrées et éternelles. Toutes les fois que je rencontre ce regard qui semble scruter le mien, j'éprouve comme un frisson au cœur. Je sens que cette pauvre fille va m'aimer de toute son âme, tandis que moi...

Au portrait que je viens de tracer, tu as pu croire que je l'aimais. Eh bien! non, je ne l'aime pas. J'ai beau me fouetter l'imagination, elle ne m'inspire que de la pitié. Je suis attendri auprès d'elle, jamais troublé. Pourquoi? C'est peut-être qu'à mon insu tout mon être se révolte à cette pensée d'amour forcé et éternel. Ce devoir et cette chaîne perpétuelle me font comprendre par instant tous les crimes du mariage, me font comprendre comment une créature honnête, enserrée dans ces liens inextricables, peut devenir perverse jusqu'à la férocité.

Pour quelques drames sanglants qui se déroulent devant les tribunaux, que de forfaits ignorés, que de turpitudes secrètes, que de mystérieuses douleurs! Et en dehors de ces crimes effectifs, que de crimes de désirs! « Ah! si pour faire mourir son prochain, il ne s'agissait que de cligner de l'œil, disait Jean-Jacques, combien de couples resteraient debout? »

Après cela, je prête peut-être à ma fiancée des pensées et des sentiments qui ne sont point en elle. Je l'ai vue au plus une dizaine de fois, et toujours devant maman Patouillet, cela va sans dire. Que sait-elle de mon passé? Rien. J'ignore tout d'elle également. Dans les pays où le divorce est établi, il est permis de se voir, de s'étudier avant le mariage; mais chez nous, où on se lie pour la vie, on ne doit que s'entrevoir. Au reste, c'est peut-être logique: si l'on se connaissait davantage, voudrait-on se lier pour toujours? Si Marcelle, en effet, connaissait cet être capricieux, personnel, corrompu, qui s'appelle le comte de Luz, son cœur virginal ne frémirait-il pas à l'idée de s'unir à ce cœur fatigué, mais non rassasié, toujours avide d'émotions, d'excitations factices?

Mon mariage est-il une exception? Point. Tous les mariages aujourd'hui se concluent dans des conditions analogues. Faut-il s'étonner que notre société tombe en pourriture, quand le mensonge, l'hypocrisie, la corruption sont à la base même, dans la constitution du foyer? Le mariage indissoluble est, selon moi, la plus immorale de nos institutions. J'ai l'air de faire du paradoxe. Mais, si tu réfléchis, tu reconnaîtras que nos coutumes seules sont paradoxales, nos mœurs, absurdes, nos préjugés, idiots.

Ces colères, diras-tu, me seyent assez mal. C'est vrai; mais je suis irrité contre moi-même, irrité contre tout le monde; car je me sens sur le point de perdre mon estime propre, et je ne prévois pas bien au juste de quelle façon je vais patauger à travers les entraves morales et matérielles du mariage. Que ferai-je de mes passions? La raison, peuh! Il n'y a que les lymphatiques qui raisonnent. Me jeter dans la politique, rechercher les dignités, les honneurs? Je ne suis pas ambitieux; car je ne suis pas plus bilieux que lymphatique. Etant nerveux, sanguin, il me faut les plaisirs qui surexcitent jusqu'à la fièvre.

l'amour, le jeu, le mouvement, le bruit, la vraie vie enfin.

Je termine ma lettre, déjà trop longue, par une bonne et honnête résolution. Je veux faire quelque chose pour cette charmante fille qui va me confier son bonheur; je veux rompre avec la princesse et avec Nana. Enfin, j'irai ce soir annoncer mon mariage à ma belle Juliette. J'en ai froid entre les épaules. Pauvre Juliette! Elle m'aime tant! Et moi... Je n'ose sonder mon propre cœur. L'aimer, c'est beaucoup dire. Mais ses regards pleins d'un amour aussi ardent que naïf, sa voix aux vibrations émues, la volupté irritante qui émane de toute sa personne me troublent malgré moi.

Qu'on ne m'accuse pas d'être un libertin. Je n'aurais eu qu'un mot à dire, pas même un mot, un regard, une pression de main, eussent suffi pour que cette superbe fille me tombât dans les bras. Je l'ai respectée pourtant. Est-ce par vertu? Non, c'est peut-être par un raffinement de corruption.

Tu ne saurais croire que de voluptés dans cette lutte contre le désir. Et puis, un amour platonique, c'était si nouveau pour moi! Enfin... Tu sais quelle lugubre histoire me fit faire la connaissance de cette enfant. Eh bien! je renoncerai même à cet amour chaste, car il est plein de dangers pour elle, pour moi, pour l'avenir de tous.

Quitte donc ton air rogue, donne-moi l'absolution et récite sur ton pauvre Robert un *De profundis*. Dans quel abîme va-t-il rouler, grands dieux?

Ton ami toujours,

COMTE DE LUZ.

Ayant terminé cette lettre, Robert prit une autre feuille de papier qui portait ses armoiries avec cette devise : *Fiat lux.*

« Ma belle princesse et adorée souveraine, écrivit-il, je vais me marier!!! Pardonnez-moi de vous annoncer aussi brutalement cette nouvelle; mais voilà une heure que je cherche en vain une formule décente pour vous instruire d'un fait aussi prosaïque. Il est vrai que mon émotion très réelle en écrivant ces lignes, qui peut-être vont nous séparer à jamais, m'ôte un peu de ma présence d'esprit ordinaire. Croyez que pour recourir à cette honteuse extrémité il a fallu que j'y fusse contraint par d'irrémédiables désastres. Pardonnez-moi de vous les avoir cachés. Vous m'eussiez offert peut-être dans votre royale générosité de partager vos roubles avec moi. Mais ce que l'honneur m'empêche d'accepter d'une femme que j'aime, je puis sans honte l'accepter d'une femme que je n'aime pas,

à cette condition que le contrat soit paraphé devant notaire.

Adieu donc! Et j'ai le cœur bien gros en prononçant ce mot. Je ne vous dirai pas le : « Soyez heureuse » traditionnel. Non; j'espère que vous souffrirez un peu de notre séparation, pas trop cependant. Je ne veux pas que des larmes rougissent vos beaux yeux. Rappelez-vous nos conventions : tout entre nous doit rester élégant, le chagrin comme le bonheur. Vous m'avez toujours paru la plus complète personnification de la coquetterie noble, du plaisir délicat. Notre amour n'a jamais été de la passion, car la passion vraie fait souffrir, et la vraie souffrance est laide.

Or, vous ne pouvez être que belle, toujours belle. Tout mon mérite est d'avoir su vous comprendre et vous adorer comme vous êtes digne de l'être. Daignez donc, je vous en prie, garder un bon et tendre souvenir à votre admirateur toujours enthousiaste et profondément reconnaissant.

ROBERT DE LUZ. »

Robert essuya une larme et sourit.

— Bah! dans quinze jours elle ne pensera plus à moi, et le baron de T... recueillera mon héritage.

Il prit une feuille de papier encadrée d'une large bande noire, et traça rapidement ces mots :

« Ma chère Nana,

Tu sais l'événement funèbre. C'est dans deux jours l'enterrement de ton pauvre Robert. On se réunit après demain 23 avril, dans son hôtel de la rue Montaigne. Invite tes amies. Convoi de première classe. Dîner de sept heures à dix; de dix à trois heures du matin, bacchanale échevelée digne de la décadence romaine. Que dis-je? Je veux que nous, pauvres petits crevés de la décadence parisienne, nous enfoncions ces grands Romains dont on rabâche depuis trop longtemps. A trois heures l'enterrement; cotillon lugubre et carnavalesque. Les dames en dominos noirs, les hommes en croque-morts.

On parlera de cette fête dans la postérité la plus reculée.

Désarticule tes jarrets, aiguise ton esprit, chauffe ton entrain d'enfer. Je veux qu'on te porte en triomphe, et que les foules te proclament la reine du Sabbat.

On vous supplie, ô trop belle Nana, d'être fidèle pendant deux jours encore, en signe de deuil, au malheureux trépassé.

Ton ex-Othello,

ROBERT. »

Ces trois lettres terminées, Robert sonna :

— Jetez ces lettres à la poste, dit-il à son valet de chambre. Faites-moi servir mon dîner et qu'on apprête mon coupé ; je sortirai à sept heures.

Puis il s'étira les bras et soupira.

— Quelle fatigue que l'existence ! pensa-t-il. Les riches se donnent autant de peine pour s'amuser que les pauvres pour vivre. Celui qui travaille, du moins, n'a pas le temps de sentir son cœur : la fatigue physique le sauve de ces fièvres morales qui nous usent avant l'âge, nous, malheureux oisifs !... Et cette agitation maladive devient pour nous, non-seulement un attrait, mais un impérieux besoin.

C'est pourquoi je ne puis aimer Marcelle ; car ce serait le bonheur sans fatigue, sans souffrance. C'est pourquoi j'aimerai Juliette, quoi que je fasse, parce que Juliette, c'est l'émotion vertigineuse, la passion qui fait souffrir, mais qui fait sentir la vie... Néanmoins, ce soir, j'essayerai de rompre, je lui annoncerai mon mariage.

Il se leva. En pensant à Juliette, une chaleur brûlante l'avait envahi, ses mains étaient moites ; une sorte d'angoisse lui tordait les nerfs.

Il ouvrit sa croisée.

En cet instant le ciel, qui tout le jour avait été sombre, s'éclaira des feux pourpres du soleil couchant. Robert sembla comme enveloppé de flammes.

— Vive le soleil, la passion, le plaisir, l'amour, tout ce qui réchauffe, tout ce qui fait vivre ! s'écria-t-il gaiement. Bon et généreux soleil, que de fois déjà ne m'as-tu pas consolé !

Et chassant soudain la philosophie noire qui l'avait un moment attristé, cet être mobile se baigna avec ivresse dans ces clartés chaudes et joyeuses.

En véritable artiste, Robert était un fanatique de la lumière, un idolâtre du soleil. Le soleil, pour lui, c'était le créateur souverain, le dispensateur de la vie, la vraie source d'amour, c'était Dieu lui-même.

« Nos passions, disait-il, ne sont que des émanations de cet astre divin. Aussi les hommes du Nord sont-ils froids, flégmatiques, et les habitants du Sud, ardents, enthousiastes. Enthousiasme ne signifie-t-il pas Dieu en nous, Dieu, c'est-à-dire la vie, la chaleur, l'expansion, la lumière qui rayonne, le soleil, en un mot ? »

Son corps comme son âme semblaient formés d'un rayon de soleil. Ses cheveux blonds avaient des reflets d'or qui scintillaient. Sa peau d'ambre pâle avait elle-même un grain lumineux. Ses yeux noirs paraissaient en pleine lumière d'un jaune brun. Son regard, parfois insaisissable comme sa nature fantaisiste, pouvait exprimer, dans la même heure, tous les contrastes, toutes les nuances de l'esprit, ou toute la gamme des passions humaines. Ce qui dominait pourtant, c'était une expression d'ardeur voluptueuse, non-seulement dans le regard, mais dans le tour des paupières et le bas du visage déjà fatigués, dans la narine soulevée, dans les lèvres sensuelles, rouges, un peu grasses, et jusque dans les dents petites et brillantes, où se lisait l'impatience du désir.

Sa structure élégante et svelte n'accusait point la force ; cependant on devinait dans cet homme une vitalité nerveuse très puissante. Sa main petite et blanche comme une main de femme, molle et flévreuse comme celle des hommes adonnés aux voluptés, avait pourtant des muscles d'acier. On citait de Robert des faits qui dénotaient une vigueur peu commune.

C'était bien réellement, comme il le disait lui-même, une créature de luxe faite pour le plaisir, pour ses excès et ses fatigues.

Gâté par son père, par sa mère, par toutes les femmes, resté maître dès vingt ans d'une grande fortune, il ne semblait pas se douter à trente ans que la vie pût cacher des obstacles et des déboires. Sa ruine l'avait étonné plutôt qu'attristé. Il comptait sur un prompt secours ; car très naïvement il croyait qu'aucun malheur véritable ne pouvait l'atteindre.

Et cependant, quelque peu mâtée par l'infortune, cette forte et exubérante organisation eût pu devenir une individualité remarquable. Son esprit original, sa vive intelligence, son âme généreuse, sa parole passionnée l'eussent rendu apte aux fonctions sociales les plus hautes ; mais énervé trop tôt par l'amour et par la morale facile de notre époque, il résumait toute sa philosophie dans ces mots : « Notre vie n'a, et ne peut avoir qu'un but, le bonheur. Le vrai sage doit le prendre où il le trouve, et le saisir vite quand il le rencontre. »

II

Pour la première fois, cet enfant gâté de la fortune se trouvait en face d'une situation sérieuse. Comme il était resté, au milieu de sa vie de plaisir, scrupuleusement honnête, grande était sa perplexité malgré le ton frivole qu'il tâchait d'affecter.

Il dîna fort mal, du bout des dents.

À sept heures, il sortit, et dit à son cocher :

— Rue de Vaugirard, en face du Luxembourg.

Quand il y arriva, les portes étaient encore ouvertes. Il traversa le jardin, sortit par la rue de Fleurus. A l'angle de la rue Jean-Bart, il longea une muraille élevée et noirâtre, s'arrêta devant une petite porte verte et sonna.

Une femme âgée vint lui ouvrir.

— Madame de Brignon? demanda-t-il.

— Elle s'est trouvée un peu indisposée ce soir, et s'est couchée.

— Mademoiselle Delormel?

— Mademoiselle est au jardin, répondit la vieille femme.

Le jardin était assez vaste. Il faisait déjà sombre. Les derniers reflets du jour éclairaient seulement le haut des arbres. L'atmosphère était lourde, électrique et chargée d'effluves printanières.

Robert, en pénétrant dans ce jardin, se sentit oppressé.

Il regarda sa montre.

— Je n'ai que vingt minutes, pensa-t-il, car je dois être à neuf heures chez les Patouillet.

Il marcha plus vite. Puis il ralentit le pas. On eût dit qu'il hésitait.

Tout à coup un petit cri contenu s'échappa d'un fourré de charmille.

Il s'arrêta.

— Où êtes-vous donc, Juliette? dit-il à demi-voix.

Une jeune fille sortit du massif, et se présenta en lui tendant la main.

Il prit cette main et la porta à ses lèvres.

Juliette s'appuya contre un arbre, comme si elle défaillait.

— Qu'avez-vous? demanda Robert anxieux.

— Rien. Le froid sans doute.

— Il est tard en effet, reprit Robert qui ne voulut pas s'apercevoir du trouble qu'il causait. Que faisiez-vous là toute seule?

— Toute seule! Ne suis-je pas toujours seule? fit-elle amèrement. Je pensais...

— A quoi?

— A vous.

La voix de Juliette, en prononçant ces mots, eut une vibration qui fit tressaillir le jeune homme.

— Et que pensiez-vous de moi? dit-il gaiement.

— Je souffrais, répondit-elle d'un ton brusque. Il y a huit jours que je ne vous ai vu, et vous êtes mon seul ami.

— Mille pardons, chère enfant, j'ai eu tant d'affaires sur les bras!

— Des affaires! Je croyais que vous n'aviez d'autres soucis que vos plaisirs.

— Je vais vous faire une grosse confidence. Mais n'aurez-vous pas trop de chagrin si je vous raconte mes malheurs?

— Je vous en prie, dites-les-moi.

— Je suis ruiné.

— Ah! tant mieux! exclama Juliette en lui serrant fortement le bras.

— Je vous croyais plus d'amitié pour un vieux camarade.

— Vous ne me comprenez pas.

— Alors je demande une explication.

— Il ne me plaît pas de m'expliquer.

— Bizarre fille! murmura Robert. Vous vous ennuyez bien ici, n'est-ce pas, Juliette?

— Oh! oui, surtout quand je passe huit jours à attendre quelqu'un qui ne vient pas.

Il y avait des larmes dans sa voix.

— Pardonnez-moi, dit Robert.

— Non.

— Pourquoi?

— Parce que cela me coûterait, et que vous n'y tenez guère.

— Enfant gâtée.

— Gâtée, moi!

— Votre grand'mère est souvent grondeuse, j'en conviens.

— Qu'est-ce que cela me fait?

— Alors c'est la solitude qui vous ennuie. En effet, depuis votre sortie du couvent, votre vie est bien triste pour une jeune fille. Sans doute, je me suis assez mal acquitté du devoir que j'ai contracté, il y a bientôt huit ans, lorsque je promis à votre mère mourante de veiller à votre bonheur.

— Ah! je ne vous fais aucun reproche, dit-elle d'un ton plus doux. Vous avez été très bon pour moi.

Elle s'arrêta.

— Trop bon, reprit-elle avec un soupir.

— Que voulez-vous dire?

— Que vous m'avez un peu gâtée en effet, et que si je me montre exigeante, c'est votre faute.

— Alors il faut je devienne méchant?

— Non, oh! non! supplia-t-elle.

— Ecoutez, ma chère enfant, je veux vous parler sérieusement ce soir. Votre grand'mère se fait vieille; moi-même, me trouvant ruiné, que vais-je devenir? Il vous faut un protecteur, un appui; je veux vous marier.

— Moi, me marier! s'écria Juliette avec un rire nerveux. Mais je ne pense pas à cela.

— J'y pense pour vous, repartit Robert avec gravité. Je veux assurer votre avenir. Vous avez vingt ans, peu de fortune. Si votre grand'mère venait à mourir, que feriez-vous avec votre complète ignorance du monde?

— Je connais le monde plus que vous ne le croyez.

— Par les livres? Non, chère amie, vous ne le connaissez pas; et cette ignorance est d'autant plus dangereuse que votre esprit s'est exalté au couvent d'abord, par la religion mystique qu'on vous y a enseignée; puis ici par la solitude et la lecture.

— Les romans! Vous savez bien que la dernière fois que mon père nous a quittés, il a soigneusement soustrait de sa bibliothèque tous les livres d'amour.

— Pas tous. Vous m'avez dit avoir lu *Paul et Virginie*, *les Confessions de Jean-Jacques*, et même un livre plus dangereux, un très mauvais livre, oublié derrière les rayons, *Faublas*.

— Vous me croyez romanesque?

— Je vous crois une imagination très ardente; et c'est afin de prévenir les périls où pourrait vous jeter cette disposition d'esprit, que je veux vous marier. Je vous trouverai un homme bon, riche, estimable.

— Encore une fois, je ne veux pas me marier, interrompit-elle sèchement. Mon père et ma mère ont trop souffert du mariage. Rentrons, il fait froid.

En effet, Juliette grelottait, ses dents claquaient, et son bras tremblait si fort sur celui de Robert, qu'il lui demanda si elle avait la fièvre.

— C'est possible, répondit-elle; car je n'ai pas dîné.

Ils restèrent quelques instants silencieux.

Arrivés au salon :

— Ne faites pas de bruit, dit Juliette, grand'mère dort. Sa chambre est là. Venez dans la mienne.

Robert sans doute prévit un danger.

— Je ne puis m'arrêter longtemps, on m'attend à neuf heures. D'ailleurs vous êtes souffrante, je reviendrai demain.

Ils se trouvaient dans une obscurité complète.

— Non, venez, insista Juliette, j'ai à vous parler.

Elle le saisit fortement par la main et l'entraîna.

Il essaya encore de résister.

— Je le veux, dit-elle d'une voix troublée, mais impérieuse.

Arrivée dans sa chambre, elle éclaira une bougie.

Cette chambre était tendue de mousseline blanche. Des nœuds de satin bleu relevaient les rideaux du lit et des fenêtres. Au-dessus d'un prie-Dieu était suspendu un crucifix d'ivoire. Et dans un enfoncement, sur un petit autel, s'élevait une statuette de vierge entourée de fleurs.

— Pourquoi l'autre jour avez-vous refusé de me montrer votre chambre quand je l'implorais, et pourquoi aujourd'hui m'y amenez-vous de force? demanda le comte sur un ton de plaisanterie.

— Parce que...

— Oh! je le sais, « parce que, » telle est la raison suprême des femmes. Pourquoi ne voulez-vous pas vous marier?—Parce que...

— Eh bien! c'est parce que...

Elle hésita.

— C'est parce que je vous aime, reprit-elle impétueusement.

Et elle attacha sur Robert un regard hautain et scrutateur.

Robert resta un instant abasourdi : que répondre à cette étrange déclaration?

Juliette, pour oser faire un tel aveu, s'était crue aimée. Mais, devant l'hésitation du comte, elle perdit sa fière contenance. En un instant, son visage passionné exprima les sentiments les plus véhéments et les plus opposés. L'amour et la haine, la dignité offensée et l'anxiété suppliante.

Elle était à la fois touchante et terrible. Ses lèvres tremblaient.

Robert l'observait avec une sorte d'effroi.

Lui avouer qu'il l'aimait, c'était impossible; lui dire qu'il ne l'aimait pas, c'eût été la tuer peut-être.

Il ne répondit rien.

Mais elle interpréta le silence; elle poussa un cri étouffé et se jeta éperdue sur le divan.

Robert voulut s'approcher d'elle.

— Sortez, s'écria-t-elle en se relevant tout à coup.

— Non, ma pauvre enfant, reprit Robert ému, je ne puis vous laisser en cet état. Depuis le jour où votre mère me pria, malgré ma jeunesse, de vous protéger, je me fis un devoir, bien plus, un point d'honneur de vous regarder comme ma fille.

— Vous saviez bien pourtant que je vous aimais.

— J'avais cru, en effet, le deviner.

— Alors, pourquoi reveniez-vous?

— Je voulais m'abuser. Enfin, je serai sincère. A mon insu peut-être, le charme du danger m'attirait.

— Etait-ce là remplir votre devoir vis-à-vis de votre fille?

— J'étais sûr de résister.

— Mais, vous jouiez avec mon cœur. Depuis un an je souffre.

— Je ne croyais pas votre affection sérieuse. Je me disais : C'est une enfant; elle m'aime parce qu'elle n'a jamais vu que moi. Elle aimera de même le premier qui se présentera.

— Pour qui me prenez-vous donc? Depuis que je vous aime, tous les autres hommes me semblent odieux, haïssables.

— Quoi qu'il en soit du passé, mon enfant, nous devons aujourd'hui dominer cet entraînement, puisque je suis pauvre.

— Je vous aime mieux pauvre, vous serez plus à moi, reprit-elle avec un accent douloureux et attendri.

— Oh! la pauvreté, Juliette, la pauvreté aurait bien vite tué l'amour.

— J'ai entendu dire à grand'mère que j'aurais deux cent mille francs de dot.

Le comte ne put réprimer un sourire.

— J'en dois déjà six cent mille, et deux cent mille francs font dix mille francs de rente, c'est-à-dire la misère.

— Mais je vous aimerais mendiant, criminel même ; je vous aimerais surtout malheureux.

— Vous ne savez rien de la réalité, pauvre amie, calmez donc cette chère petite tête.

— Ma tête ! c'est mon cœur qui vous aime.

— Allons, soupira-t-il, il le faut.

Il s'assit à côté d'elle sur le divan et lui prit la main.

— Chère Juliette, peut-être, si j'avais su plus tôt... si... Je vous aime aussi, moi... bien plus que vous ne le croyez. En cet instant, je suis aussi troublé que vous-même. Mais mon amitié, mon dévouement très réels me font un devoir de refouler tout autre sentiment.

— C'est bon ! Taisez-vous, s'écria-t-elle en retirant sa main...

— Eh bien ! Juliette, tâchez de regarder de sang-froid ma position et jugez-la. Je me marie dans huit jours.

A ces mots, Juliette se dressa toute pâle. Elle voulut parler, mais les mots s'arrêtèrent dans son gosier. Puis elle retomba ; ses yeux fixes, agrandis par le désespoir, ne voyaient plus. Sa douleur était horrible.

Robert s'agenouilla devant elle et lui baisa les mains en pleurant.

Elle les lui abandonnait ; car elle ne sentait ni ses baisers, ni ses larmes.

Quand elle eut dominé ce premier trouble, elle retira ses mains doucement, s'appuya aux coussins, la tête renversée. Elle ferma les paupières ; des larmes roulaient sur ses joues ; une souffrance infinie contractait ses lèvres décolorées.

— Pauvre, pauvre enfant, murmurait Robert.

Son cœur saignait aussi. Il n'osait parler.

Tout à coup, elle se releva.

— Écoutez, dit-elle d'une voix sourde, saccadée, vous ne pouvez m'épouser parce que, dites-vous, je suis pauvre. La vérité, c'est que vous ne m'aimez pas assez ; mais moi, je vous aime assez pour...

Elle s'arrêta, repoussa des deux mains ses cheveux en arrière.

— Voulez-vous être mon amant, reprit-elle avec un accent à la fois résolu et timide. Car vous êtes Satan, ajouta-t-elle d'un air égaré. Vous m'avez pris mon âme. Je ne pourrais vivre sans vous, sans toi, Robert. Ce que j'ai souffert depuis huit jours, tu ne le sauras jamais. Vingt fois j'ai été sur le point de t'écrire mon amour, d'aller seule chez toi, de me jeter dans tes bras. Ah ! les flammes de l'enfer ne sont pas plus atroces. Donne-moi un an de ta vie, un an ! Tiens, six mois, et, en retour, je te donnerai ma vie entière et mon éternité ; car, lorsque tu me quitteras, je me tuerai. Mais je veux me damner pour toi.

Elle se leva brusquement, alla jusqu'à l'autel de la Vierge, renversa la statuette, qui se brisa.

— Toi seul, tu seras mon Dieu, ma religion, ma foi. Robert, aime-moi, je t'en supplie, comme je t'aime. Pendant combien de temps ? Ah ! qu'importe le temps ! Ton amour, c'est l'infini.

Elle se penchait vers lui. Robert éprouva, lui aussi, comme un vertige. Il but ses larmes. Il couvrit de baisers ses cheveux et son cou. Il lui jura que jamais il n'avait aimé ainsi, et c'était vrai.

Mais tout à coup il s'arracha à cette ivresse.

Minuit sonnait.

Sa situation lui revint en mémoire. On l'avait attendu toute la soirée chez les Patouillet. On devait ce soir-là même poser les bases du contrat. Il entrevit soudain son mariage manqué, les créanciers frappant de nouveau à sa porte, l'horrible misère prenant possession de son domicile.

Il frissonna et dit assez froidement :

— Il faut nous quitter, ma chère amie.

— Où allez-vous ? cria Juliette qui eut un soupçon de la vérité.

— A minuit ! je vais me coucher, parbleu !

Elle lui étreignit les mains avec force.

— Ne me trompez pas, Robert, j'en pourrais.

Il promit de revenir le lendemain.

III

Pour rejoindre son coupé, qu'il avait laissé rue de Vaugirard, Robert dut faire un détour assez long.

Il chancelait dans la rue comme un homme ivre.

Il resta quelque temps enfoncé dans sa voiture sans penser à rien, plongé dans une sorte de somnolence voluptueuse. Cependant, peu à peu, il reprit la conscience de sa situation et put envisager froidement les nouveaux embarras qu'il venait de se créer.

Qu'allait-il faire de cette maîtresse ? Sans doute, il préférait Juliette à Marcelle ; mais Marcelle le sauvait de la misère, qu'avant tout il redoutait. Que résoudre ? Un tel tumulte de pensées tournoyait dans son cerveau qu'il n'arriva pas à former une résolution. Il attendrait au lendemain pour prendre un parti.

Il était maintenant trop tard pour se

présenter chez les Patouillet. Néanmoins il dit à son cocher : rue de Provence, 27.

Il passa devant l'hôtel ; toutes les lumières étaient éteintes.

— Je ne dormirai pas, pensa-t-il.

Il se fit conduire à son cercle.

Il y trouva une réunion nombreuse. On y jouait gros jeu.

— Je vais jouer, se dit-il, et si je gagne, j'épouserai Juliette.

Le hasard déconcerte si souvent nos prévisions et nos projets les plus mûrement réfléchis, que le plus sage est peut-être de ne consulter que lui.

Cette idée de remettre au hasard le soin de trancher les difficultés de sa position, de jouer ainsi sa destinée au lansquenet, lui parut originale. Il n'aurait d'ailleurs pas la peine d'y penser.

Il s'approcha d'une table où le jeu semblait fort animé.

Il reconnut, assis à cette table, un jeune homme qu'il n'avait pas vu depuis long-temps.

Il l'accosta.

— Etienne Moriceau ! Est-ce bien vous ? Comme vous êtes changé !

— C'est ma barbe qui me change ainsi, répondit Etienne. Quand j'étais officier de marine, je ne portais que les favoris réglementaires.

— Et depuis quand avez-vous quitté la marine ?

— Depuis un an. J'ai perdu mon père, ajouta-t-il avec tristesse.

— Et votre fortune vous suffit ?

— Je n'en sais rien encore. Mon père, vous le savez, était armateur, et, comme tel, avait des affaires dans tous les pays du monde. La liquidation sera longue. Toutefois, ce que j'ai pu réaliser à Nantes me permet de vivre de mes rentes.

— La marine, je crois, ne vous a jamais plu infiniment ?

— C'est un métier assez rude. La discipline et les quarts de nuit surtout m'é-taient insupportables. Je suis indépendant comme un peau-rouge. Je tiens un peu du sauvage par ma mère, qui était créole. Cependant je n'aime pas l'aventure. J'ai, comme mon père, des goûts tranquilles et modestes. Peut-être me marierai-je ; j'ai besoin d'affection. Depuis la mort de mon père, je voudrais me reconstituer un foyer.

Robert, en l'écoutant, l'observait et se disait :

— Voilà un assez beau garçon, suffisam-ment riche. Il m'a l'air d'un honnête lé-gume qui ferait un excellent mari. Si tout à l'heure la fortune m'est contraire, j'y penserai pour Juliette.

Il se mit au jeu à côté d'Etienne Mori-ceau.

Il gagna d'abord une somme assez con-sidérable.

Etienne perdait.

Robert, quoique beau joueur, apportait au jeu sa fougue expansive et ne cherchait nullement à dissimuler ses émotions. Il ne posait ni pour le calme de l'homme blasé, ni pour le flegme anglais fort à la mode de nos jours. Il était resté jeune, et le laissait voir.

Il suivait le jeu d'un regard ardent. On devinait la fièvre qui l'agitait aux spasmes de sa main nerveuse, aux contractions des muscles du visage, aux exclamations in-conscientes qui lui échappaient.

Etienne, au contraire, semblait impass-ible. Il était, lui, très brun. Ses cheveux et sa barbe un peu crépus, son teint forte-ment basané, révélaient son origine créole. Ses yeux d'un bleu pâle imprimaient à ce visage énergique une sorte d'étrange-té qui éveillait la curiosité et l'attention.

Ce regard était d'une extrême douceur, langoureux même et un peu couvert com-me celui des hommes chez lesquels l'amour domine. Qu'Etienne gagnât ou perdît, ce regard clair était impénétrable ; pas un muscle de son visage ne bougeait ; sa main très petite et brune ramassait l'or ou le je-tait sur le tapis, sans qu'on y pût décou-vrir le moindre frémissement. Sa voix, particulièrement harmonieuse, ne vibrait pas.

— Je tiens ! Banco ! Je les fais ! A moi !

Il prononçait ces mots avec un sourire si calme qu'on l'eût pu croire également indifférent à la perte comme au gain.

Le seul signe extérieur qui trahît chez lui une émotion assez vive, c'était la sueur qui perlait à son front. De temps à autre, on voyait une gouttelette rouler sur la tempe et se perdre dans les favoris.

— Il me semble, lui dit tout à coup Ro-bert, que pour un homme qui accuse des goûts modestes, vous jouez un joli jeu.

— J'ai la passion du jeu, répondit-il tranquillement, en attendant que j'en aie d'autres.

— Tiens ! vous avez des passions. Ma parole ! on ne s'en douterait pas.

— Mon Dieu ! oui, j'ai des passions, re-prit-il avec le même sourire impassible, ou pour parler plus exactement, je les sens qui couvent. Les occasions seules m'ont manqué.

— Cependant c'est ce qui manque le moins. Le diable ne s'occupe donc pas de vous ?

— Comme marin, je n'ai pu avoir que des amours de passage.

— Viendriez-vous à Paris chercher des amours constants ?

— Je suis venu ici tout simplement pour me distraire : je m'ennuyais à Nantes.

— Il est fâcheux que je me marie ; j'aurais pu vous procurer quelques distractions.

— Vous vous mariez, vous ?

— Je ne suis pas encore décidé. Je vous dirai cela dans quelques heures.

A partir de ce moment, la chance tourna complétement.

Moriceau gagna, et Robert perdit jusqu'à sa dernière pièce d'or.

Il emprunta alors à Etienne. A cinq heures du matin, il perdait 60,000 francs ; il en devait 40,000 à Moriceau.

— Eh bien ! je me marierai, dit-il avec un sourire amer ; le sort en est jeté. Pauvre Juliette !

Il soupira.

Etienne comprit que cette perte venait de décider le comte de Luz à un mariage qui ne lui convenait pas autrement.

— Ne vous mariez-vous que pour payer cette dette ? demanda-t-il à Robert. Je vous assure que je ne suis nullement inquiet de mon argent. Et même, si je pouvais vous rendre service... J'ai gardé un si agréable souvenir du voyage que nous fîmes ensemble que je serais vraiment heureux de vous obliger.

— Quarante mille et six cent mille, repartit Robert, font six cent quarante mille. Outre cette énorme dette, il faut vivre ; et moi, je ne puis vivre à bon marché. J'ai voulu tenter une dernière fois la chance ; la chance a décidé : je me jetterai dans la gueule du Minotaure. Je vous invite à mon mariage dans huit jours ; mais auparavant, demain soir, à mon enterrement.

Il lui remit sa carte, lui serra cordialement la main, et ils se séparèrent.

IV

A dix heures du matin, après avoir dormi trois heures à peine, Robert s'éveilla parfaitement dispos. Ce qui surprenait chez cet homme, c'était cette merveilleuse vitalité qui réparait si promptement les fatigues nerveuses. C'était aussi cette vigueur ou peut-être cette mobilité d'esprit qui lui permettait de réagir aussitôt contre les impressions pénibles.

Cependant, quand il se rappela les événements de la veille, il eut un moment de stupeur. Avait-il rêvé ? Etait-il réellement l'amant de Juliette ? Avait-il fait aux Patouillet l'affront de manquer au rendez-vous sans les prévenir ? Enfin ces 60,000 francs perdus au jeu dansaient dans son cerveau encore engourdi. De quelle manière pourrait-il réparer ces fautes et ces désastres ?

Il s'étonna de se sentir aussi calme en face de ces embarras qui lui paraissaient inextricables. Il en conclut que l'être humain est d'autant plus insouciant que son existence est plus précaire, et l'avenir plus désespéré. Autrement, se dit-il, comment expliquer que tant de malheureux aient le courage de vivre ?

Cependant il fallait prendre un parti, quel qu'il fût : il résolut de se laisser aller à la dérive, et de suivre le cours des événements. Il se présenterait d'abord chez les Patouillet.

Heureux de cette résolution, il déjeuna avec plus d'appétit qu'il n'avait dîné la veille, et sortit presque allègre.

A une heure, il sonnait à l'hôtel de la rue de Provence. La famille Patouillet achevait de déjeuner.

M. Patouillet était un parvenu dans l'acception la plus boursouflée. Il avait la majestueuse encolure et l'embonpoint des satisfaits ; sa figure, à la fois auguste et épanouie, annonçait bien l'homme arrivé au but de ses efforts. Il possédait ce qu'il appelait avec emphase « le génie des affaires. » Il avait débuté dans la carrière commerciale comme simple mercier, et en avait gardé l'aptitude pour les détails minutieux de l'existence.

Mais « sa haute intelligence, c'est lui qui parle encore, aspira bientôt à reculer les bornes de cet horizon mesquin. » Les grandes affaires, les vastes spéculations l'attiraient impérieusement. Il se sentait créé pour les plus hautes fonctions sociales. Il lui fallait une royauté, n'importe laquelle. Ayant appris qu'en Amérique, un riche spéculateur avait reçu le surnom de *roi de l'huile* « oil king, » la vocation de Démosthènes Patouillet fut aussitôt décidée : il n'embrasserait pas le commerce des huiles, mais le commerce des cotons. S'il n'avait pas encore conquis le titre de roi du coton, il avait du moins réussi à réaliser dans cette industrie une fortune colossale.

Maintenant, il caressait à part lui une ambition secrète : il voulait arriver à la députation ; car il se croyait orateur, il prenait pour de l'éloquence ses phrases ampoulées et creuses.

Tel était le motif caché de l'alliance qu'il contractait avec le comte de Luz. Il espérait que ce mariage lui rallierait aux prochaines élections le parti légitimiste fort influent dans son département.

Au résumé, M. Patouillet, en raison de la valeur qu'il s'accordait, en raison surtout des brillantes destinées auxquelles il se croyait appelé, était un franc égoïste. Dans son intérieur, il se montrait absolu, tyrannique. Un phrénologue lui ayant dit, à l'aspect de son crâne chauve et élevé : Vous avez la bosse de l'autorité, vous êtes né pour le commandement, il fallait que tout ployât au moindre de ses caprices.

Madame Sophie Patouillet était une petite femme rondelette, douce, un peu timide et passive. Vivant avec un être qui se croyait digne de commander à l'univers, elle s'était naturellement reléguée au second plan. C'était une de ces natures prédestinées au martyre. Elle avait beaucoup souffert néanmoins avant d'être brisée ainsi. D'abord elle avait aimé ou plutôt adoré son mari comme un fétiche, un demi-dieu ; mais M. Patouillet avait dédaigné cette tendresse, qu'il trouvait trop bourgeoise.

Enfin, la pauvre femme avait appris un beau jour que son mari entretenait une danseuse et fréquentait les coulisses.

C'avait été le dernier coup. Alors toute sa tendresse refoulée se reporta sur sa fille. Elle n'eut plus qu'une passion, un mobile, l'amour maternel. Elle poussait si loin ce sentiment, qu'il touchait parfois au ridicule, mais souvent aussi au sublime. C'était une adoration aveugle, un dévouement, une abnégation de tous les instants. Longtemps elle avait tremblé pour les jours de Marcelle. Elle s'était habituée à mille soins qu'elle croyait encore nécessaires. Elle la voyait toujours enfant et la couvait de cette tendresse inquiète qui ne s'adresse d'ordinaire qu'aux petits. Elle souffrait de ses moindres peines et ne connaissait d'autre bonheur que celui de la voir goûter un plaisir.

La marier ! elle n'en avait pas écouté la proposition sans terreur. La marier, ce serait peut-être se séparer d'elle. Qui la soignerait alors ? Qui donc irait voir chaque nuit si elle était bien couverte, si elle dormait d'un sommeil paisible ? Qui s'occuperait de sa toilette ? car elle s'était faite aussi la femme de chambre de Marcelle. Et s'*il* allait la rendre malheureuse !

A cette pensée, ses pleurs coulaient abondamment. Aussi, en la voyant ce jour-là, morne, songeuse, indifférente à ses caresses, madame Patouillet maudit-elle intérieurement cet inconnu qui venait lui voler le cœur de son enfant.

Marcelle, en effet, était pâle, de cette pâleur diaphane que produisent les souffrances du cœur. Ses yeux tristes étaient entourés d'une ombre maladive qui annonçait une nuit passée sans sommeil. Elle appuyait sur sa main sa tête allanguie et ne répondait qu'avec effort aux questions de sa mère.

— Voyons, mon petit mouton, suppliait madame Patouillet, mange seulement cette aile de perdreau pour me faire plaisir.

— Je ne le pourrais pas. Je n'ai pas faim du tout.

— Tu es donc malade ?

— Non, je ne me sens aucun mal.

— Alors tu as du chagrin ?

— Je t'assure que je n'ai rien, chère mère.

— Rien, rien, je vois bien, moi, que tu as quelque chose.

Et la pauvre mère poussait un énorme soupir.

— Moi, je sais bien ce qu'a la fillette, dit d'un air fin Démosthènes Patouillet. Elle est triste parce que le comte nous a fait faux bond hier au soir.

— Sa conduite est infâme, inexplicable, exclama avec une colère concentrée la douce Sophie.

— Mon Dieu ! c'est un jeune homme, que voulez-vous ? repartit M. Patouillet.

— Ce que je veux, c'est qu'il ne fasse pas souffrir ma fille.

— Ta ta, ta, bêtise ! Il faut que les femmes sachent attendre.

— S'il la fait attendre déjà, que sera-ce plus tard ?

— Plus tard ? ne vous ai-je pas fait attendre, moi ? Eh bien, Marcelle fera comme vous, elle se résignera.

— Non, non, je ne veux pas qu'elle souffre comme moi, pauvre mignonne ! Je ne le veux pas.

— Vous ne serez jamais qu'une bourgeoise, répliqua l'auguste mercier en jetant avec humeur sa serviette sur la table, et jamais vous n'entendrez rien aux façons du grand monde.

— Les grands, dont vous parlez tant, savent-ils mieux que nous aimer leurs enfants ? Moi, j'aime ma fille, et tout le reste m'est égal.

— Et moi aussi, je l'aime ; c'est pourquoi je suis ambitieux. Sans moi, qu'eussiez-vous fait de votre Marcelle ? Une pauvre petite mercière de la rue du Vieux-Colombier, tandis que j'en ferai, moi, une grande dame, une très grande dame. Voyons, ma petite comtesse, mangez-moi cette meringue à la noisette et quittez cet air malheureux. Le mari que je vous ai choisi est un vrai et parfait grand seigneur qui vous lancera dans la haute aristocratie et vous en apprendra les belles manières.

— On les connaît les mœurs du grand monde, dit madame Patouillet qui trouvait l'audace de résister à son mari, quand il s'agissait du bonheur de sa fille, le demi-monde est moins corrompu.

— Parbleu ! le grand monde, c'est deux demi-mondes, repartit Démosthènes très satisfait de sa réponse qu'il crut spirituelle. Sans doute ce sont des mœurs que vous ne comprendrez jamais, avec vos mesquines affections et vos idées rétrécies.

— Et je ne veux pas non plus que Marcelle les connaisse, non, non, s'écria Sophie avec toute son énergie maternelle. Marcelle n'épousera pas ce monsieur. Elle serait malheureuse, je le devine, je le sens là. Profitons pour rompre de l'impolitesse qu'il nous a faite hier.

— Taisez-vous, vous êtes folle! Ce mariage se fera, je le veux, et qu'on ne revienne pas sur ce sujet.

M. Patouillet se leva d'un air imposant et sortit.

Alors la pauvre mère se rapprocha de sa fille. Elle avait les yeux pleins de larmes.

— Ecoute-moi, ma chérie, j'ai été bien malheureuse avec ton père. J'ai tout supporté à cause de toi; mais te voir souffrir, c'est la seule douleur que je ne pourrais endurer.

Marcelle appuya sa tête sur l'épaule de sa mère et sanglota.

— Je le savais bien, que tu avais du chagrin! Et tu me le cachais, vilaine égoïste. Est-ce que déjà tes chagrins ne sont plus à moi? Tu veux rompre ce mariage; n'est-ce pas? Eh bien! moi aussi, je le veux, car j'ai peur, j'ai très peur que ce beau comte ne fasse le malheur de ta vie.

— Ah! mère, il a l'air si bon, se récria Marcelle.

— Tu l'aimerais?

— Oui, mère, de toute mon âme.

— Pauvre petite! soupira madame Patouillet.

Et elle laissa tomber ses deux mains sur ses genoux avec une expression de désespoir.

— Tu veux donc l'épouser?

Marcelle, pour toute réponse, jeta ses bras au cou de sa mère. Et un instant, ces deux excellentes créatures confondirent leurs larmes.

— Promets-moi, du moins, reprit madame Patouillet, que tu m'aimeras toujours un peu.

— Est-il possible que je cesse de t'adorer, chère mère, tu m'aimes tant!

— Et je te verrai tous les jours, n'est-ce pas?

— Sois tranquille, j'obtiendrai de mon mari que nous ne nous quittions jamais.

— Au moins je serais là pour te défendre, si.....

— Contre mon mari? Il m'aimera, va, j'en suis sûre. Je l'aimerai tant, moi!

— J'espère bien qu'il t'aime déjà. Ne te l'a-t-il pas dit encore?

— Non; mais ce n'est pas étonnant, tu restes toujours là.

— Eh bien! il viendra tout à l'heure sans doute, je te laisserai seule avec lui.

— Il me semble que j'aurais peur.

— Tu as raison, je resterai; c'est moi qui l'interrogerai, et je saurai bien découvrir...

En cet instant même on sonna à la porte extérieure de l'hôtel.

Marcelle tressaillit, s'élança vers la croisée. Elle vit entrer le comte. Et toute rouge, le regard joyeux, le visage transfiguré:

— C'est lui! s'écria-t-elle en s'appuyant à un fauteuil, comme si elle défaillait. Je n'osais te le dire; mais j'avais peur qu'il ne revînt pas. Laisse-moi le recevoir seule, je préfère lui parler moi-même.

— Comme elle l'aime! murmura la tendre mère.

Cependant Robert avait été arrêté dans le vestibule par son futur beau-père.

— Eh bien! lui demanda M. Patouillet, pourquoi n'êtes-vous pas venu hier? Marcelle est malade, et madame Patouillet fort mécontente de vous.

Robert balbutia quelque mauvaise excuse.

— C'est bien, je comprends.... Une femme, reprit à demi-voix, avec un clignement d'yeux expressif le futur Démosthènes de la Chambre. Une chaîne difficile à rompre, je parie. Elle s'est cramponnée, la pauvre femme, et vous l'avez consolée de votre mieux. Est-elle brune ou blonde? Une femme du grand monde? J'ai entendu parler d'une princesse. Avez-vous dû en faire de ces passions, heureux scélérat! Ah! si j'avais eu votre physique, votre nom, une vie moins laborieuse! Mais je n'ai que cinquante ans; et tel que vous me voyez, je suis encore vert. Je compte que vous me présenterez à vos amis et à vos amies, car je suis grand amateur.

— Et la morale, objecta Robert en riant.

— La morale, allons donc! Entre nous, c'est bon pour les naïfs et pour les gens qui n'ont pas le sou. Vous ne me connaissez pas, mon cher. Je suis un esprit supérieur qui juge de haut les choses et les hommes.

— Et les femmes, à ce qu'il paraît.

— Hein! j'ai deviné. C'est la princesse qui vous a empêché de venir hier. Je vous pardonne, car moi aussi j'adorerais les princesses.

— En effet, une rupture difficile, repartit Robert, qui voulait commencer sa confession générale.

— C'est bon, c'est bon; je connais cela. Mais que direz-vous à Marcelle pour obtenir votre pardon?

— La vérité.

— La vérité! Juste ciel! Gardez-vous en bien. Est-ce qu'on avoue jamais ces choses là? C'est déjà bien assez qu'elles se doutent, ces pauvres femmes! Ah! une petite recommandation: Marcelle est une charmante fille, vous en ferez une délicieuse comtesse. Mais elle est fort impressionnable. Sa mère l'a beaucoup trop gâtée. Que voulez-vous ? les mères sont si tendres ! Et moi, les affaires, les coulisses, — les coulisses de la Bourse, et aussi celles des théâtres, ajouta-t-il en se cambrant avec un petit air fat — m'ont empêché de veiller à son éducation. J'aurais voulu la mettre au Sacré-Cœur. Impossible ! madame Patouillet qui est jalouse, n'ayant plus que moi à aimer, m'eût accablé de sa tendresse. J'ai fermé les yeux ; car je suis bon homme. Donc Marcelle, élevée en serre chaude par une mère trop faible, est un peu nerveuse quelquefois. Elle ne se plaindrait pas ; elle souffrirait en dedans. Ayez des ménagements pour cette pauvre petite. Si vous deviez la tromper, trompez-la bien. Que jamais elle ne se doute. Selon moi, c'est là toute la morale du mariage... pour les hommes, entendons-nous.

— Hélas ! monsieur Patouillet, nous sommes bien obligés de l'avouer, pour les femmes aussi.

— Nous nous comprenons admirablement, je le vois. Tenez, je vous ai deviné tout de suite. J'ai vraiment une pénétration qui m'étonne moi-même. Nous recauserons de cela. Adieu ! on m'attend. Consolez Marcelle. La fillette raffole de vous.

— Voilà un singulier beau-père ! pensa Robert. Qui donc, en voyant ce mercier chauve et ventru, pourrait soupçonner en lui ces principes échevelés ?

Il trouva Marcelle au salon. Elle était assise à demi ployée, songeuse, le front penché en avant. Il y avait tant de douceur, de résignation dans cette attitude courbée et mélancolique, que Robert en fut profondément touché. Il courut à elle avec l'élan de sa chaleureuse nature.

Marcelle lui tendit la main, voulut sourire ; mais ses lèvres émues se refusèrent à cet effort.

Sa pâleur, l'émotion qui soulevait sa poitrine, achevèrent d'attendrir le comte. Il s'assit à côté d'elle.

— Comme vous nous avez inquiétés hier au soir ! Je n'ai pu dormir, dit-elle avec un accent de timide reproche.

— Pardonnez-moi, chère Marcelle ; si vous saviez dans quel grave embarras...

— Je vous pardonne de tout mon cœur ; mais promettez-moi, jurez-moi que jamais vous ne me ferez attendre ainsi.

— Je vous le jure, s'écria Robert très sincèrement, si toutefois vous daignez m'accorder votre main, lorsque je vous aurai dit...

— Je ne veux rien savoir, monsieur, et je daigne vous accorder ma main.

Mais Robert insista.

— Laissez-moi parler, reprit-il avec gravité. Vous ne me connaissez aucunement. Avant d'accepter votre main si con-

fiante et si loyale, je veux me montrer à vous tel que je suis.

Marcelle eut peur ; car elle redoutait quelque révélation qui la forcerait à le mépriser ou à le haïr. Sa pupille se dilata, ce qui était chez elle le signe d'une anxiété violente. Elle appuya la main sur son cœur comme pour y comprimer une souffrance.

— Parlez vite, alors, fit-elle.

Robert lui conta toute sa vie de plaisir et de désordres, et il lui montra son vrai caractère.

Puis il se mit à genoux et prit dans ses mains les mains tremblantes de la jeune fille.

— Je vous ai fait une confession aussi entière que je l'eusse faite à un prêtre. Vous me connaissez à présent. Serez-vous assez généreuse pour me donner l'absolution, assez vaillante pour regarder l'avenir sans trop d'effroi ?

Marcelle était bouleversée par tout ce qu'elle venait d'entendre. Mais Robert était à ses genoux repentant, suppliant presque, ce beau comte si séduisant, tant vanté... Elle éprouvait tout à la fois une ivresse de cœur, une ivresse d'amour-propre. Il eût pu accuser les plus grands crimes, elle eût tout pardonné.

Attachant sur lui un regard pénétrant, perplexe :

— M'aimez-vous ? dit-elle.

— Je vous adore.

En cet instant, il disait vrai.

Alors Marcelle se rapprocha de Robert.

— Je vous confie, murmura-t-elle doucement, ma vie entière, mon bonheur et mon honneur aussi. Faites-en ce que vous voudrez, ils sont votre chose, votre bien.

— Merci, ah ! merci, mon amie adorée.

— Votre femme.

— Oui, ma bien-aimée femme.

Et il la pressa tendrement, respectueusement dans ses bras, effleurant à peine de ses lèvres la blonde chevelure de la jeune fille.

Marcelle éprouva un bonheur si profond, qu'elle ferma les yeux. Il lui sembla qu'elle planait dans l'infini.

Robert éprouvait, lui aussi, un sentiment qu'il n'avait jamais connu, la passion chaste. Le mariage, qui avait été jusqu'alors le point de mire de ses intarissables satires, lui apparut tout à coup comme une institution auguste, morale, sainte même. Il comprit, ce ne fut qu'un éclair sans doute, l'union indissoluble des cœurs, l'amour éternel.

Quand il fut dehors, il pensa à Juliette. Un souvenir lugubre, le souvenir de madame Delormel, traversa son esprit. Il murmura : « Pauvre enfant. » Et deux larmes roulèrent sur ses joues. Mais quels que fussent ses regrets, il ne songea plus à revenir sur sa résolution.

V

Juliette Delormel était une superbe fille au profil oriental, à la démarche tantôt altière, tantôt féline. Sa nature, comme celle de Robert, semblait éclose sur une terre de soleil. On sentait un feu contenu dans la pâleur mate de son teint, dans ses paupières bistrées, un peu lourdes, dans ses longs yeux à demi fermés, tantôt bruns, selon la lumière, tantôt d'un vert orangé zébré d'or. On eût dit que l'atmosphère embrasée des tropiques avait répandu ses ardeurs dans cette complexion énergique et jeté sa flamme dans ces prunelles à rayons dont le regard brûlait.

Son nez légèrement busqué, aux narines soulevées, ses lèvres voluptueuses d'un incarnat humide, sa noire et massive chevelure, son cou un peu gras sur lequel se tordaient des boucles rétives, accusaient une de ces organisations chez lesquelles la passion impétueuse domine la tendresse et le sentiment du devoir; une de ces organisations qui, entravées, peuvent devenir perverses, cruelles même. Voici quelle fut l'enfance de cette splendide personne qui semblait faite pour les bonheurs comme pour les douleurs les plus âcres.

Son père, M. Delormel, avait épousé à cinquante ans une très belle femme, qu'il adorait.

Mariée fort jeune, contre son gré, à un homme mûr qu'elle n'aimait point, ardente comme Juliette et jetée dans ce monde parisien de mœurs si faciles, madame Delormel partagea l'amour d'un jeune homme vivement et réellement épris.

Après cinq ans de mariage, M. Delormel découvrit que sa femme le trompait. Il ne pardonna point. Il exigea une séparation amiable, et fit une pension à la coupable, à la condition qu'elle lui laisserait Juliette.

Mais, dès ce moment, cette enfant, qu'il avait aimée jusqu'alors avec l'idolâtrie qu'apportent les vieillards dans le sentiment paternel, lui devint odieuse. Il doutait de sa paternité.

Comme elle ressemblait à la mère, et lui rappelait d'horribles souffrances, il ne put supporter sa vue, et il la mit au couvent. La pauvre enfant n'avait que quatre ans.

Madame Delormel avait eu, par suite de cette faute, une existence fort malheureuse. Pendant plusieurs années, elle vécut avec son amant; mais arrivèrent ces tiraillements, résultat inévitable d'une situation fausse, quand l'amour ne suffit plus à la légitimer, aux yeux mêmes des amants. Enfin un jour, ce jeune homme, appelé pour régler des affaires de famille, ne revint pas.

Il se maria. Madame Delormel, épuisée par le chagrin, tomba dans une maladie de langueur. On lui ordonna le climat de Nice. C'est là que Robert, qui alors débutait dans la vie, connut et aima avec la générosité et l'enthousiasme de la jeunesse cette femme délaissée et presque mourante. Son amour, tout ardent qu'il fût, n'avait pu ranimer ce cœur brisé.

Madame Delormel avait eu le courage de le repousser; mais elle en était morte. Robert avait assisté à ses derniers moments. Il avait obtenu que M. Delormel lui amenât sa fille. Enfin il lui avait juré de protéger cette enfant, si jamais la protection paternelle lui faisait défaut.

L'amour de Robert avait été d'autant plus vif que madame Delormel lui avait résisté. Par delà la tombe, il avait continué à chérir, à vénérer ce souvenir, le premier et le plus pur de sa vie amoureuse. Telle était la raison de la tendresse d'abord toute paternelle qu'il avait vouée à Juliette.

Un an après la mort de sa femme, M. Delormel, qui faisait de fréquents et lointains voyages, partit et ne reparut point. On supposa qu'il avait péri dans une expédition au centre de l'Afrique. Mais quelques notes retrouvées dans sa bibliothèque, quelques dispositions particulières prises pendant son dernier séjour à Paris, donnèrent à penser qu'il en avait fini volontairement avec une existence remplie d'amertume, vide de toute affection.

A sa sortie du couvent, Juliette, qui avait alors seize ans, était venue habiter avec sa grand'mère maternelle, madame de Brignon.

Cette femme âgée, maladive, qui avait voulu par ambition le mariage de sa fille, cruellement déçue dans ses vanités, était triste, souvent acariâtre, et vivait dans une solitude à peu près complète. Connaissant la généreuse conduite de Robert à l'égard de madame Delormel, elle l'avait fort bien accueilli.

Toujours vaniteuse, elle espérait aussi que le comte de Luz épouserait sa petite-fille. De là l'intimité qu'elle avait laissée s'établir entre Robert et Juliette.

Madame de Brignon, sèche, hautaine, égoïste comme toutes les femmes ambitieuses, n'avait eu pour sa petite-fille aucune de ces gâteries, de ces tendresses d'aïeule qui rapprochent les âges et font que les enfants chérissent les vieillards.

Ainsi l'âme ardente de Juliette avait été

constamment refoulée. Elle n'avait pas connu sa mère ; son père ne lui avait témoigné que de la répulsion ; sa grand'mère n'avait pour elle que réprimandes et duretés. Au couvent, elle avait aimé Dieu avec la véhémence presque sensuelle qu'apportent les jeunes mystiques dans l'amour divin. Mais cette piété brûlante n'était point dans sa nature plus matérielle que contemplative. Aussi le beau comte de Luz eut-il bien vite supplanté le divin Jésus.

D'ailleurs Robert était le seul qui lui eût montré de l'intérêt, de l'affection. Etait-il surprenant que cet amour eût fait en elle une aussi violente explosion ? C'était comme un incendie longtemps couvé et qui tout à coup jette sa flamme d'autant plus intense, incompressible, qu'elle a été plus longtemps contenue.

Un instant étonnée, étourdie de sa faute, elle ne regretta pas cependant de s'être donnée.

— Enfin, je suis aimée ! répétait-elle avec ivresse.

Il lui semblait voir tout autour d'elle ces mots flamboyer : « Je suis aimée ! » C'était comme une clarté soudaine qui se répandait dans sa vie sombre et triste.

Elle priait Dieu, le remerciait de son bonheur. Elle riait, pleurait, et tout à coup, au souvenir de cette heure d'amour, elle ployait tout alanguie, et ses lèvres frémissantes murmuraient :

— Robert ! mon Robert ! je t'aime !

Avec quelle impatience fiévreuse elle attendit le lendemain !

Il allait venir !

A cette pensée, son cœur battait avec force : le bonheur l'oppressait.

Elle espérait le voir avant midi.

Ne devait-il pas être également pressé de la revoir ?

Midi sonna. Il n'arriva point.

Elle l'excusa : venir si matin, c'eût été la compromettre.

Toutefois l'angoisse commençait, cette angoisse de l'attente que tous les amoureux connaissent, cette fièvre folle, cette torsion des nerfs, qui fait paraître la minute un siècle et le jour une éternité.

Qui n'a pas attendu et souffert ainsi n'a point aimé.

A mesure que l'heure avançait, l'angoisse grandissait. Une chaleur brûlante lui montait au visage ; puis, tout à coup, elle pâlissait. Un bruit de pas dans l'antichambre, une porte qu'on fermait lui faisait refluer tout le sang au cœur. L'espoir éteint, une sueur froide l'envahissait ; elle se sentait défaillir.

Le tic-tac de la pendule exaspérait ses nerfs. Cette aiguille n'avançait donc pas ?

Vers quatre heures, elle ne put tenir en place. Elle allait au jardin et revenait.

Elle prenait un livre ; mais les mots dansaient sur le papier. Elle lisait sans rien comprendre.

Elle se mettait au piano, jouait une mélodie douce qui berçait sa douleur. Soudain, elle s'arrêtait, s'élançait au dehors, courait jusqu'à la porte du jardin, y collait son oreille, retenant son souffle.

Elle espérait reconnaître dans la rue le pas de Robert.

Elle rentrait chancelante et désespérée.

— Qu'avez-vous donc, Juliette ? lui demanda madame de Brignon.

Elle fut sur le point de lui avouer sa torture. Elle, si fière, pour apaiser sa souffrance, eût imploré une caresse, une parole amie.

Mais sa grand'mère ne lui adressait que des paroles maussades, des reproches aigres sur le peu d'attention qu'elle lui montrait.

— Ne voyez-vous pas que je suis malade ? Ne sauriez-vous m'offrir un verre de tisane ou me faire la lecture ?

Juliette écoutait sans entendre et ne répondait point.

A six heures, Robert n'était pas venu.

Il ne l'aimait pas !

A cette pensée il lui sembla que sa tête allait éclater.

Elle ne put dîner, prétexta un malaise pour se retirer dans sa chambre.

Elle se jeta sur son lit, ferma les yeux, et resta immobile, les deux bras étendus à ses côtés.

Deux ruisseaux de pleurs s'échappaient de ses paupières, et roulaient sur ses tempes.

Ces larmes parurent la calmer.

A huit heures quelqu'un sonna.

Ce n'était qu'une lettre, une lettre de Robert.

Voici ce billet :

« Plaignez-moi, chère Juliette ; car je suis bien malheureux. Ce que j'ai souffert depuis que je vous ai quittée hier, je n'essayerai pas de vous l'exprimer dans une lettre. Quelle nuit j'ai passée et quel réveil ! Je n'ai pu aujourd'hui vous faire une visite ; mais demain, je tâcherai d'aller vous voir et vous raconter mes tracas, mes souffrances.

» Votre ami reconnaissant et dévoué,

« R. DE LUZ. »

Ainsi elle devrait l'attendre une journée encore. Elle n'était même pas certaine de le voir le lendemain. Ainsi il était malheureux, et cependant elle l'aimait. Elle qui lui donnait toute sa vie, elle n'était donc pas tout pour lui ?

— Quel pouvait être ce malheur ?

Le mariage dont il lui avait parlé lui revint en mémoire, et les tourments de la jalousie s'ajoutèrent aux anxiétés de l'attente. Mille projets insensés traversèrent son esprit éperdu. Elle irait le voir, le suivrait jusque chez cette femme, provoquerait une rupture en avouant sa faute. Ou bien elle se tuerait devant eux.

Une nuit et un jour tout entiers se passèrent dans ces tortures qui, à chaque heure nouvelle, devenaient plus poignantes.

Vingt fois elle relut le billet de Robert, qu'elle commenta de toutes les manières.

— Il souffre, il souffre, répétait-elle ; mais moi, je meurs.

A neuf heures, rien, pas de lettre.

La fièvre sifflait dans ses tempes ; ses genoux s'entrechoquaient ; sa bouche était sèche et brûlante.

— Quel châtiment ! dit-elle. Je voudrais être morte.

Elle essaya de prier.

Elle ne le put pas.

Une idée superstitieuse envahit son esprit. N'avait-elle pas la veille donné son âme à Satan ? N'avait-elle pas appelé la damnation ? Dieu sans doute l'avait maudite. Le démon s'était emparé d'elle. Elle ne pourrait lui échapper. A quoi bon résister ? Ne valait-il pas mieux se laisser rouler au fond du précipice, s'abandonner à cette passion qui l'enserrait comme une proie et la dévorait ?

Dès que madame de Brignon fut couchée, elle jeta sur ses épaules un manteau sombre, s'enveloppa la tête d'un voile noir, et sortit.

Avisant une voiture de place :

— Rue Montaigne, 17, cria-t-elle.

Ivre de douleur, elle allait chez Robert. Il lui avait écrit qu'il était malheureux. Peut-être ne la trompait-il pas, peut-être souffrait-il réellement. Ne devait-elle pas courir à lui pour le consoler ?

A dix heures elle était devant son hôtel. Sur le point de sonner, la raison lui revint un moment. Sa démarche l'effraya. C'était une telle infraction à toutes les convenances, une opposition si brusque à la vie qu'elle avait menée jusqu'alors ! Et puis, comment Robert l'accueillerait-il ? Elle redoutait aussi les questions du concierge, des domestiques.

Le concierge qui se montra sur la porte paraissait ivre, et la laissa passer sans l'interroger.

Dans la cour, elle hésita encore.

Les fenêtres étaient illuminées comme pour une fête. Elle entendait un bruit de vaisselle, de rires, des éclats joyeux.

Une fête chez Robert ! C'était son mariage peut-être. Le vertige l'empoigna de nouveau. Elle gravit les degrés du perron et se trouva dans une vaste antichambre. Les laquais, tout occupés du service, ne la virent pas. Elle connaissait cet appartement, l'ayant une fois visité avec sa grand'-mère pour satisfaire une curiosité de jeune fille. Elle put donc pénétrer jusqu'à un petit salon, où les bruits lui parvinrent plus intenses, plus distincts. Elle s'arrêta, palpitante, écarta la portière et vit un spectacle qui la frappa de stupeur.

Dans une longue salle aux draperies sombres, sur lesquelles se détachait la blancheur des marbres, autour d'une table somptueusement servie, une trentaine de convives mangeaient, buvaient, riaient, criaient, hurlaient.

Des torrents de lumière faisaient resplendir l'argent et la nacre des coupes, les cristaux et les fines porcelaines, les buissons de fraises, les pyramides d'oranges et de grenades, les raisins blonds et les pêches vermeilles, tous les miracles du bonbon, tous les prodiges du petit-four ; faisaient étinceler les regards prestigieux des femmes, les perles et les diamants de leurs parures, la neige de leurs épaules.

C'étaient des bacchantes au sourire provoquant, et de virginales jeunes filles, fleurs à peine écloses, aux yeux encore pudiques ; ici une Anglaise aérienne et blanche, un rêve de poëte ; plus loin une Méridionale ardente et brune ; de plantureuses Normandes magnifiquement épanouies, et de frêles Parisiennes toutes-puissantes dans leur grâce et dans leur faiblesse.

Et les vins coulaient à flots dans les verres, apportant au festin leurs parfums et leurs flammes.

C'était comme un sabbat, une mêlée indescriptible de paroles et de rires, de vérités et de paradoxes, de folles boutades et de réflexions sinistres. Les axiomes profonds et les niaiseries burlesques, les agressions furieuses et les réponses légères se heurtaient, s'entre-croisaient, comme dans un combat les boulets et la mitraille. On eût dit qu'emportés par la tempête de l'orgie, ces esprits en délire voulaient renverser toutes les digues, ébranler toutes les croyances, toutes les lois.

On enterrait le comte Robert.

Juliette d'abord crut rêver. Elle restait là comme frappée de stupeur. Pâle, immobile, l'œil fixe, elle regardait, elle écoutait sans rien comprendre. Mais peu à peu le sentiment de la réalité et de sa situation lui revint. Ce fut horrible.

Cet homme qu'elle avait cru malheureux et qu'elle venait consoler, cet homme qui depuis deux jours la faisait mourir de douleur, il était là, au milieu de cette fête, le plus fou, le plus joyeux. Sa belle tête lumineuse resplendissait de toutes les ardeurs du plaisir.

Mais elle sentit tout son corps frissonner, puis une traînée de feu lui courir dans les veines, quand elle le vit se pencher vers sa voisine, la superbe Nana.

Cette belle fille avait un entrain de démon. Couronnée de raisins, l'œil plein d'éclairs, les lèvres rouges, humides, entr'ouvertes, les cheveux épars sur ses épaules largement développées, souple et forte, orgueilleuse de sa beauté, fière de ses vices, elle apparaissait comme la reine de l'orgie.

On portait des toasts où l'esprit français, gouailleur et sceptique, étincelait à travers les incohérences de l'ivresse.

— A notre spirituelle grand'mère, la première des pécheresses, à Eve la blonde, criait Nana, la coupe en main, car elle a mis un peu de gaieté dans l'existence. Vive le péché, le joli, l'aimable péché! A bas la vertu, la laide, la renfrognée!

— Hourrah! pour Nana; hourrah! répétèrent tous les convives.

— Messieurs, dit à son tour Robert, je bois aux amours illégitimes, les seules que Dieu reconnaisse; car elles ne sont faussées, ni par l'ambition, ni par les plates convenances du monde; les seules honnêtes et morales, puisqu'elles ne reposent pas sur le mensonge.

— Qui attaque le mensonge? Au mensonge, la base de nos sociétés morales, civilisées et indéfiniment perfectibles!

Aux Français de la décadence, ces singes perfectionnés qui ont pris aux Anglais toutes leurs vilaines manières, leurs chevaux efflanqués, leurs jockeys-ouistiti et leurs faux-cols!

— A la corruption des mœurs qui nous fait la vie douce et l'amour facile!

— Oui, à la liberté de l'amour!

— A la variété surtout!

— Comprend-on, mesdames, que, dans un siècle comme le nôtre affolé de liberté, la liberté de l'amour soit la seule que personne ne songe à réclamer?

— Quelle nécessité, puisque chacun la prend.

— A bas le mariage! cria de nouveau Robert, le mariage qui casse l'aile à l'amour. Ou plutôt non, vive le mariage! cette chasse réservée, chère aux braconniers.

— A bas la famille! vociféra une voix d'énergumène, ce foyer glacé, ce vrai nid de discordes, de haines, de procès.

— Et d'ennui donc. L'ennui, a dit Lamennais, naquit un soir d'hiver en famille.

— Aux enfants naturels, ces touchantes victimes d'une loi dénaturée, puisqu'elle les prive de leurs pères!

— Les enfants naturels, en voilà des gens heureux! s'écria Nana. Moi qui suis surnaturelle, c'est-à-dire pourvue de père, mère, et d'un tas de frères et sœurs, je n'en suis pas plus fière, attendu qu'il faut que je nourrisse tout ça.

— Raison de plus, reprit Robert d'une voix déjà chevrotante; à bas le mariage et la famille, mais surtout la famille de Nana!

L'orgie allait crescendo, et ces privilégiés de la société, ces hommes gorgés de superflu, dépravés par toutes les jouissances, vomissaient contre l'ordre social les arlequinades les plus subversives.

— A Robert, le plus spirituel des raffinés, le plus viveur des crevés, le plus sceptique des philosophes, le plus désemmaillotté de toute lisière, de tout préjugé!

— Ma lanterne, où est ma lanterne? hurla une petite voix flûtée; un homme sans préjugés, je veux voir ça!

— Et moi, je demande quel est celui qui sérieusement a des préjugés, s'écria Pierre Fromont. On affecte d'en avoir par bienséance, mais on en n'a pas.

— Moi, dit Etienne Moriceau, qui parlait pour la première fois, je crois pourtant à tout ce que vous jetez à bas, à la morale, à la famille, à l'amour éternel.

— Qui a parlé? où est-il? Mon lorgnon, non, ma longue-vue, non, un télescope; car il doit habiter la lune. Tiens! c'est ce négrillon?

— Oui, monsieur, c'est moi, répondit Etienne avec calme, je bois à l'amour éternel.

— Ah ça! il nous la fait à l'opium, celui-là! dit un petit crevé dont le visage était orné d'un formidable pince-nez.

— L'amour éternel, qué que c'est que ça? demanda Nana. Ca marche-t-il, ça se mange-t-il? Quel goût ça peut-il bien avoir?

— Monsieur, vous êtes un phénomène vivant, dit à Moriceau sa voisine; tenez, voilà vingt sous, payez-vous et rendez-moi la monnaie.

— Il est très riche, glissa Robert à l'oreille de Nana.

Alors Nana, s'adressant à Etienne avec sa grâce la plus provoquante:

— Qu'entends-tu, monsieur, par l'amour éternel? Est-ce un amour de quinze jours ou d'un mois?

— L'amour éternel, ne le blaguez pas; je le défends, moi. J'en ai inspiré un dans ma vie. Une femme m'aima; elle mourut le lendemain: amour éternel.

Robert éleva de nouveau sa coupe. Sa main oscillait un peu.

— Mes amis, buvons à l'amour toujours jeune, parce qu'il est inconstant; buvons à tous les amours : aux amours d'un jour, aux amours d'une heure; buvons même aux amours éternels, puisque la haute antiquité nous en fournit quelques exemples ; buvons aux amours vrais; buvons encore aux amours trompeurs , ce sont quelquefois les plus vifs. O mes gais amis , mes charmantes amies, aimez-vous les uns les autres; c'est Dieu lui-même qui l'a dit, et par le fait, il n'y a que cela de vrai et de bon dans la vie. Croyez-en un quasi revenant, qui a déjà les deux pieds dans le tombeau du mariage.

Nana jeta ses bras au cou de Robert.

—Bravo! hourrah! sur la table Robert et Nana!

D'un bond, tous deux s'élancèrent. Robert poussa du pied les corbeilles de fleurs, les pyramides de fruits. Porcelaines de Saxe et cristaux de Bohême volèrent en éclats.

C'étaient des cris, des trépignements. On s'embrassait. Les uns pleuraient, les autres se balançaient, hébétés par l'ivresse. Quelques-uns roulaient sur le tapis.

Nana et Robert exécutèrent sur la table une danse insensée.

Et Juliette était là, l'œil hagard, assistant à cette scène, qui lui paraissait une sorte de fantasmagorie infernale. Quel attrait la retenait donc clouée à sa place? Etait-ce simplement la curiosité? N'était-ce pas aussi la passion? Cependant une réaction violente s'opérait en elle : le dégoût, la haine, une haine ardente avait pris la place de l'amour.

L'indignation lui prêta des forces.

Elle s'assit devant le bureau de Robert, et lui écrivit avec ces grandes lettres du désespoir :

« Je vous hais, et je vous méprise. Ne venez pas; je ne vous recevrais pas; ne m'écrivez pas, je ne lirais pas votre lettre. Si je meurs, c'est vous qui m'aurez tuée.

» JULIETTE. »

VI

Le lendemain, quand Robert, en s'éveillant, aperçut cette lettre, il courut à la rue Jean-Bart, oppressé par l'appréhension d'un malheur.

— Le médecin sort d'ici, lui répondit-on. Mademoiselle Delormel a une fièvre cérébrale qui met sa vie en péril.

Pendant une semaine, Juliette eut le délire. Chaque jour, Robert venait lui-même prendre de ses nouvelles.

Le huitième jour, il apprit que la malade avait recouvré sa connaissance, que tout danger était passé. Il demanda à voir madame de Brignon. La grand'mère de Juliette le reçut d'un air sévère et hautain.

— Je ne sais au juste, monsieur, lui dit-elle, ce qui s'est passé entre vous et ma petite-fille; mais ses révélations et les divagations du délire m'ont appris qu'elle vous aimait, et que votre mariage prochain a seul causé sa maladie. Vous mariez-vous réellement, ou votre intention est-elle d'épouser Juliette?

— Madame, répondit Robert atterré, j'aime mademoiselle Delormel d'une affection très vraie, et c'est pourquoi je refuse de l'épouser. Je suis complétement ruiné. J'ai de plus 600,000 francs de dettes. Vous-même, voudriez-vous condamner votre petite-fille à la misère et à un malheur certain?

— Alors, monsieur, ne cherchez pas à la revoir. Le médecin défend toute émotion vive.

Robert s'inclina et sortit.

Il fut vivement affecté du congé que lui signifiait madame de Brignon, car il ressentait pour Juliette, non-seulement une passion vive, mais un sérieux attachement. Il avait eu des torts. Comment pourrait-il les réparer, maintenant qu'il était à jamais séparé d'elle?

Il lui fallut toute son insoucieuse philosophie pour chasser le remords et le chagrin qui par instant l'obsédaient. La tendresse calme de Marcelle l'aida aussi à apaiser la vivacité de ses regrets. Elle l'aimait avec une ardeur et des élans si purs! Il se sentait auprès d'elle comme enveloppé dans une atmosphère douce, pénétrante, toujours égale. Marcelle avait dans le regard, dans la voix, dans le sourire des langueurs pudiques qui ne le troublaient pas, mais lui causaient cette ivresse de cœur, symptôme du véritable amour.

Ainsi du moins, il ne tromperait pas cette femme qui se confiait à lui avec tant d'abandon.

Parfois, cependant, son scepticisme lui revenait. Il se disait avec une sorte de terreur :

— Si j'allais aimer ma femme, lui être fidèle, faire un bon et respectable père de famille, ce serait drôle, presque bête.

La veille de son mariage, il reçut trois lettres : une de la princesse Ircoff, une de Nana, et ces simples mots de Juliette :

Je veux vous voir. Je vous attendrai demain à quatre heures.

La princesse lui écrivait :

Je comprends vos motifs, mon ami, et je les accepte, puisque j'y suis contrainte. Vous avez cru que je ne pleurerais pas. J'ai sangloté. Toutefois, dans l'espoir de vous plaire encore, je tâche de me conformer à cette maxime que vous m'avez apprise : « Pour être toujours belle, il ne faut aimer, pleurer et rire qu'à demi, attendu que tout cela plisse horriblement. »

J'ai donc essuyé mes larmes; cependant mon cœur souffre toujours. Vous seul pourrez le guérir, le consoler un peu.

Sans doute, vous voyagerez cet été; mais j'entends que cet hiver, à votre retour, vous me présentiez la comtesse de Luz. Je veux pousser l'abnégation jusqu'à devenir son amie.

Votre souveraine toujours. Je ne puis me résoudre à perdre ma royauté, et je ne souhaite d'autre royaume que votre cœur.

Mais avant tout, votre amie à jamais,

OLGA IRCOFF.

P. S. Veuillez remettre de ma part à votre femme ce bijou qui ne vaut pas quatre sous.

C'était un gros diamant entouré de rubis, un bijou royal.

Voici la lettre de Nana :

Mon pauvre Robert,

Je t'écris pour la dernière fois; car, après-demain, tu auras une légitime qui s'arrogera le droit de fourrer le nez dans tes lettres.

La présente est à la seule fin de te faire savoir que mon cœur te restera fidèle, et que j'espère retrouver avec toi quelques beaux moments.

Tu es, je le sais, un homme parfaitement généreux; tu feras bien les choses, tu accorderas une lune de miel convenable à cette ingénue qui te donne ses millions. Doit-elle être laide, grands dieux ! pour avoir tant de millions que ça ! Pauvre lapin ! Toi qui aimes tant les jolies femmes, quelle pénitence !

Combien de temps va durer ton carême? Six mois. C'est bien gentil. Ciel et terre ! Je frémis à la pensée que dans six mois il pourrait te pousser du ventre. C'est là, dit-on, l'effet le plus ordinaire, sinon le plus terrible, du mariage et de la vertu.

Qui m'eût dit, il y a deux mois seulement, que le brillant comte Robert, le plus corrompu et le plus séduisant des mauvais sujets, serait un jour marié, père de famille, deviendrait un noble potiron, serait député, sénateur ! car une fois dans la voie du ramollissement, on ne s'arrête plus. Tu verras que sous peu tu siégeras dans une Chambre quelconque. Si l'on m'avait prédit ces choses sinistres et invraisemblables, je les aurais accueillies comme si l'on m'eût annoncé à moi, Nana, que j'entrerais chez des béguines pour faire pénitence. Tu peux croire que ce prophète de malheur eût reçu au visage un bel éclat de rire, voire même une carafe.

Aujourd'hui, je ne ris plus, je pleure presque; je serais inconsolable si je n'étais sûre que tu ne t'accommoderas pas longtemps au régime du conjungo. Il n'y aura ni curé ni maire qui tiennent, tu reviendras à ta Nana.

Sans adieu donc. Mes bras te restent ouverts, ô futur patriarche

Robert sourit tristement et poussa un soupir de regret; car ces deux femmes, malgré leur légèreté, l'avaient réellement aimé. Il froissa ces trois lettres, en fit une boule qu'il jeta distraitement dans le foyer.

Irait-il chez Juliette? Il irait, quel que fût le motif de son appel. Il lui devait cette marque d'affection et de déférence.

Il était une heure. Il s'habilla et se rendit d'abord chez Marcelle.

Marcelle était seule, et l'attendait avec impatience pour le remercier des splendeurs de la corbeille.

— Que vous êtes magnifique, Robert ! s'écria-t-elle. Toutes ces merveilles à moi, et choisies par vous, ce qui en double à mes yeux la valeur !

— Vous êtes heureuse?

— Oh ! oui. Etre belle par vous et pour vous ! Mais vous-même, vous êtes heureux? Dites-le moi, je vous en prie, que je le croie, que j'en sois sûre.

— Je suis bien heureux.

— Cependant j'ai des doutes, parfois, des inquiétudes. Il me semble impossible que vous m'aimiez comme je vous aime. Je ne suis qu'une petite fille gauche, sans esprit; vous m'intimidez beaucoup.

— Je vous trouve charmante.

— Quand je vous regarde, vous souriez; mais depuis quelques jours, dès que vous croyez n'être pas observé, vous paraissez triste, soucieux. Sachez, monsieur, que je vois très bien ce qui se passe derrière mon dos.

— C'est là, dit-on, un privilége tout féminin. Cependant vous pourriez vous tromper quelquefois.

— Oui, mais pas quand nous avons une glace devant nous. Ainsi, tout à l'heure, lorsque j'essayais ce bijou, au moment où vous êtes entré, vous fronciez le sourcil; vous aviez l'air presque sombre, et mon cœur s'est serré douloureusement.

— Je vous en demande pardon, chère Marcelle.

— Je ne vous pardonnerai qu'à une condition : dites-moi ce à quoi vous pensiez.

— Je ne m'en souviens plus. Dans ce moment-ci, je pense que je vous adore, voilà tout.

Monsieur, insista Marcelle, avec une petite moue d'enfant gâtée, je veux savoir tout de suite, mais tout de suite, la cause de votre air chagrin.

— Voyons, puisque vous l'exigez, je vais tâcher de me souvenir. D'abord, je vous aime, et les grands amours, comme les grands bonheurs, rendent mélancolique et puis je vais prendre des engagements très graves.

— Est-ce qu'ils vous pèsent déjà ?

— Non, mais c'est fort sérieux. Enfin, les soucis des préparatifs... Ah ! voici : je me rappelais en entrant que j'avais oublié d'écrire à mon tailleur. Si mon habit n'était pas prêt, hein ! quelle catastrophe !

— Ce n'est pas cela, vous avez des habits. Il y a encore autre chose, fit-elle avec un soupir.

— Non, c'est tout, je vous l'assure.

— Eh bien ! jurez-le moi, et je vous croirai.

— Quel enfantillage !

— Vous le voyez bien, vous ne voulez pas jurer ? Mon Dieu ! que je souffre !

Elle retira la main que Robert cherchait à saisir.

— Vous me boudez, chère petite comtesse ? dit Robert attendri.

— J'ai beaucoup de chagrin.

— Pourquoi ?

— Parce que j'ai peur... Non, à mon tour, je ne vous le dirai pas.

— Alors, vous voulez que je sois triste pour tout de bon ?

— Eh bien ! j'ai peur... Ah ! ce vilain mot ne peut sortir de mes lèvres... Je crois que, par moment, je suis jalouse. C'est mal, je le sais, vous soupçonner ! Mais, c'est malgré moi. Je serais si malheureuse si vous me trompiez !

— Ma chère Marcelle, je jurerai tout ce que vous voudrez, dit Robert.

— Eh bien ! jurez-moi que vous n'aimez aujourd'hui aucune autre femme.

— Je jure que jamais je n'ai aimé personne comme je vous aime.

— Comme vous m'aimez, c'est possible, mais peut-être beaucoup plus.

Elle articula ces mots avec peine, et ses yeux se remplirent de larmes.

— Vous pleurez, Marcelle, vous pleurez ! s'écria Robert vraiment ému. Que faut-il faire pour vous prouver mon amour ? Je n'aime que vous, que toi, je te le jure ; tu es ma femme et la seule adorée. Le crois-tu, dis ? Eh bien ! regarde-moi, et tu verras si je mens.

Il parlait avec tant de sincérité et de tendresse que Marcelle fut convaincue.

— Je vous crois, Robert, je vous crois. Pardonnez-moi d'avoir douté de vous, d'avoir osé vous le dire ; mais le doute fait si mal !

Robert, en cet instant, jeta les yeux sur la pendule. Il pensait au rendez-vous que lui avait donné Juliette.

— Trois heures ! Il faut, chère Marcelle, que je vous quitte.

— Déjà ! Restez encore, je vous en supplie.

— Je suis attendu, dit-il gravement.

— Qui donc vous attend ?

— Soupçonneriez-vous encore votre mari, madame ?

— Non, car je veux croire en lui. C'est que, voyez-vous, Robert, quand vous me quittez, il me semble que vous emportez mon cœur, et que je vais mourir.

— Demain, chère amie, nous serons réunis pour la vie.

Il l'attira à lui.

Marcelle appuya sa tête sur l'épaule de Robert. Elle éprouva une émotion indéfinissable, comme si sa vie, son âme passaient en lui, et que leurs deux existences fussent à jamais confondues.

Quand il fut parti, Marcelle courut se jeter au cou de sa mère.

— Comme il est bon ! comme il m'aime ! Mère, réjouis-toi : ta petite Marcelle est bien heureuse.

Madame Patouillet ne répondit que par un soupir.

VII

Robert, à quatre heures précises, entrait chez Juliette.

Elle était levée, et, bien que sa pâleur fût extrême, elle semblait calme. Cependant, en l'observant avec attention, on eût pu voir se soulever la veine bleue de la tempe, et sa main se crisper au bras du fauteuil.

Quand elle entendit le pas de Robert, elle ferma les yeux comme pour recueillir ses forces.

Robert, en la voyant si pâle, fut profondément remué.

Il voulut lui prendre la main.

— Ne me touchez pas ! s'écria-t-elle avec hauteur.

— En effet, je ne mérite plus que vous me traitiez en ami.

— J'ai à vous parler, reprit-elle péniblement, j'ai un service à vous demander.

— Je serai heureux, reconnaissant même de vous le rendre. Je ferais l'impossible pour vous prouver mon dévouement.

— Vous vous mariez demain, n'est-ce pas ?

Cette question parut lui coûter un si grand effort que les muscles de son visage se contractèrent. Cependant sa voix vibrante ne trembla pas.

— Oui, demain, répondit Robert en baissant les yeux.

— Vous m'avez offert de me marier. Je veux l'être dans un mois.

— Je vous promets de faire tout ce qui sera en mon pouvoir, dit-il. Cependant vous oubliez que cela dépend aussi de la volonté d'une autre personne. Enfin, je dois partir demain...

Il n'osa ajouter avec ma femme.

— Ne venez-vous pas de me dire que pour m'obliger, vous feriez l'impossible, interrompit Juliette avec impatience.

— Je le ferai, repartit Robert qui songea soudain à Etienne Moriceau. Dès que vous serez tout à fait guérie, je vous présenterai celui que, dans ma pensée, je vous destinais.

Juliette laissa échapper un soupir de soulagement.

— C'est bien, merci ! dit-elle. Au revoir.

Elle lui fit un signe de la main.

Il comprit et se retira.

Dès qu'il fut dehors, Juliette, brisée par la contrainte qu'elle venait de s'imposer, s'évanouit.

Robert se rendit immédiatement chez Etienne.

— Je viens, lui dit-il, vous entretenir d'une affaire grave. Il m'est venu cette nuit, à votre sujet, une idée lumineuse.

— Vous excitez ma curiosité. Voyons cette idée.

— Non-seulement je me marie; mais ce qui va vous surprendre davantage, reprit Robert gaiement, je me fais courtier de mariage.

— En effet, d'après les toasts que je vous ai entendu porter l'autre jour....

— Et c'est vous que je songe à marier, interrompit le comte de Luz. Comme je vous ai vu jaloux de mon bonheur, je veux faire le vôtre. Je connais une femme, une perle.

— Je me défie des femmes que vous connaissez, beau prince, repartit Etienne avec un sourire sceptique.

— Mon cher Moriceau, je vais faire tomber d'un mot votre défiance : j'ai aimé la mère. J'avais alors vingt-deux ans, et je lui jurai à son lit de mort de protéger sa fille. La pauvre enfant n'a plus qu'une vieille grand'mère, une véritable duègne, qui lui rend la vie fort triste. Mes préoccupations pécuniaires et matrimoniales me l'avaient fait négliger un peu. Je viens de la voir pour lui annoncer mon mariage. Ma belle pupille m'a paru un peu languissante. J'ai pensé qu'un changement de vie et de milieu lui serait salutaire. Je me suis souvenu de vous, de votre caractère excellent, de vos principes austères, de vos aspirations vers la vie de famille, et je me suis dit : Voilà le phénix qu'il faudrait à Juliette. Quoique je ne sois guère religieux, je suis un peu superstitieux. Je crois qu'en m'acquittant envers la mère, ce mariage, qui ferait en même temps deux heureux, me porterait bonheur.

— Ah ça ! dit Etienne, c'est donc sérieux ?

— Très sérieux.

— Alors, donnez-moi quelques renseignements sur la jeune personne et sur sa famille.

Robert lui raconta l'histoire douloureuse de madame Delormel; puis il ajouta :

— Vous le voyez, elle a eu l'enfance la plus abandonnée et la plus triste. Je vous assure qu'elle n'a pas été gâtée, et qu'il vous sera facile de la rendre heureuse.

— Mais alors, pourquoi ne l'avez-vous pas épousée ? questionna Etienne toujours soupçonneux.

— Parce qu'elle n'a que deux cent mille francs de dot, et que j'ai sept cent mille francs de dettes. Enfin, je lui porte un trop réel intérêt pour lui donner un mari tel que moi.

— Et vous l'avez vue souvent depuis sa sortie du couvent ?

— Mon cher Moriceau, je suis moins corrompu que je n'en ai l'air. Ayant connu Juliette tout enfant, et l'ayant vu grandir, je la regarde absolument comme ma fille.

— Vous pourriez le jurer ?

— Je le jure, affirma Robert, qui ne mentait pas absolument, car le sentiment paternel qu'il avait voué à Juliette dominait peut-être l'amour.

Le loyal Etienne ne soupçonna aucune réticence.

— Eh bien ! je consens à voir votre perle, mais à la condition que la vue n'engage à rien.

— Vous la verrez; je vous préviens toutefois que lorsque vous l'aurez vue, vous serez fort engagé, car vous en serez amoureux : elle est remarquablement belle.

— Cependant vous y avez résisté, vous ?

— Une barrière morale nous séparait.

— N'importe; malgré le danger, je verrai votre protégée. Ce qui m'intéresse à elle, c'est moins cette beauté remarquable que cette enfance douloureuse privée de toute affection. Ces dissensions de famille, ce scandale qui rejaillit nécessairement sur cette jeune fille innocente, m'attirent au lieu de m'arrêter; non pas que j'en espère de la reconnaissance; mais il y a en moi un besoin de dévouement, de sacrifice. Je voudrais une femme, non-seulement pour l'aimer, mais pour la protéger. Si je m'abandonne devant vous à cette sentimentalité que vous trouvez peut-être ridicule....

— Ridicule, protesta vivement Robert, vous me voyez, au contraire, tout attendri. Depuis notre voyage en Grèce, j'ai deviné en vous des trésors d'affection et de bonté.

— J'ai souffert aussi, reprit Etienne, beaucoup souffert dans mon enfance d'une situation fausse et pénible. Ma mère, comme la plupart des créoles, était indolente, coquette, emportée et jalouse. Mon père, au contraire, était un homme excellent, affectueux, un peu faible peut-être. Sa vie fut un enfer, tant que ma mère vécut. J'aimais ma mère, malgré ses défauts, malgré la tyrannie qu'elle exerçait sur moi ; mais j'adorais mon père et n'osais point le laisser paraître. Or, placé entre eux, au milieu de cette discorde perpétuelle, je pris l'habitude de me replier sur moi-même. De là ma nature, en apparence froide et concentrée. Cependant je tiens de ma mère une certaine violence de tempérament que je parviens à dominer, à dissimuler même, et qui m'effraye parfois. Après la mort de ma mère, j'entrai dans la marine ; ainsi, je n'ai pu jouir de l'affection de mon père. Voilà pourquoi je souhaite ces joies d'intérieur que je n'ai jamais connues. Je vous l'avouerai donc, mon cher comte, au risque de vous faire sourire, quand je pense à ce bonheur : avoir une femme à aimer, une femme à moi, et des enfants surtout, des petits mioches qui me sauteraient sur les genoux, il m'en vient des larmes aux yeux.

Robert réellement touché, éprouvait une sorte de remords d'abuser ainsi cet homme bon et candide.

— Pauvre garçon ! pensait-il, s'il épouse Juliette, il pourrait bien encourir le même sort que son père. Il semble vraiment qu'il y ait des destinées qui se transmettent. Ce n'est pas du hasard, ce sont des fatalités d'organisation. Bah ! après tout, il en faut comme cela : les uns bourreaux, les autres victimes.

— Alors, à quand la première entrevue ? demanda Étienne.

— Je me marie demain. Dans quelques jours, je vous préviendrai.

En quittant Étienne, il se rendit de nouveau rue de Provence.

— Vous m'avez paru si triste tout à l'heure de mon départ, dit-il à Marcelle, que je reviens dîner avec vous. Et puis, j'ai hâte de vous communiquer un beau projet. Nous avions décidé, n'est-ce pas, de partir après-demain pour l'Italie ?

— Oui, mes malles sont déjà prêtes.

— Eh bien ! je viens vous faire une autre proposition qui m'a été inspirée tout à l'heure par ce beau printemps.

— Quoi donc ?

— C'est aujourd'hui le 1er mai. En allant vers le Midi, nous trouverions peut-être une chaleur insupportable. Puis les chemins de fer, les hôtels, quel bruit ! quel prosaïsme ! Je comprends que pour des époux vulgaires, un voyage sauve l'embarras du premier moment ; mais entre nous, Marcelle, qui nous aimons comme de vrais amoureux, je vous assure que ces distractions forcées nous seraient odieuses.

— Je vous approuve, dit Marcelle. Je me réjouissais de voir l'Italie avec vous ; mais j'aime mieux encore rester ici tout absorbée dans mon bonheur.

— C'est aussi ma pensée, reprit Robert. Je me sens le cœur trop plein de vous pour que mon esprit puisse rien voir et rien admirer en dehors de vous.

— C'est vrai ? bien vrai ? s'écria Marcelle au comble de la joie.

Robert proposa d'aller passer les premiers temps de leur mariage dans une maison de campagne que M. Patouillet possédait aux environs de Sceaux.

En réalité, Robert ne renonçait au voyage d'Italie que pour obéir à Juliette, qui lui avait demandé l'impossible, c'est-à-dire de la marier dans un mois.

Madame Patouillet, en apprenant que sa fille ne la quitterait pas, faillit embrasser les genoux de Robert.

Quant à M. Patouillet, il fut d'avis que ce séjour champêtre serait jugé bien bourgeois.

— Ah ! ça, ajouta-t-il, rappelez-vous, cher comte, qu'on ne se marie pas pour roucouler. Le titre de chef de famille est un véritable sacerdoce. Lorsqu'on porte un grand nom comme le vôtre, on se marie pour avoir des enfants et leur transmettre son blason.

— Mon avis, à moi, hasarda la tendre Sophie, c'est qu'on doit avant tout se marier pour s'aimer.

— Taisez-vous donc, madame, dit sévèrement l'olympien Démosthènes.

VIII

Le lendemain, on signait le contrat ; et le maire invité devait ensuite procéder à la célébration du mariage civil.

A l'occasion de cette cérémonie, l'hôtel de la rue de Provence recevait une société brillante, quoique un peu bigarrée.

Le comte de Luz avait convié quelques grands noms pour flatter la vanité de son beau-père ; et M. Patouillet, de gros financiers, ses rivaux de la Bourse et du haut commerce, pour leur faire connaître le chiffre de la dot princière de Marcelle.

L'ancien mercier, avec sa prévoyance commerciale, avait exigé d'abord un mariage dotal ; mais Marcelle, craignant de montrer à Robert une défiance injurieuse, insista pour se marier sous le régime de la communauté. Elle voulait se remettre entièrement, fortune, corps et âme, entre les mains de celui qu'elle aimait.

Quelques-uns louèrent, d'autres critiquèrent la magnificence du roi du coton.

M. Patouillet donnait à sa fille six millions de dot.

Pendant la soirée, Robert remarqua une jeune femme qui parlait à Marcelle avec beaucoup de vivacité. Elle tranchait avec la partie féminine un peu vulgaire de la réunion par sa toilette d'une élégance sobre et en même temps originale, par sa beauté à la fois calme et irritante, par la droiture quelque peu hardie du regard.

La noblesse du profil contrastait avec l'affectuosité et la grâce du sourire. Elle avait au menton une fossette enfantine, indice de bonté, qui faisait pardonner les lignes un peu sévères du front. On devinait enfin, dès le premier abord, une âme fière, une intelligence peu commune et un cœur excellent.

Robert s'avança auprès des deux jeunes femmes.

— Ma chère Cora, dit Marcelle, je te présente le comte de Luz, mon mari tout à l'heure. Monsieur Robert, je vous présente ma meilleure amie, madame Dercourt.

— Ah ! vous arrivez à propos, s'écria Cora avec son bon sourire ; car nous complotons contre vous. Je donne à Marcelle les plus mauvais conseils.

— Les meilleurs, voulez-vous dire ? repartit Robert.

— Oh ! non, affreux ! reprit Marcelle. Mais soyez tranquille, je ne les suivrai pas.

— Cette chère Marcelle, continua Cora, est imbue, à l'égard du mariage, des préjugés les plus funestes, les plus dissolvants. Pourquoi voit-on tant de ménages malheureux ? C'est, selon moi, parce que nos idées sociales religieuses ont faussé les lois naturelles en enchaînant les époux dans des liens indissolubles, en imposant à la femme l'obéissance passive, une chose avilissante, révoltante : obéir !

— Je pense comme vous, madame, dit Robert avec galanterie. Une femme dont nous sollicitons l'amour doit nous imposer ses volontés et non pas subir les nôtres. En amour, comme vous le dites, la loi naturelle ordonne au fort de se soumettre au faible.

— Ah ! voilà donc un homme qui me comprend.

— A mon avis, prétendit Marcelle, quand on aime, il doit y avoir une plus grande félicité à obéir qu'à commander.

— Tu es une hérétique en amour, ma petite Marcelle. L'abnégation qu'on nous prêche est non-seulement absurde, mais subversive. Si la femme habituée à être traitée en enfant, ou en servante par son mari, rencontre un véritable amoureux qui la traite en souveraine, quelle vertu ne lui faudra-t-il pas pour résister à cette flatterie de l'amour ?

— Si encore, se récria Marcelle, tu ne prêchais que la désobéissance, mais tu entends qu'une femme garde sa liberté. Voilà ce qui me paraît horriblement immoral.

— L'immoralité, repartit Cora, c'est le mensonge, c'est l'abandon de sa dignité. Moi je soutiens que la liberté seule peut garantir la vertu et le bonheur dans le mariage. La seule convention que nous ayons faite, M. Dercourt et moi, c'est de nous quitter plutôt que de nous tromper, si nous devions jamais cesser de nous aimer. Là est le secret de notre félicité conjugale.

— Eh bien ! moi, reprit Marcelle avec feu, je trouve révoltant de prévoir, quand on s'aime, qu'il arrivera un moment où l'on ne s'aimera plus. Cette seule pensée me serre le cœur, m'étouffe.

— Il n'y a qu'un moyen pourtant, allégua Cora, de prévenir des déceptions trop cruelles, c'est de se faire le moins d'illusions possible sur les sentiments humains.

— Ah ! voilà des principes desséchants que je repousserai toujours. J'étais tout à l'heure jalouse de ton bonheur ; maintenant je n'en veux plus. Moi, j'entends m'engager pour la vie. J'entends même obéir à mon mari, si toutefois mon seigneur et maître daigne me le permettre.

— Non, chère amie, je ne le permettrai pas.

— Mais au moins me permettrez-vous de vous aimer toujours ?

— Conserver votre tendresse, tel est mon vœu le plus ardent. Quant à moi, je vous jure...

— Ah ! ne jurez pas, interrompit Cora. Mon mari, lui, ne m'a rien juré : je le lui ai défendu.

— Mais alors, madame, vous n'êtes point mariée.

— Je le suis devant maire et curé, c'est-à-dire aux yeux du monde ; mais je ne suis pas liée vis-à-vis de mon mari. Je l'ai prévenu loyalement que je ne me mariais que pour remplir une convention sociale.

— L'idée est originale, dit Robert.

— Horrible, répliqua Marcelle. A mon avis, le serment d'amour éternel, le lien indissoluble est non-seulement un commandement de l'Eglise, mais un besoin du cœur.

— Sache donc, pauvre chère, reprit encore la jeune philosophe, qu'il n'y a qu'un moyen de retenir un homme, c'est la menace permanente que nous pouvons le quitter. Pourquoi le mariage actuel est-il regardé comme le tombeau de l'amour ? c'est parce qu'il donne trop de sécurité. Les anciens étaient plus près que nous des lois de la nature ; ils représentaient l'amour avec des ailes ; chez nous on le charge de chaînes.

— Alors vous réclamez l'amour libre, interrogea Robert en souriant.

— Non, mais seulement le divorce. Sans doute, le mariage est une garantie ; mais le divorce est la garantie du mariage.

— Si je ne craignais d'encourir le blâme de ma chère Marcelle, je serais de votre avis, madame ; je penserais comme vous que seul le divorce peut assurer la fidélité des époux dans le mariage et asseoir la famille sur des bases loyales.

— Bravo ! s'écria Cora. Maintenant je suis tranquille sur ton sort, ma chère Marcelle. M. de Luz a trop de bon sens pour ne pas faire un excellent mari. Sachez, monsieur, que si je me permets de réclamer aussi hautement le divorce, c'est que je serais la dernière personne de France à m'en servir.

Elle embrassa Marcelle et se joignit à un autre groupe.

— Montrez-moi donc le mari de cette charmante femme, dit Robert à Marcelle.

— N'est-ce pas qu'elle est ravissante, malgré ses théories excentriques ? Elle est aussi bonne qu'aimable. Tenez, j'aperçois M. Dercourt. Il est vieux pour elle ; car il a bien cinquante ans. Il est laid ; cependant, c'est un mariage d'inclination. Quelle bizarre femme !

Robert vit un homme au visage accentué, aux cheveux grisonnants qui se tenait debout à côté d'une table d'écarté.

— Vous croyez qu'il s'occupe du jeu ? reprit Marcelle. Vous vous trompez : il ne pense qu'à sa femme, il ne voit qu'elle ; il l'adore comme le premier jour.

— Et elle l'aime aussi ?

— Oui, c'est elle qui lui a offert sa main qu'il n'eût jamais osé demander.

— Et depuis combien de temps dure ce bonheur conjugal ?

— Depuis quatre ans. Ce ne sont pas des époux, ce sont des amoureux. Elle attribue ce merveilleux résultat à ses principes ; mais, à mon avis, elle le doit avant tout à son charme et à son esprit.

— A-t-elle trente ans ?

— Je ne le crois pas.

— Eh bien ! nous verrons d'ici à quelques années.

— Vous vous trompez, Robert ; malgré ses principes un peu risqués, elle a une vie sévère ; elle restera fidèle à son mari, je le parierais.

Robert sourit. Que signifiait ce sourire ?

— Votre amie, en effet, est fort aimable. Nous la verrons souvent, je l'espère.

— Oui, l'hiver prochain, car elle va partir pour la campagne.

Robert assista à la célébration de son mariage avec une parfaite insouciance ; ce n'était pour lui qu'une cérémonie banale, une corvée ennuyeuse.

Marcelle, au contraire, y apporta toute son âme, une émotion recueillie, une joie profonde, mêlée toutefois de ces vagues appréhensions qu'inspire l'inconnu.

IX

Le lendemain, les jeunes époux partirent pour la villa que M. Patouillet possédait à Sceaux.

Lorsqu'ils y arrivèrent, le soleil se couchait au milieu d'une vapeur dorée, et jetait sur toute la campagne des reflets gais et tendres. Ils virent un présage de bonheur dans cette bienvenue que semblait leur souhaiter le soleil.

Parmi les gens de service qui les attendaient, Robert remarqua une jeune femme qui tenait par la main un bel enfant blond. Son visage, d'une grande pureté de lignes, était grave et doux et semblait abattu par une souffrance morale. Le regard se dérobait timide, presque farouche. Son sourire naïf et bon navrait pourtant, car on y surprenait un effort.

— Bonjour, Lucette, s'écria Marcelle. Voyez, Robert, le joli bambino. C'est mon filleul. Bonjour, monsieur Marcel, je ne t'ai pas oublié ; je t'apporte un gros sac de pralines.

Robert caressa l'enfant, tout en continuant d'observer Lucette, dont la distinction native l'avait frappé, dont le regard voilé l'intriguait.

— Eh bien ! comment trouvez-vous Lucette ? lui demanda Marcelle.

— Assez gentille, répondit-il négligemment.

— Vous êtes difficile ! moi qui craignais...

— Quoi donc ?

— Qu'elle ne vous parût plus belle que moi.

— Tais-toi, dit Robert ému. Et il lui ferma la bouche par un baiser.

Le premier tutoiement, le premier baiser.

Le doute avait fait place à la confiance infinie.

Au milieu de la nuit, Robert et Marcelle furent réveillés en sursaut par des cris déchirants.

— C'est quelqu'un qu'on assassine, pensa Robert. Malgré les supplications de Marcelle terrifiée, il se précipita dehors.

Plusieurs domestiques, éveillés de même, se dirigeaient également vers l'endroit d'où partaient les cris.

Ils arrivèrent devant la maison du garde ; et comme la porte résistait, ils brisèrent la fenêtre.

C'était une scène horrible : un homme hors de lui traînait une femme par les cheveux. Cette femme, c'était Lucette, Lucette à moitié nue, les mains et le visage couverts de sang.

Robert saisit à la gorge le meurtrier, et le força à lâcher sa victime.

Lucette se releva : les sanglots l'étouffaient.

— Ah ! je te retrouverai, misérable, hurlait le fou. De quoi vous mêlez-vous ? dit-il à M. de Luz. Ne suis-je plus le maître chez moi ?

— Non, vous n'êtes pas le maître d'assassiner votre femme, repartit impérieusement Robert.

— Mais c'est une infâme créature, plus méprisable que la boue des rues, s'écria cet homme sauvage, toujours au paroxysme de la fureur. Savez-vous ce qu'elle me fait souffrir ? Si je ne la tue pas, je me tuerai, moi.

— Vous ne vous tuerez pas non plus, mon ami. Votre femme va me suivre, et demain, vous vous expliquerez.

— Non, elle ne sortira pas.

— Je ne veux pas sortir, supplia Lucette toute tremblante.

Mais Robert insista et emmena la jeune femme.

Pressée de questions par Marcelle, elle finit par avouer la cause de cette scène de fureur, et son malheur qu'elle avait pu cacher jusqu'alors. Son mari était d'une jalousie terrible. Elle parvenait à le contenir tant qu'il était en sang-froid ; mais dès qu'il était ivre, et il s'enivrait fréquemment, cette jalousie devenait une sorte de folie.

— Depuis combien de temps souffres-tu ainsi, ma pauvre enfant ? demanda Marcelle.

— Depuis que nous sommes mariés, répondit-elle avec une résignation de martyre.

— Depuis six ans, tu endures de pareilles violences sans te plaindre.

— C'est mon mari, madame. Et quand il est calme, il est bon pour moi. Il m'aime, après tout.

— Et tu peux l'aimer, toi ?

— Oui, je l'aime, fit-elle avec un soupir, parce que c'est le père de mon petit Marcel.

— Cependant vous ne devriez pas continuer de vivre avec cet homme, dit Robert. Dans un accès de fureur il peut vous tuer.

— Mon Dieu ! que voulez-vous que je fasse ! Dès que je le vois gris, je cache les couteaux ; car, une fois, il m'a blessée.

— Mais enfin, reprit Marcelle, aurais-tu motivé de pareilles scènes, te serais-tu du moins montrée un peu coquette ?

— Moi ! ah ! madame, vous me connaissez, dit-elle en pleurant. Depuis hier au soir... Je ne sais comment vous dire cela...

— Achève.

— Il me reproche d'avoir regardé M. le comte. Cependant, pour ne pas l'inquiéter, je tiens presque toujours les yeux baissés.

— Puisque cette jalousie est sans motif, lui dit Robert, votre mari est incorrigible. Que ne le quittez-vous ?

— Il m'a menacée, si je le quittais, de me faire ramener par les gardarmes.

— Alors plaidez en séparation.

— Moi, devant les tribunaux ! plaider contre le père de mon enfant ! Et d'ailleurs le tribunal lui donnerait le petit ; et, puis cela coûterait beaucoup d'argent. Nous n'en avons pas. Mon mari n'a pas d'ordre : nous sommes fort en retard.

Malgré l'offre que lui fit Robert de payer les frais du procès, Lucette persista dans son refus.

Marcelle, superstitieuse comme tous les êtres faibles, fut très péniblement impressionnée par cet incident qui lui parut d'un fâcheux augure.

Une émotion vague., douloureuse, lui oppressait le cœur. Elle crut à un pressentiment.

— Et pourtant, se disait-elle, mon Robert est si bon, si doux, si loyal ; comment pourrais-je jamais souffrir par lui ?

X

Huit jours se sont écoulés depuis l'installation des jeunes mariés à la campagne, huit jours d'enchantement, de joie profonde et complète. Robert lui-même, le sceptique, l'impétueux, l'inconstant Robert ne s'ennuya pas un moment. Il aimait sa femme. Ce n'était plus seulement cet amour de l'imagination et des sens ; son cœur était pris. Quand il lui jurait qu'il n'avait jamais aimé qu'elle, il disait presque vrai. Comment eût-il résisté à la contagion d'une affection tout à la fois si naïve et si véhémente ?

Pendant ces huit jours, ils connurent tous ces enfantillages, toutes ces exagérations de sentiment, toutes ces folies de tendresse qu'inventent les amoureux passionnément épris. Si Robert était forcé de la quitter un moment pour une lettre à écrire, pour un ordre à donner, Marcelle éprouvait de véritables déchirements. Et si cette absence se prolongeait un peu, quelle inquiétude, quelle impatience, et, au retour, quelle joie !

— M'aimes-tu toujours? As-tu pensé à moi? Comme tu es resté longtemps! J'ai cru que tu ne m'aimais plus, que je ne te reverrais jamais; j'ai eu froid au cœur.

Un matin, Marcelle entra chez Robert tout oppressée. Ses magnifiques cheveux blonds s'échappaient en désordre d'un mignon bonnet que l'agitation de la nuit avait coquettement froissé; ses petits pieds nus paraissaient aussi blancs que le cygne qui bordait ses pantoufles de satin rose. Sa longue robe de mousseline blanche, avec des nœuds roses et de riches dentelles, formait un voile élégant et pudique sous lequel l'imagination entrevoyait des formes exquises.

Elle se jeta au cou de son mari.

— Robert, mon Robert, s'écria-t-elle, jure-moi que tu m'aimes toujours.

— Quelle folie! répondit-il en riant et en couvrant de baisers les mains glacées de Marcelle.

— Ah! c'est que... reprit-elle, hésitant, j'ai eu un horrible cauchemar... j'ai rêvé que tu me trompais, et je me suis réveillée tout en larmes.

— Mais maintenant, tu ne rêves plus?

— J'ai peur; je suis trop heureuse. Parfois, il me semble impossible que cela dure. Si je faisais comme ce grand roi, qui jeta un présent à la mer pour apaiser les destins jaloux!

— Quoi donc, ma petite femme adorée, pourrait troubler notre bonheur?

— Je ne dis pas que tu cesseras de m'aimer; mais si tu m'aimais moins!

— Voyons, que faut-il faire pour te prouver mon grand amour? Faut-il sauter par la fenêtre?

— Non, offre-moi ton bras tout bonnement, et faisons un tour dans le parc; j'ai besoin d'air.

— Comme cela, pieds nus! Je ne le permettrai pas, madame. Ah! tenez, pour vous prouver, ma chère souveraine, mon amour sans bornes, je sollicite la faveur de vous mettre vos bas. Robert de Luz femme de chambre! Cela me paraît aussi fort qu'Hercule filant aux pieds d'Omphale.

Il alla chercher les bas de Marcelle, des bas si fins qu'ils tenaient dans le creux de la main. Avant de les mettre, il les baisa.

— J'aime non-seulement toi, mais tout ce qui te touche, tout ce qui est à toi. Tu le sais, je suis un idolâtre; tu es ma seule idole, et tous tes vêtements sont pour moi de pieuses reliques.

Marcelle l'écoutait avec un sourire et des regards enivrés.

— Si papa nous entendait nous tutoyer comme de vrais bourgeois! s'écria-t-elle tout à fait rassérénée.

Ils descendirent dans le parc.

— Quel beau jour! dit Robert, qui sembla humer avec volupté l'air matinal. Vois donc ces vapeurs qui enveloppent les arbres d'une gaze brillante. Comme le soleil est bon! comme il est doux! On dirait qu'il comprend notre amour et qu'il craint d'en troubler les divines langueurs par des rayons trop vifs.

— C'est vrai, il fait tendre, répondit Marcelle qui se suspendit amoureusement au bras de Robert.

C'était en effet une de ces matinées de mai, à la fois suaves et gaies, où l'on se sent jeune, ravivé par les tressaillements de la sève qui monte, et en même temps allangui par les senteurs enivrantes qu'exhalent les arbres et les fleurs, et par tous les chants d'amour qui emplissent la nature de voluptueuse harmonie.

Baignés dans la lumière, la main dans la main, ils se promenaient silencieux, tant leurs cœurs débordaient.

Tout à coup un bruit de pas sur le sable les fit retourner.

C'était le valet de chambre qui apportait le courrier du matin. Ils firent tous deux un mouvement d'impatience.

Cependant Robert prit les lettres et les journaux.

— Qui donc peut penser à nous, dit-il, quand nous oublions si bien le monde entier!

Il y avait une lettre pour Marcelle, une lettre de sa mère.

— Pauvre mère! soupira-t-elle.

Une autre adressée à Robert portait une suscription féminine.

En reconnaissant l'écriture, il pâlit un peu.

Marcelle l'observait.

— Un chagrin, j'en étais sûre, exclama-t-elle.

— Rien, absolument rien, chère amie.

— Cependant tu viens de pâlir.

— C'est que... je vais être obligé de te quitter tantôt pendant quelques heures.

— Ah! mon rêve! fit-elle avec terreur.

— Enfant! quatre heures tout au plus.

— Quatre heures! Non, Robert, vous n'irez pas. Restez, je vous en conjure.

— Il le faut, mon amie.

— Tu me demandais tout à l'heure quelle preuve tu pouvais me donner de ton amour. Je veux celle-là. Ne me quitte pas aujourd'hui, je t'en supplie. Je serais si inquiète à cause de ce maudit rêve qui m'a tant effrayée.

— C'est un devoir qui m'appelle.

— Un devoir! Déjà tu mets le devoir au-dessus de l'affection! Ah! Cora avait raison: le mariage est le tombeau de l'amour, ajouta-t-elle avec douleur.

— Non, cela n'est pas.

— Cependant, tu pensais comme Cora l'autre jour.

— Oui, je le pensais autrefois ; mais, depuis que tu es ma femme adorée, je ne conçois plus, au contraire, qu'on puisse aimer en dehors du mariage ; à présent je pense comme toi que l'amour vrai a besoin de sécurité ; car il se croit, lui, éternel.

— Eh bien ! alors, dis-moi ce qui te force d'aller à Paris.

— Vilaine curieuse ! répondit Robert avec un air contraint. C'est mon ami, Etienne Moriceau, un ancien officier de marine que j'ai connu lors de mon voyage en Grèce. Il désire me voir pour me demander un service. Il demeure rue de la Paix, de là, je passerai chez moi, rue Montaigne, pour prendre quelques objets qui me font défaut, et je reviens aussitôt. Voyons, es-tu satisfaite ?

— Alors montre-moi cette lettre, insista Marcelle, car j'avais cru reconnaître une écriture de femme.

— Je ne puis te confier, répondit-il avec quelque embarras, le service qu'il me demande ; c'est un secret qui ne m'appartient pas.

— Je le veux, reprit Marcelle avec l'obstination des enfants gâtés et des femmes jalouses. Le secret de ton ami t'est-il plus cher que ma tranquillité ?

— C'est impossible, madame, répondit Robert avec gravité. Me soupçonner de mensonge, c'est me faire injure.

Puis, changeant de ton :

— Mais, tiens, j'ai une idée charmante. Viens avec moi à Paris ; tu iras voir ta mère, que nous négligeons un peu trop, et comme tu m'as dit l'autre jour que tu désirais visiter mon intérieur de garçon, nous nous rejoindrons rue Montaigne. Eh bien ! tu n'es pas joyeuse ?

— Si, ah ! si, fit-elle en étouffant un soupir.

Pour dissimuler son embarras, Robert déploya le journal.

— Ces jours passés, fit observer Marcelle, tu ne lisais pas de journaux.

— Tu as raison, et de fait, je n'y tiens guère. Quoi donc pourrait m'intéresser en dehors de toi ?

— Eh bien ! non, lis ton journal, car tu pourrais croire que je veux te tyranniser ; seulement c'est moi qui tournerai la feuille et tu me laisseras ta main.

Pendant qu'il lisait, Marcelle, la tête appuyée sur l'épaule de Robert, pensait tristement : « Déjà, au bout de huit jours, une querelle, un secret entre nous ! »

Malgré ce beau ciel plein de lumière et de gaieté, elle entrevoyait les perspectives les plus sombres.

Robert aussi, en lisant, était distrait.

Voici la lettre qui l'obligeait si impérieusement de se rendre à Paris :

« J'irai demain me promener au Luxembourg entre trois et quatre heures sur la terrasse qui domine la Pépinière. Venez-y avec le jeune homme que vous devez me présenter. Grand'mère m'accompagnera. Vous nous aborderez et nous causerons.

» Sans faute.

> JULIETTE. »

XI

Robert montra une grande impatience pour le départ.

A midi, il entrait chez Etienne Moriceau.

— Vous le voyez, je tiens ma promesse.

— Je vous attendais, répondit Etienne. Je n'osais vous écrire, dans la crainte de troubler l'ivresse d'une lune de miel à son début.

— C'est, en effet, la première fois que je viens à Paris depuis huit jours. Ainsi, vous pensez toujours au mariage ?

— Plus que jamais. Les amours immondes me dégoûtent ; les plaisirs bruyants me fatiguent sans parvenir à me distraire. Depuis que je vous ai vu, mon imagination s'est exaltée au sujet de la merveille dont vous m'avez parlé. Je brûle de la voir.

— Justement je viens vous prendre pour vous la montrer. Nous la trouverons au Luxembourg où elle se promène habituellement avec sa grand'mère. Elle ne sait rien encore...

— Allons, interrompit gaiement Etienne, je gagerais que vous avez dit de même à votre protégée. C'est toujours ainsi que se font les premières présentations.

En arrivant au Luxembourg, Etienne et Robert aperçurent à l'endroit désigné un groupe de badauds.

— Qu'est-ce ? demanda Robert.

— Une dame qui vient de s'évanouir.

Robert pensa que ce pouvait être Juliette.

Il fendit le groupe de curieux.

C'était elle en effet. Depuis sa maladie, elle sortait pour la première fois. L'air du dehors, la chaleur un peu forte, l'appréhension en même temps que le désir de revoir Robert, avaient causé ce malaise.

Etienne, en apercevant Juliette, belle comme une statue, blanche comme une morte, sentit ses genoux fléchir et la sueur perler à son front. Il attribua l'évanouissement de mademoiselle Delormel à l'émotion d'une première entrevue. Il en augura qu'elle était tendre et impressionnable comme lui-même.

Dès qu'elle entendit la voix de Robert, Juliette revint à elle. Elle refusa de rentrer, affirmant que l'air achèverait de la remettre.

Si Etienne eût vu Juliette un mois auparavant dans toute la splendeur de sa beauté, il eût été peut-être moins disposé à l'aimer qu'en cet instant. Il eût trouvé, lui qui voulait un être à protéger, un peu trop d'énergie dans son regard passionné et dans le ton violent des lèvres ; mais son beau visage, pâli et adouci par la souffrance, le toucha profondément.

Cette première entrevue ressembla d'ailleurs à toutes les entrevues du même genre : on échangea des banalités, on fut embarrassé et l'on s'observa à la dérobée.

Robert voulut reconduire ces dames jusqu'à la rue Jean-Bart. Il offrit son bras à Juliette qui réprima un mouvement de répulsion.

Etienne offrit le sien à madame de Brignon.

— Eh bien ! dit Robert ému, car il sentait trembler le bras de Juliette, M. Moriceau pourra-t-il se présenter demain chez vous ?

— Oui, répondit-elle, les dents serrées par la contrainte qu'elle s'imposait.

— Ainsi, il vous plaît ?

— Oui.

— Je puis le lui dire.

— Si vous le jugez à propos.

— Comment vous trouvez-vous ?

— Je voudrais être morte.

— Pourquoi, Juliette ?

— Parce que vous êtes vivant, et que je ne puis vivre avec la pensée...

Elle s'arrêta.

— Vous me haïssez donc bien ?

— De toutes mes forces.

— Vous êtes injuste.

— On en condamne de moins coupables que vous. Vous m'avez fait endurer des tortures auprès desquelles la mort est un bienfait.

— Les circonstances seules sont coupables.

— Que me font, à moi, les circonstances ?

— Vous épouser, Juliette, c'eût été vouloir votre malheur.

— Me croyez-vous heureuse aujourd'hui ?

— Vous le serez, j'en suis sûr.

— Taisez-vous. Vous savez bien que c'est impossible.

— Mais alors pourquoi vous marier ?

— Ah ! oui, pourquoi ?... Cela ne vous regarde pas.

— Je suis et serai toujours votre ami.

— L'amitié entre nous ? je ne comprends pas ce sentiment là.

— Vous vous mariez par colère peut-être ? Eh bien ! il vaudrait mieux attendre que la colère fût passée.

— Non, ce n'est ni le dépit, ni la colère, ni la haine qui me décident, c'est...

Elle hésita, comme si cet aveu lui coûtait un violent effort.

— C'est ?...

— La jalousie, fit-elle d'une voix rauque. Une dernière prière : je veux voir votre femme, je veux qu'elle assiste à mon mariage, seulement à l'église. Peut-être quand je l'aurai vue, serai-je plus tranquille. Entendez-vous, je le veux.

— Vous serez obéie.

On était arrivé rue Jean-Bart.

— Madame, dit Robert à la grand'mère de Juliette, comme je vais retourner à la campagne, je sollicite pour mon ami la permission de venir demain prendre des nouvelles de mademoiselle Delormel. Il me les transmettra.

— Tous les jours, à deux heures, nous sommes visibles, répondit madame de Brignon.

— Eh bien ! comment la trouvez-vous ? demanda Robert à Etienne.

— Ah ! mon ami, merci ! s'écria Etienne avec effusion, je vous devrai le bonheur de ma vie. Tout ce que mon imagination avait rêvé est encore surpassé. Si jeune, si belle, et tant de malheur déjà ! Elle n'a jamais été aimée, dites-vous ? Tant mieux, car je saurai l'aimer de tous les amours à la fois. C'était pour elle que je faisais des épargnes de tendresse. Je sens que je l'aimerai éperdument, toute ma vie, quoi qu'en pense votre scepticisme. Ainsi, je ne lui ai pas déplu ?

— Non, au contraire.

— Qu'a-t-elle dit ? soyez sincère.

— Vous savez, répondit Robert un peu hésitant, qu'une jeune fille ne s'ouvre pas facilement sur une matière aussi délicate ; mais puisqu'elle vous autorise à revenir, c'est évidemment qu'elle se sent disposée à vous aimer.

— Je l'adorerai tant, qu'il faudra bien qu'elle m'aime un peu.

Quand Robert quitta Etienne, une lutte s'établit entre sa conscience et son cœur. Tromper ce brave garçon si confiant, si tendre, lui parut une mauvaise action. D'un autre côté, puisque Juliette l'exigeait, ne devait-il pas lui montrer le dévouement le plus absolu, lui sacrifier tous ses scrupules ?

— Bah ! se dit-il, il n'aura après tout que le sort de tous les maris, et la possession de Juliette vaut bien quelques tracas domestiques.

La possession de Juliette !

A cette pensée, il sentit battre ses tempes et comme un fer rouge lui passer entre les épaules.

Quelle émotion nouvelle venait de l'envahir? Serait-il jaloux? Allons donc! lui, jaloux! Il en rit aux éclats!

Toutefois, en se rendant rue Montaigne où sa femme devait l'attendre, ce ne fut point Marcelle qui l'occupa, ce fut Juliette.

Il cherchait à se rappeler chacune des étranges paroles qu'ils avaient rapidement échangées. L'aveu de cette haine, de cette jalousie ardente, le nouvel obstacle que ce mariage allait mettre entre eux, attisaient son amour, empoignaient son imagination passionnée pour la lutte.

XII

Robert, en entrant chez lui, apprit que Marcelle était là. Aussi, fut-il surpris de ne pas la voir accourir à sa rencontre. Il la trouva dans sa chambre étendue sur une causeuse, pâle, immobile, l'œil fixe, la pupille dilatée.

Il s'élança vers elle.

— Marcelle, qu'as-tu?... Réponds-moi, je t'en conjure, souffres-tu?

Un flot de larmes jaillit des yeux de la jeune femme.

Il s'agenouilla, lui prit les mains ; mais ses mains froides, au lieu de répondre à son étreinte, le repoussaient.

— Qu'est-il donc arrivé? Parle, je t'en supplie. Je suis en retard, est-ce cela? Je n'ai pu m'échapper plus tôt.

— D'où venez-vous? dit-elle enfin, d'une voix brisée.

— Je quitte à l'instant mon ami Etienne Moriceau.

— Mais auparavant, reprit-elle, vous êtes allé voir une femme qui se nomme Juliette.

Robert resta un moment abasourdi. Comment avait-elle pu savoir où deviner aussi juste?

Marcelle lui montra plusieurs papiers épars sur le tapis.

Il s'en saisit.

C'étaient les trois lettres que, la veille de son mariage, il avait reçues de la princesse Ircoff, de Nana et de Juliette ; ces trois lettres qu'il avait négligemment froissées ensemble et jetées dans le foyer.

— En quoi ces chiffons de papier, dit Robert un peu remis de son trouble, prouvent-ils que je ne suis pas allé chez mon ami?

— J'ai lu ce matin la suscription de la lettre qui a motivé votre voyage à Paris, et je viens de reconnaître cette écriture. Enfin c'est cette même femme que vous êtes allé voir la veille de notre mariage, alors que je vous priais si instamment de rester.

— Je te jure...

— Ne jurez pas, reprit-elle impatiemment, je le sais, j'en suis sûre, je le sens là, vous me trompez. Me tromper! ajouta-t-elle d'une voix plaintive, entrecoupée de sanglots, moi qui vous aimais tant ! Ce bel amour, et mon bonheur détruit, et déjà... si tôt !...Ah ! je souffre... Le cœur... ce cœur si entièrement à vous... Il s'est glacé tout à coup. Je ressens partout le froid de la mort. J'en mourrai, j'en mourrai !

La fièvre, en effet, faisait claquer ses dents et les pleurs la suffoquaient.

— Ma petite femme bien-aimée, disait Robert profondément attendri par cette douleur naïve, je t'avouerai tout, tu sauras tout. Enfant! enfant ! mais je t'assure que je n'aime que toi au monde. Pourrais-je trouver une femme plus belle, plus tendre, plus gracieuse que toi? Comment as-tu pu douter de moi?

— Mais alors, qu'est-ce donc que cette Juliette? Expliquez-vous.

Robert lui répéta en quelques mots l'histoire qu'il avait contée à Etienne. L'espoir de marier Juliette l'avait seul conduit à Paris.

— Cependant, objecta Marcelle, tu as eu pour elle une grande affection?

— C'est vrai, mais une affection toute paternelle. Elle a été si malheureuse, la pauvre enfant !

— Pourquoi ne m'as-tu jamais parlé d'elle ?

— Parce que ton amour me l'avait fait oublier. J'avais le cœur si plein de toi, que toi seule absorbait ma pensée. Mais tu assisteras à son mariage, et tu la verras l'hiver prochain sans doute ; et je vous défends bien, madame, d'en être jalouse. C'est une injure que je ne vous pardonnerais plus ; car si je me prosterne à tes pieds, ce n'est pas pour te demander pardon, c'est pour t'absoudre, ma reine adorée. Soupçonner son mari ! Demandez-moi pardon, madame, ou je me renferme dans ma dignité.

— Mais cette princesse qui t'écrit une lettre si tendre ?

— La princesse! C'est une excellente femme, fort coquette. Je lui ai fait la cour par politesse ; mais elle n'a jamais été qu'une amie pour moi.

— Mais cette Nana ?...

Robert posa la main sur la bouche de Marcelle.

— Ne prononce jamais ce nom, il souille tes lèvres.

— Alors, comment as-tu pu aimer, ne fût-ce qu'un moment, une créature pareille ?

— Parce qu'il est un certain monde où

l'on place toute sa vanité à afficher une maîtresse.

— Eh bien ! jure-moi que tu ne reverras plus ces terribles femmes qui ont failli me faire mourir.

Robert jura tout ce qu'elle voulut.

La pauvre Marcelle ne demandait qu'à être consolée, rassurée. Elle se laissa aller dans les bras de Robert.

— Tu le vois, vilaine jalouse, il fallait tout soupçonner, excepté cette chose monstrueuse, que j'étais capable de te tromper. Enfant gâtée! Mais je te gâterai toujours.

Il lui passait la main dans les cheveux doucement, magnétiquement, et il la serrait sur son cœur en la berçant, ainsi qu'on apaise un enfant qui pleure. Il buvait ses larmes; il sut les tarir par d'interminables baisers.

Robert possédait véritablement le génie de l'amour. Il était passionné, mais tendre aussi. Il avait des délicatesses de cœur si ingénieuses, de si douces câlineries, de si charmantes mignardises et ces flatteries toujours si persuasives auxquelles les femmes ne savent pas résister. Mais ce qui lui donnait surtout une réelle puissance de séduction, c'était l'accent de sincérité ardente avec lequel il savait protester de son amour.

Comment Marcelle eût-elle douté encore ?

Sa grande douleur se calma donc peu à peu, et son pauvre cœur, si horriblement serré, se dilata de nouveau au souffle de cet amour véhément et doux.

En réalité, Robert aimait sa femme. Il était sincère, bien qu'il mentît.

Ils revinrent à la campagne. Toutefois, la même expansion ne régnait plus entre eux. La blessure était fermée; mais ils sentaient tous deux qu'elle était vive encore et pouvait se rouvrir.

Le lendemain, vers deux heures, Robert sembla préoccupé, anxieux même. Il tira plusieurs fois sa montre. Il ne pouvait tenir en place. Tout à coup, il serrait sa femme dans ses bras, lui souriait avec tendresse, lui parlait fiévreusement de son amour; et l'instant d'après, il paraissait ne plus songer à elle.

— Qu'as-tu donc? lui demanda Marcelle inquiète.

— Je t'aime, voilà tout, répondit-il avec indifférence.

Après un silence :

— A quoi penses-tu? reprit-elle brusquement.

Il parut sortir d'un rêve.

— A la scène que tu m'as faite hier.

— Mon Robert, tu m'en veux encore ? Eh bien ! je t'en demande pardon.

Robert l'attira à lui, et la retint par une étreinte passionnée. Il avait les yeux pleins de larmes.

— Tu pleures, toi, Robert, mon Robert!... Et c'est moi... Mon Dieu ! ai-je pu te faire autant de peine ? Pardonne-moi, pardonne-moi !

Et, tout éperdue à la vue de ces larmes, elle se laissa glisser aux genoux de son mari.

Pauvre Marcelle !

Robert, depuis une heure, ne pensait pas à sa femme, il pensait à Juliette. Il pensait qu'Etienne était auprès d'elle; et la jalousie réveillait intense un amour depuis quinze jours assoupi, presque oublié.

Ce malaise dura quelques heures.

Le soir, il parut triste, brisé. Marcelle fit de vains efforts pour le distraire. Elle surprit même un bâillement mal réprimé. Ce symptôme d'ennui, de satiété la terrifia.

Robert prétexta un violent mal de tête pour se retirer de bonne heure.

Marcelle ne put dormir. Elle passa une partie de la nuit à écrire à Cora.

Elle lui raconta l'histoire de ces dix jours, ses félicités premières, les douleurs de la veille et son angoisse présente. Elle demandait, tout éperdue, des conseils.

« Au bout de dix jours ! écrivait-elle. Ah ! je le vois, c'en est fait de mon bonheur. Je l'ennuie. Aujourd'hui c'était un bâillement comprimé; demain il bâillera tout à fait. S'il avait eu du chagrin seulement de la scène d'hier, quand il m'a vue à ses genoux, il m'eût pardonnée. Mais, contre l'ennui, je ne puis rien, rien, et voilà ce qui me désespère. Aurais-tu raison, et le mariage serait-il vraiment le tombeau de l'amour ?»

Voici la réponse de Cora Descourt :

« Ta lettre m'a désolée, pauvre chère. Hélas ! elle ne m'a guère surprise. Du matin au soir, tu répètes à ton Robert que tu l'adores, et il bâille ; tu te montres jalouse, défiante, tyrannique, et il ment. Tu te jettes à ses genoux. Eh bien ! avant qu'il soit peu, il ne prendra plus la peine de te relever; il t'y laissera, s'il ne te foule aux pieds.

» Tu aimes passionnément ton mari, dis-tu. Mais l'amour t'aveugle: il t'enlève le sentiment de ta dignité et le plus simple bon sens.

» Sans doute il faut aimer son mari; l'aimer de toutes ses forces; il faut être vertueuse ; mais il faut rendre cette vertu possible en faisant durer l'amour. Or, je te l'ai dit, le mariage tue l'amour, à moins que la femme ne déploie un art, une science infinis, un vrai génie pour le perpétuer.

» D'abord elle s'abstiendra de dire à son mari, comme tu le fais, ma pauvre

Marcelle, qu'elle l'aime, ni même qu'elle ne l'aime pas. Elle s'ingéniera, au contraire, à l'entretenir à cet égard dans une salutaire incertitude ; car dès qu'un homme est sûr d'être aimé, sa fatuité, qui est généralement colossale, lui persuade que ses charmes seuls suffisent à entretenir l'amour. Alors cessent ces respects, ces soins délicats, ces attentions empressées qu'une femme doit toujours attendre de l'homme qu'elle aime.

» Elle évitera donc comme une maladresse irréparable ces transports, ces enivrements, ces extases de cœur, ces orgies de sentiment, ces débordements de tendresse, ces adorations extravagantes, enfin, toutes ces imprudentes niaiseries qui constituent la lune de miel.

» Qui dit lune de miel dit essentiellement lune rousse : après l'excès, la réaction ; après l'enthousiasme, le dégoût.

» De même que les petits cadeaux entretiennent l'amitié, les petites scènes feintes à propos entretiennent l'amour.

» Les grandes scènes de jalousie, de reproches, de larmes, comme celles que tu m'as racontées, sont des moyens violents qu'il faut réserver pour les grandes circonstances, car ton mari, ou se blasera sur ces crises, et y restera indifférent, ou, s'il les appréhende, pour les fuir, il te délaissera.

» Un ménage ne peut être heureux qu'autant que la femme y conserve son rang naturel, c'est-à-dire la souveraineté. Pour cela, il n'est besoin ni de protestations publiques, ni d'attaques contre le Code ; il suffit que la femme le veuille, dans les premiers temps du mariage surtout, alors que l'amour fait de l'homme un esclave.

» Il n'est pas, en effet, de code qui tienne, la nature même de l'amour nous a faites les supérieures de l'homme. Bien plus, l'homme ne nous aime que si nous savons le tenir à sa véritable place, c'est-à-dire à nos pieds.

» Une femme doit donc se montrer jalouse avant tout de conserver sa suprématie. Elle ne doit se soumettre jamais aveuglément à son mari, car, si elle lui laissait mettre une main sur elle, il en aurait bientôt mis quatre.

» Elle ne doit pourtant émettre une volonté qu'autant qu'elle sait son mari disposé à l'accomplir.

» Si elle est adroite, elle commandera sous la forme du souhait.

» Quant à la femme qui se regarde de bonne foi comme la propriété de son mari et se croit tenue à l'obéissance passive ; qui, partant, a renié toute dignité, abdiqué ses droits à la royauté de l'amour, elle mérite son sort de martyre et d'esclave.

» Maintenant, chère Marcelle, si après avoir lu cette lettre tu la déchires en traitant ces sages préceptes de paradoxes plus ou moins ingénieux, c'en est fait de ton bonheur.

» Hélas ! peut-être est-il déjà trop tard pour remédier au mal.

» Mon mari est un homme parfait, ou à peu près ; mais si j'avais là-maladresse de me conduire avec lui comme tu agis avec ton Robert, je ne lui donnerais pas un mois pour devenir le plus maussade et le plus tyrannique des maris.

» Ma pauvre enfant, grave bien ceci dans ta mémoire :

« Un mari est pour sa femme ce que sa femme l'a fait. »

» Ce qui est bien autrement vrai, bien autrement pratique, surtout que ce prétendu axiome de Balzac :

« Une femme est pour son mari ce que son mari l'a faite. »

» Quant à moi, si la vanité ne m'aveugle pas, j'espère offrir à l'admiration du genre humain un mari accompli et un ménage modèle. »

Hélas, les discours ingénieux de Cora ne pouvaient rien changer à la destinée de Marcelle et de Robert ; car il est telles organisations que ni la raison ni les préceptes ne peuvent modifier.

Marcelle était donc ce qu'elle pouvait être : tendre, constante, exclusive. Robert, au contraire, était une de ces natures fiévreuses, fantaisistes, ardentes et mobiles que les obstacles excitent, que la sécurité assoupit.

En achevant la lecture de cette lettre, Marcelle soupira.

— Si je la savais moins bonne, je lui croirais le cœur sec, pensa-t-elle. Elle peut raisonner, parce qu'elle n'aime pas ; moi, je ne puis qu'aimer. Que me parle-t-elle de domination ? Je sens ma faiblesse : il me faut un appui. Je n'aspire, moi, qu'à me soumettre. Cora a beau laisser entendre que tous les hommes sont mauvais et pervers ; je dis moi : tous peut-être, excepté Robert. J'espère encore qu'il sera touché et reconnaissant de mon grand amour.

Cependant, chaque jour, Robert devenait moins tendre, plus distrait. Marcelle observait avec une terreur croissante ce déclin fatal de son bonheur, déclin si bien prévu par Cora. Maintenant elle souhaitait ardemment de fuir cette campagne, de se jeter dans une vie plus animée, afin de ne plus voir se dresser entre elle et son mari ce menaçant spectre gris, l'ennui.

XIII

Au bout d'un mois, Robert reçut d'Etienne la lettre suivante :

« Enfin, Juliette m'aime ; elle consent à m'accorder sa main, et me charge de vous l'apprendre.

» Aucun langage humain ne pourrait rendre ma félicité. C'est à vous, mon cher Robert, que je devrai mon bonheur. Croyez à ma reconnaissance profonde, éternelle.

» Nous nous marions jeudi prochain, à onze heures, à l'église Saint-Sulpice. Mon adorée Juliette désire votre présence et celle de la comtesse de Luz. Aussitôt après la cérémonie, nous partirons pour Nantes. »

A la lecture de cette lettre, Robert éprouva comme un éblouissement. Le papier tremblait dans ses mains.

Ainsi Juliette ne l'aimait plus, elle aimait Etienne, elle serait heureuse. Ainsi il voyait sa faute réparée : sa conscience serait désormais tranquille. Pourquoi donc la colère grondait-elle en lui ? C'est qu'il préférait ses remords mêmes à cette souffrance aiguë, la jalousie.

D'abord il eut la pensée de ne point assister à cette cérémonie ; mais il céda au désir de revoir Juliette, de lui parler une dernière fois. A son insu, peut-être espérait-il la trouver moins heureuse qu'Etienne ne l'annonçait.

— Si tu veux, dit-il à Marcelle nous partirons aussi, nous. Nous irons passer une saison à Bade, et de là, nous nous rendrons en Italie.

Marcelle accepta joyeusement cette proposition qu'elle n'avait point encore osé faire.

Avec cette seconde vue du cœur que possèdent les femmes aimantes, elle devinait en Robert une agitation intérieure ; elle entrevoyait une rivale et son cœur nommait Juliette.

Cependant la lettre d'Etienne devait lever tous ses doutes. N'était-ce pas Robert qui avait fait ce mariage ? Pourquoi s'en affecterait-il ?

Elle résolut vaillamment de saisir la bête noire par les cornes. D'ailleurs il était malheureux, elle le sentait bien ; et quelle que fût la cause de ce chagrin, elle eût donné son bonheur propre pour ramener en lui la quiétude des premiers jours.

— Ecoute, mon Robert, dit-elle, puisque tu aimes tant Juliette, moi aussi je veux être son amie ; car nos sentiments comme nos pensées doivent être communs. Privée si jeune de toute affection, comme elle a dû souffrir ! Nous serons sa famille, nous lui ferons oublier son douloureux passé.

Robert, attendri, la remercia avec effusion.

Marcelle voulut sur-le-champ envoyer à Juliette un présent magnifique ; mais Robert s'y opposa.

— Elle est très fière, dit-il, elle n'accepterait pas.

La veille du mariage de Juliette, ils se disposèrent à quitter la campagne.

Quelques heures avant le départ, Robert rencontra dans le parc Lucette qui se dirigeait vers le château. Pâle, les yeux égarés, la pauvre femme portait au front une blessure qu'elle cherchait à dissimuler sous ses cheveux.

— Qu'y a-t-il encore ? lui demanda Robert.

— J'allais trouver madame pour la supplier de m'emmener. Je vous en conjure, monsieur, emmenez-moi.

Elle sanglotait.

— Que s'est-il passé. Ne me cache rien.

— Il faut que je suive votre conseil ; il est temps que je parle. Je crains un mauvais coup, non pas pour moi, je suis bien lasse de vivre, mais pour le petit, qui aurait un père assassin. Ce n'est pas tout ; maintenant il l'excite contre moi, et lui apprend à m'injurier. Ah ! monsieur, emmenez-moi à l'étranger avec mon enfant. Une fois là-bas, il ne pourra me le prendre.

— Mais enfin, pourquoi ces nouvelles violences ?

— Mon Dieu ! quand sa folie le prend, tout lui porte ombrage. Un jour, vous voyant passer de loin avec madame de Luz, je ne pus m'empêcher de dire : « Vois donc comme ils sont beaux, comme ils s'aiment ! » Alors, pour ces simples mots, il m'a jetée à terre, m'a foulée sous ses pieds en criant : « C'est cela, tu me trouves trop vieux, trop laid ; il te faudrait un freluquet. » Puis des mots que je n'oserais répéter.

— Hélas ! ma pauvre Lucette, dit Robert après un instant de réflexion, nous ne pouvons vous emmener, paraître ainsi favoriser votre fuite. Ce serait très grave. Votre mari, par la violence de son caractère, est un homme dangereux : il ne nous pardonnerait pas. Mais tenez, voici un billet de mille francs. Retournez chez vos parents, et plaidez en séparation.

A bout de courage, Lucette, cette fois, accepta.

Ils s'éloignèrent, chacun de leur côté.

Un homme alors fendit le fourré.

Il pouvait avoir quarante ans. Il était d'une haute stature. Son visage respirait une sorte d'énergie sauvage. Son œil sanglant, regardait de côté comme celui des bêtes fauves.

Il ferma le poing avec rage, et l'élevant dans la direction de Robert, il lui adressa un geste de menace.

Il rentra sur les pas de Lucette, ferma la porte à clef.

Et les dents serrées, d'une voix terrible, étouffée par la colère :

— Ce papier, donne-moi ce papier, ou je te tue, infâme coquine !

Lucette, haletante d'effroi, comprit l'affreux dilemme de sa situation. Si elle ne montrait pas le papier, il croirait à une lettre d'amour ; si elle montrait le billet de banque, ce serait pis : il croirait qu'elle s'est vendue.

Comme elle résistait, opposant un mensonge maladroit, il lui lia les bras avec une corde et la fouilla.

Il trouva le billet de banque.

Lucette alors avoua la vérité, confessa qu'elle avait voulu le quitter.

Pierre Bassan demeura stupéfait. Elle pensait à le fuir ! Au lieu de la colère qu'elle attendait, Lucette vit son mari se jeter à ses genoux, lui demander pardon, lui jurer une confiance absolue.

Le tigre était vaincu. Toutefois il s'était emparé du billet de mille francs.

Au milieu de la nuit, Lucette, s'éveillant, aperçut Bassan, assis devant la table, l'œil sombre, hébété : il buvait.

Elle sauta hors du lit et lui enleva la bouteille.

Alors il se leva furieux.

— Adresse-toi maintenant aux tribunaux, s'écria-t-il, et je te fais enfermer à Saint-Lazare, car j'ai des preuves contre toi. Ah ! misérable, tu ne pourras plus tromper personne avec tes airs de sainte Nitouche.

L'horrible scène recommença. La pauvre femme en sortit blessée, meurtrie, et plus découragée que la veille. Maintenant elle restait sans protecteur et sans argent en face de cette bête féroce.

XIV

En se rendant à l'église pour assister au mariage de Juliette, Robert se montra d'une gaieté inaccoutumée, quoique un peu nerveuse. Et Marcelle ne conserva plus aucun soupçon.

Lorsqu'elle vit Juliette, avec son beau visage ému, passionné, si touchante et si pâle dans ses vêtements blancs, en pensant qu'il y avait un mois à peine elle avait ressenti la même émotion profonde mêlée de crainte et de joie, elle eut peine à contenir ses larmes ; elle chercha les yeux de Robert, avec l'espoir d'y rencontrer la même pensée, le même souvenir.

Mais il regardait Juliette, et il était aussi fort pâle.

Un nouveau doute mordit Marcelle au cœur ; afin de le dominer, elle adressa au ciel, pour le bonheur des mariés, une fervente prière.

Après la cérémonie, les invités passèrent à la sacristie pour saluer les jeunes époux.

Madame de Luz s'avança vers Juliette.

— Monsieur de Luz, dit-elle, m'a beaucoup parlé de vous, madame. Je désire vous aimer comme ma sœur. Le voulez-vous ?

Juliette tressaillit, balbutia un remerciment.

Elle observait Marcelle. Elle avait pensé que Robert avait dû faire un mariage de pure convenance et que sa femme était laide ou tout au moins insignifiante. Mais en la trouvant si belle, douée d'un charme si pénétrant, elle ressentit pour cette rivale une répulsion qu'elle ne put dominer. Toutefois ce sentiment haineux se trahit à peine par un léger gonflement de la narine, et par un mouvement presque imperceptible de la paupière.

Marcelle lui avait pris la main et voulait s'approcher pour l'embrasser ; mais de son bras roidi, Juliette la maintint loin d'elle.

Robert à son tour s'avança et, d'une voix basse, troublée :

— Me haïssez-vous toujours ? demanda-t-il.

Quelle étrange pensée traversa l'esprit de Juliette ? Il s'attendait à une réponse hautaine et brusque ; elle n'articula pas un mot. Elle lui tendit la main, l'abandonna à l'étreinte de Robert. Sa figure prit une expression de volupté grave. Elle attacha sur lui son regard profond et couvert. A travers ses paupières à demi fermées brillait une flamme sombre.

Ce regard pénétra le cœur de Robert comme une lame brûlante.

Il ferma les yeux ; il chancelait...

Il ramena Marcelle rue de Provence et se fit conduire rue Montaigne. L'émotion, la contrainte surtout qu'il venait de s'imposer, le suffoquaient.

Il courut à sa chambre, s'y enferma, se jeta sur son lit, mordant les couvertures pour étouffer ses sanglots ; car il sanglotait.

Jamais il n'avait enduré un supplice semblable. C'était le premier obstacle sérieux qu'il rencontrait. Pour la première fois il souffrait, et sa fougueuse nature se cabrait énergiquement contre la douleur. Il maudit le mariage qui l'enchaînait.

— Juliette ! Juliette ! criait-il. Il évoquait ardemment son image et la serrait dans ses bras. Il songeait au moyen de la revoir, de lui dire qu'il l'aimait ; puis son désir se heurtant à l'impossible, il lui semblait que son cerveau se brisait.

— Bah ! ce n'est qu'une crise, reprenait-il un peu plus calme. Cela passera. De-

main le mouvement… La distraction du
voyage… oui, c'est cela.

Il marchait dans sa chambre, remuait
des papiers, des vêtements. Puis, tout à
coup, le regard de Juliette lui revenait en
mémoire. Il s'arrêtait. La torture du cœur
faisait de nouveau jaillir des larmes de
ses yeux.

Mais pourquoi l'aimait-il à présent ?
N'avait-il pas préféré la fortune à l'amour
de Juliette ? N'avait-il pas renoncé à elle
presque sans douleur ?

L'obstacle, nous l'avons dit, les entraves irritantes, l'impossible, voilà ce qui
attirait cet homme volontaire et blasé.
Puis jamais Juliette ne lui avait paru
aussi royalement, aussi voluptueusement
belle. Il avait entendu le murmure d'admiration qu'avait soulevé son entrée dans
l'église. Enfin, maintenant, elle appartenait à un autre ! Peut-être l'aimait-elle
toujours. Mais il avait trompé Étienne
dans le passé, irait-il le tromper encore ?
Tromperait-il aussi Marcelle qui l'aimait
d'un amour si tendre !

Vainement la calme pensée du devoir
vint-elle s'interposer au milieu de ce tumulte. Efféminé par le bonheur facile, il
était à la fois incapable de se soumettre
au devoir et incapable de réagir contre
une souffrance si vive. Il s'y abandonna
avec des faiblesses d'enfant gâté.

À bout de courage, il pensa à Pierre
Fromont. Il laissa à son valet de chambre
le soin de ses préparatifs de départ, et se
fit conduire chez son ami. Lui seul com-
prendrait sa situation d'esprit, saurait le
le consoler ; ou du moins cette confidence
le soulagerait.

XV

Pierre Fromont demeurait rue Madame.
C'était un artiste d'un rare talent, peu
connu toutefois, à cause de son humeur
sauvage, peu aimé généralement, à cause
de ses opinions cassantes et absolues. Il
passait pour un original. C'était bien le
type solide du Franc-Comtois. Une figure
carrée, énergique où brillaient, comme des
éclairs, deux petits yeux gris observateurs
et profonds. Une stature solide comme son
caractère. Il mangeait solidement, buvait
solidement, fumait solidement des pipes
solides, et aimait solidement quand il aimait, ce qui était assez rare. Son esprit
était carré comme sa figure.

Par une atroce plaisanterie du sort, lui,
l'amant du beau et des lignes pures, il
avait eu le nez cassé dans sa jeunesse. Ce
nez applati et tordu lui donnait une physionomie particulièrement maussade et
rétive.

Dans les idées surtout se manifestait son
amour de la révolte et de la destruction.
Lutteur hardi, impatient, frondeur, il
s'amusait à porter le fer et la torche à travers les principes vermoulus, les préjugés
vénérables. Saper, saccager, détruire dans
l'ordre moral ce qui lui semblait erreur,
sottise, abus, telles étaient ses jouissances
les plus vives.

Cependant, malgré ses sorties fulgu-
rantes, ses désirs de bouleversement et ses
théories révolutionnaires, c'était un parfait honnête homme. Il eût dit volontiers :
La propriété, c'est le vol ; mais il n'eût pas
fait tort d'un centime. Affectueux et bon,
il mettait une sorte de forfanterie à se
montrer bourru et misanthrope.

Avec quelle verve il attaquait le mariage
et même la famille comme des conventions
mensongères, immorales, en ce qu'elles
enchaînent la liberté ! Pourtant il avait
aimé sa mère avec passion, l'avait soignée
avec une tendresse presque féminine. Il
avait aussi formé une liaison équivalente
à un mariage, à laquelle, depuis dix ans,
il restait fidèle ; et, de cette union libre, il
avait un enfant qu'il adorait en secret. En
un mot c'était une âme aimante et délicate
sous une enveloppe rugueuse.

Comment Robert et lui, ces deux êtres
si dissemblables, avaient-ils pu s'apprécier et s'aimer ? L'attrait des contrastes
sans doute.

Pierre, d'une nature un peu épaisse et
lente, aimait en artiste la rayonnante
nature de Robert, son esprit vif, prime-
sautier, ses passions impétueuses.

Tous deux professaient l'adoration de la
lumière, le culte du soleil. Robert avait
remarqué les tableaux de Pierre Fromont,
ses toiles si lumineuses, et les lui avait
payés de grands prix. En visitant son atelier, il s'était amusé d'abord de ses boutades et de ses paradoxes, puis il avait fini
par découvrir les trésors cachés de son
cœur.

Pierre, de son côté, surpris de trouver
des instincts généreux, et si peu de mor-
gue chez l'un de ces élégants désœuvrés
qu'il avait toujours regardés comme des
esprits et des cœurs vides, Pierre avait
conçu pour Robert une affection très vive,
presque paternelle, car il était plus âgé
que lui.

— Ah ! te voilà, dit-il d'un air rogue en
voyant entrer Robert ; ma foi, je ne t'attendais guère.

— Pourquoi donc ?

— Est-ce qu'on se souvient de ses amis
quand on est marié ! Le mariage vous
dévore un homme cœur et âme.

— Tu crois le mariage encore plus
goinfre qu'il n'est. Tu es, et tu seras
toujours mon meilleur ami.

— Attends un peu, repartit Pierre, et tu

trouveras que les joyeux compagnons d'autrefois ont trop mauvais genre. Il faut à un homme marié, non pas des amis, mais des relations honorables; il lui faut des hommes sérieux, gravement posés dans leurs faux-cols, au torse solennel, à la démarche mesurée, des hommes bien calés dans leur position, bien d'aplomb dans la vie; mais des artistes, des bohêmes, qu'est-ce que c'est que ça?

— Va, ne te gêne pas. Quand tu auras fini cette tartine, je te dirai ce qui m'amène.

— Je n'ai pas fini; car voilà un mois que j'amasse de la colère contre toi. Tu t'es marié! Tu auras des enfants! Toi, une individualité puissante, toi un héros de roman beau comme la lumière du soleil, passionné comme un demi-dieu, toi, enfin, un apôtre du plaisir! Eh bien! mon cher, te voilà obligé d'être moral à présent, moral, entends-tu? d'aimer ta femme et tes enfants. Les enfants, la raison, le prétexte de toutes les lâchetés, de toutes les turpitudes. L'amour excessif de la famille, quoi qu'en disent des moralistes cacochymes, est le vice dominant des sociétés inférieures, le plus épouvantable dissolvant social. Un homme refuse-t-il de se dévouer à la patrie? mes enfants! Un homme avide d'honneurs convoite-t-il les grands emplois, vend-il sa conscience, abjure-t-il ses opinions? mes enfants. Un homme demeure-t-il insensible à la prière du malheureux qui lui demande assistance? mes enfants. S'agit-il seulement de quelque minime sacrifice pour une noble cause? Eh! bon Dieu! répond-il d'un air piteux, et mes pauvres enfants! Les enfants, cela vous éteint un homme, fût-il homme de génie. L'écrivain tombe dans la panade, le peintre dans le métier, l'homme de luxe comme toi devient légume. La seule bonne chose du catholicisme, c'est, selon moi, le célibat des prêtres. Voyez-vous un apôtre chargé d'enfants? Est-il une grandeur possible dans le terre-à-terre, les tracas du ménage?

— Mais alors tu souhaites la fin du monde.

— Il y a des hommes faits pour le mariage. C'est la plèbe. Le plus grand nombre n'est bon qu'à cela. Mais tout ce qui porte en soi une flamme, une idée, un noble sentiment, doit se garder du mariage, le plus inexorable des éteignoirs. ✱

— Encore une fois, je ne me suis pas marié par goût, mais par nécessité.

— A mon avis, il y aurait moins de honte à voler sur le grand chemin qu'à se faire entretenir par une femme; car pour moi le sacrement ne légitime rien. Je le sais bien, le monde est pour toi; on dit: Il a fait un beau mariage. On jette dans la boue les malheureuses qui se vendent par misère, et l'on trouve admirable qu'un gaillard comme toi, bien planté sur ses jambes, fasse ce métier-là.

— Allons, tu es féroce. C'est ignoble, j'en conviens; mais j'en suis déjà puni. Quand tu voudras m'écouter, je te conterai ma lamentable histoire.

— Comment? est-ce que ta femme déjà...

— Ah! cette chère Marcelle, un ange qui m'aimera éternellement. C'est là ce qui fait mon désespoir.

— Alors, qu'y a-t-il?

— Je ne l'aime plus.

— Tu l'as donc aimée?

— Oui, un moment, le cœur a été pris. Il l'est encore, mais ailleurs. Et voilà pourquoi je souffre.

— Je ne saisis plus.

Robert alors conta à son ami l'histoire de Juliette, peignit ses propres souffrances en termes si poignants que Pierre fut attendri.

L'artiste se promena quelque temps sans répondre, les mains derrière le dos, d'un air méditatif; puis se redressant tout à coup:

— Et tu viens me demander des conseils?

— Oui, un avis, une consolation, car je suis malheureux.

La figure de Pierre avait perdu son expression acerbe, grondeuse.

— Dès que tu es malheureux, dit-il, ma colère tombe. Tu souffres, tu fais souffrir, cela était inévitable. Vouloir comprimer une nature comme la tienne, c'est impossible. Elle rebondira en brisant, broyant à droite et à gauche tous les obstacles. Ta pauvre femme sera une martyre. Que faire? Refrénez vos passions, dirait un moraliste. C'est parfait; mais il faut le pouvoir; et je te connais, tu ne le pourras pas. Tu es un artiste, un homme de nerfs, de sensations, et non un idéologue qui raisonne le pour et le contre. Le devoir est pour toi lettre close. Tu n'as pas eu l'habitude de t'en servir. Ta nature d'ailleurs ne t'y porte pas. On a beau bâtir des systèmes de morale, les passions n'en vont pas moins leur bonhomme de chemin. L'erreur est de croire que l'homme est libre. *Absurdum!* L'homme ne peut avoir d'autre but que le bonheur, d'autre mobile que l'égoïsme. Que parle-t-on de devoir, de dévouement? Il n'y a pas plus de dévouement qu'il ne peut y avoir de morale: il n'y a que des organisations. Nous ne pouvons agir en dehors de nos facultés, de nos attractions. Un homme qui se dévoue à ses enfants, à son ami, à sa maîtresse, n'est qu'un égoïste qui sacrifie à ses passions de paternité, d'amour, d'amitié. Le dévouement à des principes, à des idées généreuses, n'est lui-même que l'égoïsme des natures supérieures; car elles trouvent plus de vrai bonheur dans l'accomplissement de ces grands devoirs que dans la satisfaction de leurs passions inférieures. Ainsi, j'aurais beau te donner des conseils; tu suivras ta passion dominante; et comme ce n'est pas le sentiment du devoir qui domine en toi, quoi que je dise, tu seras l'amant de Juliette. Mais je m'aperçois que je parle dans le désert; tu ne m'écoutes seulement pas. Voyons, tu me fais réellement de la peine; à quoi penses-tu ?

— Que je ne suis qu'à deux pas de Juliette, et que pourtant un monde nous sépare. Néanmoins j'ai envie de franchir ce monde, ces obstacles, et d'aller lui dire...

— Quoi, malheureux ?

— Que je l'aime.

Alors la nature vraiment honnête et morale de Pierre Fromont l'emporta sur son amour du sophisme. Il lui montra l'indignité d'un pareil sentiment. N'était-ce pas assez d'avoir trompé Etienne pour le passé ? Le tromper, ce brave cœur, le jour même de son mariage, ce serait infâme.

— Avant de t'abandonner à un entraînement aussi coupable, ajoute-t-il, essaye au moins de lutter; éloigne-toi. Tu viens de passer un mois dans l'isolement avec une femme charmante, mais trop naïve, trop monocorde, pour intéresser vivement ton esprit et retenir ton cœur. Puisque tu éprouves une nouvelle soif de variété, de changement, il faut tenter les distractions d'un voyage.

Il parla avec tant de conviction, que Robert, touché, lui promit de partir pour Bade sans chercher à revoir Juliette.

— Eh bien ! permets-moi à mon tour, lui dit Robert en le quittant, de te faire aussi une prédiction : Je parie ma tête qu'avant peu, tu épouseras Annette.

— C'est cela, venge-toi, dis-moi des injures.

— Cependant, si Annette le voulait absolument...

— Parbleu ! elle le veut absolument; mais je l'ai prévenue; si nous nous marions, nous nous séparerons le lendemain. Voilà dix ans que nous vivons ensemble, parfaitement heureux; pourquoi quitter le connu pour l'inconnu ? L'idée qu'une chaîne indissoluble nous riverait l'un à l'autre suffirait pour me la faire prendre en grippe, cette bonne et charmante Annette.

— Je maintiens le pari, repartit Robert en prenant congé de Pierre Fromont.

Arrivé place Saint-Sulpice, il fit arrêter son coupé, remonta la rue Bonaparte, tourna la rue de Vaugirard.

Le malheureux allait rue Jean-Bart.

Mais en cet instant, une voiture en débouchait. Il ressentit au cœur une forte commotion; son regard plongea dans la voiture. Il reconnut Etienne et Juliette.

Un cri rauque de jalousie, de rage, s'échappa de sa poitrine; il fit un mouvement instinctif, mouvement désespéré, pour s'élancer après cette voiture qui emportait les jeunes mariés.

Quand il rejoignit son coupé, il vacillait comme un homme ivre.

Le soir même, il partit pour Bade avec Marcelle.

Il comptait sur les émotions du jeu pour faire diversion à cette bizarre et intolérable souffrance.

XVI

Au mois de janvier, Robert et Marcelle s'installèrent dans un hôtel de la rue de Berri, un hôtel somptueux, décoré tout à la fois avec un grand luxe et un goût artistique à la fois large et délicat.

Robert s'était plu à entourer Marcelle de toutes les élégances, cherchant ainsi à compenser, par des jouissances factices, le vrai bonheur qu'il ne pouvait lui donner.

C'était une pâle journée d'hiver. Ils se trouvaient tous deux dans un boudoir qui ouvrait sur les serres. Ce boudoir était tendu de satin bleu-ciel, capitonné avec boutons de velours noir. Les rideaux et les siéges de même satin étaient garnis de longues crépines noires et bleues. Les meubles, en bois de rose incrusté de médaillons de Sèvres, étaient de véritables objets d'art. C'était frais, coquet, doux à l'œil, tendre comme la nature de Marcelle.

Cependant, au milieu de toutes ces richesses, entourée de soins attentifs, de prévenances délicates, la jeune femme se sentait opprimée par un insurmontable chagrin, par un doute vague, mais obstiné. Souvent il lui arrivait d'envier les tracas de la pauvreté qui laissent moins de prise aux souffrances de l'âme.

Dans un état de grossesse avancée, elle allait peu dans le monde; elle restait donc seule bien souvent, car maintenant, loin de retenir Robert, elle l'obligeait parfois à sortir. Elle devinait que l'ennui le rongeait, l'ennui, plus dangereux pour elle qu'une rivale.

— Je t'en prie, Robert, dit-elle, lis-moi quelques pages de ce livre nouveau qui a tant de succès.

— Un roman ! Nous ne sommes pas encore en carême, épargne-moi cette pénitence.

— Comment ! les romans ne t'intéressent pas, toi, un artiste, un aussi fin observateur des choses de l'amour ?

— Les romans en action, très bien !

Mais l'éternelle rapsodie d'Arthur et d'Adèle, oh ! non.

— Puisque le roman en action ne t'est plus permis, insista Marcelle...

— En lire me serait d'autant plus insupportable. J'aime mieux savourer tranquillement le bonheur d'être ton mari.

Le ton un peu léger et indifférent dont il prononça cette dernière phrase, affligea Marcelle.

— Tu n'es pas heureux ? demanda-t-elle craintivement.

— Allons bon ! je ne suis pas heureux, parce que je refuse de lire ton roman ! Donne-moi ce livre, que je m'exécute.

— Non, je ne le désire plus.

— Eh bien ! je vais te répondre sérieusement, puisque tu te fâches de mes légèretés. Si je ne lis pas de romans, voici pourquoi : ou bien un roman est une invention pure, un conte pour amuser les âmes ingénues, alors je n'en ai que faire ; ou c'est un livre qui veut prouver quelque chose ; mais s'il s'agit d'une vérité bien claire, il n'est pas besoin d'un volume pour me la démontrer, dix lignes me suffiraient. Et tu veux que ces dix lignes, j'aille les chercher à travers des racontages infiniment délayés, plus ou moins invraisemblables. J'aimerais mieux, comme les derviches, tourner mes pouces ou contempler le bout de mon nez.

— Mais, alors que ne poursuis-tu quelque travail sérieux de science, de politique ? Pourquoi, par exemple, ne briguerais-tu pas la députation ! Ton nom, ta fortune...

— Ecoute, ma chère Marcelle, je vais te faire ma profession de foi, et tu m'épargneras dorénavant ces balivernes. J'ai un nom, c'est vrai. Quoique je n'en fasse aucun cas, je pourrais m'en servir, comme tant d'autres, pour arriver à une position élevée. Mais, pour cela, il faudrait prendre au sérieux un tas de choses et de gens que je ne puis entendre ni regarder sans rire. Selon moi, c'est faire preuve d'une fière assurance ou d'une magistrale sottise que d'oser s'imposer ainsi à l'admiration de ses semblables. S'il n'existe qu'une minime différence entre le singe et l'homme, quelle distance plus faible encore doit séparer un de ces grands de la terre du plus humble des mortels ! La science ? Celui qui sait le plus sait encore si peu ! On porte le nombre des volumes imprimés à plus d'un milliard, et la vie d'un homme ne suffirait pas à en lire vingt mille. Le génie ? Quel génie ? Une certaine capacité pour le tripotage des affaires ? Mettez le premier filou venu au pouvoir, il volera le trésor aussi bien qu'un autre. La politique est-elle autre chose que l'art du mensonge ? En somme, si l'on va au fond de toutes ces capacités, de tous ces talents, que trouve-t-on ? un colossal aplomb qui couvre de colossales médiocrités. Mais que de peines ces gens-là se donnent pour mener les autres ! Comme ils ont l'air convaincus que sans eux le monde ne pourrait marcher ! A force de jouer aux gens graves, ils finissent par se prendre eux-mêmes au sérieux. C'est leur châtiment. Et tu veux que sans nécessité absolue j'aille de gaieté de cœur descendre, pour me distraire, à ce rôle de comédien sérieux, le pire des rôles de cette triste comédie qu'on nomme la société ! Faire des courbettes, attendre dans les antichambres, flatter des électeurs qu'on désire envoyer au diable ; tu voudrais...

Il partit d'un bruyant éclat de rire.

— Mais je rirais ainsi au nez de tous ces gens-là.

— Cependant, objecta Marcelle, attristée par ce désolant scepticisme, il faut bien un gouvernement et des hommes pour diriger les affaires publiques.

— C'est là une erreur, ma chère Marcelle ; et elle vient peut-être de l'idée fausse que les hommes ont conçue de la divinité. Ils ont imaginé un Dieu tyrannique, omnipotent, fantasque, dirigeant l'univers comme avec une baguette ; et puis ils ont donné à ce Dieu des ministres, un état-major. Ont-ils créé Dieu à leur image, ou créé leur gouvernement à l'image de ce Dieu chimérique ? Peu importe. La religion comme la politique sont encore dans l'enfance. Qu'est-ce qui établit la merveilleuse harmonie de l'univers ? Ce sont les lois immuables indépendantes de toute volonté. Le règne des volontés a fait son temps dans le monde politique comme dans le monde philosophique. Les peuples bientôt n'auront plus de gouvernement, mais des lois seulement pour les régir ; et tous ces monstrueux abus disparaîtront d'eux-mêmes ; et ces tristes marionnettes, qu'on appelle des hommes d'Etat, descendront de leur piédestal.

» Encore un peu de lumière, un cataclysme peut-être, et ces prétendus gens sérieux mettront bas leur masque et leurs oripeaux. Mais en voilà bien long sur ce grave et ennuyeux sujet ; aussi, je t'en prie, entre nous, plus de politique. Crois-moi, après l'amour, il n'y a qu'une chose sérieuse dans la vie, c'est le rire.

— Eh bien, pourquoi n'écrirais-tu pas tes idées ? cela t'occuperait, t'amuserait peut-être ?

— Tu veux maintenant que je me fasse barbouilleur de papier ? Ce serait encore plus comique. Ecrire, pourquoi ! Pour éclairer mes contemporains, pour arriver à la gloire ou pour gagner de l'argent !

Mes contemporains ont déjà trop de lumière, ils ne peuvent l'absorber toute ; ils ont la rétine si récalcitrante ! La gloire ? Mettons que j'obtienne un succès. Mon livre se vendra à quinze cents exemplaires et les masses tout entières ignoreront mon nom. Quelques-uns me prôneront, parce que je suis riche ; d'autres, parce que je suis riche, me refuseront du talent. Pour un inconnu qui m'admirera, vingt amis me dénigreront. Tu le vois : la gloire, fumée ! D'autres sages l'ont dit avant moi.

— Allons, tu es dans une veine de misanthropie.

— Peut-être. C'est la faute du soleil qui oublie aujourd'hui de nous montrer son visage. Quand le soleil me manque, je suis un corps sans âme.

Il soupira, chantonna un bâillement.

— Tiens, quand je serai vieux, reprit-il, pour faire quelque chose d'utile au genre humain, qui agonise, dit-on, faute d'une religion rationnelle, je rétablirai le culte du soleil.

— Eh bien ! veux-tu que nous retournions en Italie ? Que nous allions à Naples, en Grèce, en Orient ?

— S'il n'y a pas de soleil à Paris en hiver, repartit Robert, Paris lui-même n'est-il pas le soleil, c'est-à-dire un centre de vie, de lumière, de chaleur ? On y respire les miasmes, les brouillards ; mais on se sent galvanisé par les courants électriques de la pensée. On a la fièvre ; mais on vit, on pense. Partout ailleurs on végète, on rumine et on digère. Je ne puis habiter que Paris. Ailleurs j'aurais froid, même sous la canicule. J'aime mieux les arbres rachitiques de mon boulevard que les orangers de Naples, que les lauriers-roses de la Grèce et les cèdres du Liban. J'ai beaucoup voyagé, et le seul plaisir véritable que je goûte en voyage, c'est de revenir.

Marcelle devinait le fond de la pensée de son mari : une seule chose était capable de le distraire, c'était l'amour, et elle ne pouvait plus le ressusciter.

— Je t'attriste, dit Robert, parce que je ne crois à rien, parce que la vie me paraît bête, parce que les hommes sérieux m'ennuient, parce que j'aime le soleil. Ah ! c'est cela, tu es jalouse du soleil. Laisse passer mes boutades. J'ai l'humeur très capricieuse. Je suis nerveux comme une femme.

En cet instant, madame Patouillet entra, et Robert se leva pour sortir.

— Où vas-tu ? lui demanda Marcelle.

— C'est un secret, je reviens tout à l'heure.

Robert passa doucement sa main sur les cheveux de Marcelle, l'embrassa au front et sortit.

Marcelle le regarda traverser la cour. Elle remarqua qu'en s'avançant vers la porte son pas devenait plus allègre, et qu'en franchissant le seuil, sa figure s'illuminait. Elle laissa échapper un soupir.

— Qu'as-tu donc, mon enfant ? demanda madame Patouillet avec une vive anxiété.

Marcelle tressaillit.

— Moi, rien, maman, je t'assure.

Elle baissa les paupières pour cacher les pleurs qui emplissaient ses yeux.

— Rien. Ah ! je vois bien que tu me caches quelque chose. A qui confieras-tu tes chagrins, si ce n'est à moi ? Qui donc mieux que moi pourrait te consoler ?

Marcelle essuya furtivement une larme.

— Il te rend malheureuse. Ah ! je m'en doute depuis longtemps. Pauvre, pauvre enfant !

— Mais non, mère, c'est le meilleur des maris. Il est doux, charmant, attentif comme le premier jour.

— Alors pourquoi pleures-tu ?

— Je suis un peu malade peut-être.

— Non, ce n'est pas cela.

— Eh bien ! C'est lui qui est malheureux, qui s'ennuie, car...

— Car ?...

— Il ne m'aime plus.

— Il ne t'aime plus ! s'écria madame Patouillet hors d'elle.

— Il n'en est pas cause, se hâta d'ajouter Marcelle. Il se conduit avec moi comme s'il m'aimait encore ; mais je le sens là...

— Et il y a longtemps ?

— Ah ! mère !...

Elle hésita comme si ce douloureux secret lui coûtait à avouer.

Madame Patouillet interrogeait avec un regard si plein d'angoisse que Marcelle s'empressa de continuer :

— Je n'ai été heureuse, bien heureuse que huit jours. Pendant huit jours, j'ai eu tout son cœur, toutes ses pensées. Connaître pendant huit jours une félicité pareille, c'est assez peut-être pour le bonheur d'une vie entière ; car enfin, si je n'avais pas épousé Robert...

— Tu en aurais épousé un autre qui t'eût aimée toujours.

— Il n'y a que Robert qui sache aimer ; et maintenant encore je ne voudrais pas échanger mon malheur contre le bonheur d'une autre.

— Oui, mais tous les jours tu souffriras davantage, il se contiendra moins. Ah ! je ne veux pas, moi, que tu aies une vie pareille, dit la pauvre mère réellement éperdue. Quitte ton mari, reviens avec nous. Je t'aimerai tant, moi, mon pauvre ange, et je serai si heureuse de t'avoir encore auprès de moi, de te soigner, de te dorloter comme par le passé ; car tu me manques aussi beaucoup, bien que je n'ose me plaindre.

— Quitter mon mari, maman ! Mais tu n'y songes pas. Un mari qui n'a pour moi qu'attentions, prévenances, ce serait odieux. Je l'aime d'ailleurs, chère mère ; et mon devoir n'est-il pas de tout supporter, comme tu as tout supporté toi-même ?

— Cependant, s'il te frappait, tu aurais le droit de partir. Or, il y a des souffrances bien plus cruelles.

— Oui, oh ! oui, dit Marcelle. J'ai quelquefois envié le sort de Lucette. Elle est sûre au moins d'être aimée, elle.

— Est-ce donc la destinée de toutes les femmes de souffrir ainsi ? soupira madame Patouillet.

— Mais nous avons nos enfants pour nous consoler, n'est-ce pas, mère ?

— Hélas ! quand ils ne nous affligent pas, eux aussi.

— Oh ! laisse-moi cette chère consolation. Quand je pense à ce petit être, mon cœur se gonfle à éclater. Je l'aime déjà de toute mon âme. Nous l'aimerons ensemble, n'est-ce pas ? Peut-être alors pourrai-je penser un peu moins à Robert.

Et ces deux pauvres martyres s'embrassèrent en pleurant.

En ce moment, un domestique entra, et remit un bouquet de camélias blancs et de violettes de Parme. Au milieu elle vit un papier plié en corne. Elle lut :

31 janvier.

SAINTE MARCELLE

A ma femme bien aimée.

ROBERT DE LUZ.

Devant ce souvenir délicat, cette preuve d'affection, Marcelle resta un moment interdite. La transition trop soudaine du chagrin à la joie lui ôtait la parole. Elle pleurait encore, mais c'était de bonheur. Elle embrassait sa mère, elle embrassait le bouquet.

— Oh ! maman ! s'écria-t-elle enfin, je suis un monstre d'ingratitude. A l'instant même où je l'accusais de ne plus m'aimer, il pensait à moi, à ma fête, à cette charmante surprise. Comme il est bon ! Comme il est aimable, mon Robert ! Et toi qui m'engageais à le quitter ?

Son visage, auparavant pâli et fatigué, était maintenant tout rose ; et comme un enfant, elle riait à travers ses pleurs.

— Et moi, reprenait-elle, qui n'aimais pas le camélia, parce que c'est une fleur sans parfum ! Eh bien ! je déclare en ce jour solennel que je n'aime plus que le camélia, à cause du grand bonheur qu'il vient de me donner. Mère, ris donc aussi, toi ; je suis heureuse. Ah ! quelqu'un, c'est lui ! Comme mon cœur bat ! Robert, cria-t-elle en s'élançant vers la porte qui s'ouvrit.

Ce n'était pas Robert, mais un valet de pied qui annonça M. et madame Moriceau.

Marcelle n'avait pas vu Juliette depuis la scène de l'église. Cette visite inattendue sembla d'abord apporter un nuage dans sa joie. Mais sa bienveillance naturelle l'emporta. Elle essuya ses yeux encore humides, et alla au devant des nouveaux venus avec une entière cordialité.

— Vous me voyez tout émue, leur dit-elle ; une aimable surprise de mon mari, il me souhaite ma fête comme un amoureux. Et puis votre visite !... Car vous êtes des amis de Robert, et votre arrivée est pour moi un double bonheur.

Une jalousie violente étreignit le cœur de Juliette. Cet intérieur élégant, ce tendre souvenir de Robert, la figure rayonnante de Marcelle, son espoir de maternité, tous ces coups répétés avivèrent une blessure que tout l'amour d'Etienne, si passionné et si tendre, n'avait pu guérir.

Elle resta froide, cérémonieuse, humiliée de son infériorité et trop fière pour le laisser paraître. D'ailleurs elle ne savait pas encore mentir ; elle ne pouvait témoigner à cette femme, qu'elle haïssait, une affection même banale.

Une magnifique rivière de diamants qu'on apporta bientôt après de la part de Robert acheva d'exciter la sourde colère de Juliette.

Robert rentra. Il venait d'apprendre la visite de M. et de madame Moriceau. Il était fort troublé.

Marcelle l'accueillit avec un regard où elle mit toute sa tendresse ; mais Robert la vit à peine.

Elle chercha sa main, lui présenta son front. Robert la repoussa doucement.

Juliette surprit ce jeu muet. Avec sa finesse féminine, elle eut l'intuition de la vérité : tous ces présents dissimulaient peut-être une profonde indifférence. Toutefois elle sortit, l'âme ulcérée, envieuse de ce bonheur, qu'il fût apparent ou réel.

Robert, au moment de les quitter, leur proposa une loge aux Italiens.

— Y viendrez-vous ? demanda Juliette.

— Si la santé de ma femme me permet de sortir.

Mais comme il lui offrit le bras pour descendre l'escalier :

— Si vous ne devez pas venir, nous n'irons pas non plus, dit-elle d'une voix basse et rapide.

— Désirez-vous que j'y aille ?

— Je le veux, répondit-elle.

— Vous serez obéie.

— Où êtes-vous descendus ? demanda-t-il à Etienne.

— Chez Madame de Brignon.

— Mais nous sommes fort mal installés, reprit Juliette, et le quartier est trop éloigné.

— Je connais, rue de Courcelle, un joli petit hôtel à vendre ; on l'aurait pour un morceau de pain.

— Un morceau de pain de trois ou quatre cent mille francs, repartit Etienne.

— Peut-être. C'est pour rien ; prêt à habiter, mignon, élégant, délicieux. Voulez-vous le voir ?

— C'est inutile ; notre position actuelle nous défend de semblables folies, objecta Moriceau. La liquidation des affaires de mon père n'est pas encore terminée. Nous venons même d'éprouver une perte considérable dans la faillite d'une maison de Singapoor. Nous sommes donc obligés, pour le moment, de nous restreindre un peu.

— Cependant, nous pourrions le voir, insinua Juliette.

Robert s'offrit à les accompagner.

C'était une construction à la fois coquette et confortable, discrète et silencieuse, un vrai nid d'amoureux, luxueux et de bon goût ; moins artistique que celui de Robert, néanmoins dépassant en splendeur tout ce que l'ambition de Juliette avait jusqu'alors rêvé.

— Et ce serait pour tous un charmant voisinage, appuya Robert. Si rapprochés, nous nous verrions souvent. Mes chevaux et ma voiture seraient à votre disposition. Enfin vous connaissez peu de monde ; je vous présenterai dans quelques maisons où l'on s'amuse.

Malgré son air contenu, Juliette recueillait avidement les paroles de Robert.

Etienne, au contraire, se refroidissait de plus en plus. Le monde ne l'attrayait aucunement. Tant de bruit, de mouvement, et Robert lui-même, qui viendrait ainsi se jeter entre sa femme et lui, l'importunaient par avance. Aussi persista-t-il dans son refus, alléguant qu'il n'avait pas pour cette acquisition la somme disponible.

— Je lèverais facilement cette difficulté, insista Robert. M. Patouillet, je crois, vous avancerait les fonds.

— Quel est votre avis, Juliette ? demanda Etienne. Ne vous paraît-il pas imprudent d'entrer en ménage avec des dettes ?

— Oui, répondit-elle sèchement.

Elle dit à Robert en le quittant :

— A demain soir.

A travers la frange veloutée de ses cils noirs, elle lui jeta, comme un trait acéré, ce même regard qui l'avait déjà tant troublé.

Quelques heures auparavant, après être passé chez le fleuriste et le bijoutier, il était allé, morne, accablé d'ennui, frapper à la porte de la princesse Ircoff, espérant une heure de distraction dans les souvenirs d'un amour éteint. Il n'avait trouvé personne, et il était revenu, maussade comme le temps gris, reprendre sa chaîne conjugale, en pensant peut-être à Nana.

C'était Juliette qu'il avait rencontrée. Maintenant, il ne s'ennuyait plus.

XVII

Juliette, rentrée chez elle, resta grave et silencieuse, ne répondant à Etienne que par d'impatients monosyllabes.

— Qu'as-tu donc, ma chère Juliette ?

— Absolument rien.

— Pourquoi es-tu triste ?

— Pourquoi serais-je gaie ?

— Tu m'en veux peut-être d'avoir refusé d'acheter cet hôtel ?

— Pas du tout ; n'êtes-vous pas maître de votre fortune ?

Cette réponse frappa au cœur le pauvre Etienne. Il fit un léger mouvement en arrière, comme s'il venait de recevoir un coup en pleine poitrine.

— Oh ! Juliette, ma chère Juliette, tout n'est-il pas commun entre nous ? Pour satisfaire un de tes désirs, je donnerais ma vie, à plus forte raison ma fortune. Souhaites-tu cet hôtel ? nous l'achèterons tout de suite.

— Vous êtes si raisonnable, que je n'ose, moi, vous demander une pareille dépense. Un homme fait des folies pour une maîtresse ; il ne les fait pas pour sa femme.

— Comme tu es injuste, Juliette ! Ne sais-tu pas que tu es tout pour moi, que je n'ai jamais aimé aucune autre femme, et que je t'aime éperdûment ? Si j'ai montré tout à l'heure quelque prévoyance, ce n'est pas pour moi. Je n'ai aucun besoin de luxe, pas même de confort. Je ne souhaite que les jouissances du cœur. Te chérir, te rendre heureuse, te parer, puisque tu aimes le luxe, je n'ai pas d'autre ambition. Ma prévoyance est pour toi seule et pour nos enfants.

— Je ne désire pas d'enfants !

— Je ne pense pas non plus à t'imposer la maternité. Je veux que tu la souhaites. Mais tu souhaiteras d'être mère, mon adorée ; car une femme n'est vraiment belle, n'est complète qu'avec un beau bébé dans les bras.

— Cela, c'est l'avenir encore lointain, répondit Juliette, obstinée dans son désir ; et bien fous sont ceux-là qui sacrifient le présent certain à l'avenir douteux.

— Eh bien ! faut-il acheter cet hôtel ? Ordonne, je ne suis, je ne veux être que ton humble intendant.

— Merci, Etienne ; que tu es bon !

— En faisant tes volontés, ma chère femme, je ne suis qu'un affreux égoïste. Je suis si heureux de te procurer le moindre plaisir, que c'est encore à moi de te remercier.

Par une de ces réactions assez ordinaires aux natures passionnées, Juliette se jeta au cou de son mari, l'étreignit avec force.

— Je t'aime, Etienne ! je t'aime ! répétait-elle fiévreusement.

La vivacité de cette démonstration rendait Etienne confus, presque embarrassé.

— Je te défends, ma Juliette, dit-il avec un ton de doux reproche, de me remercier de la sorte pour une chose si simple. 400,000 fr. valent-ils un de tes baisers ou même un de tes sourires ?

— Je le sais bien, répliqua-t-elle fièrement. Si je vous remercie, c'est de votre amour et non de votre argent.

Elle le regarda d'un air si hautain, qu'il s'empressa d'ajouter :

— Je souffre quelquefois de ta fierté ; mais je l'aime mieux ainsi. Beaucoup de femmes s'avilissent dans le mariage ; or, moi, je pense qu'une femme qui vend ses baisers à son mari, est capable de les vendre à un autre. Je désire donc que tu sois bien persuadée qu'entre nous les questions d'argent seront tout à fait secondaires. Une fois pour toutes, veuille me considérer comme ton caissier.

L'impérieuse jeune femme fut attendrie de tant de générosité et de délicatesse.

Elle lui tendit la main.

— Tu es le plus noble et le meilleur des hommes, lui dit-elle.

Juliette aimait-elle son mari ?

Sans doute elle était touchée de cet amour exclusif et dévoué, trop exclusif, trop dévoué, trop admiratif peut-être pour montrer les exigences, les impétuosités, les ardeurs égoïstes de la passion.

Or, Juliette, plus sensuelle que tendre, ne savait pas toujours apprécier les exquises délicatesses de son mari. Au lieu des félicités pures, tranquilles, rêvées par Etienne, il lui fallait, ainsi qu'à Robert, l'amour qui donne la fièvre.

Si elle n'eût jamais connu Robert, peut-être se fût-elle contentée de la tendresse de son mari. Mais ce premier amour contrarié avait irrité son imagination, éveillé en elle des aspirations, des curiosités que l'amour conjugal ne pouvait apaiser.

Comme le disait Pierre Fromont, il y a des natures calmes, constantes, faites pour le mariage, ce sont les plus nombreuses ; mais il en est d'autres pour lesquelles le mariage est un état mortel : natures exubérantes, avides d'émotion, parce qu'elles ont de la force nerveuse à dépenser, vite rassasiées parce que leur esprit inquiet aspire sans cesse à l'insaisissable idéal ; natures d'artistes, en un mot, que le calme tue, que l'excitation seule fait vivre. Ce sont celles-là surtout qui causent ces chocs violents, ces méprises si douloureuses, tous les martyres du mariage.

Etienne avait épousé Juliette sans la connaître, séduit par le charme magnétique de sa beauté. Après huit mois de mariage, il ne la connaissait guère davantage, car il était toujours amoureux.

Peut-on prévoir d'ailleurs ce que deviendra, au contact du monde, au frottement des passions, une jeune fille qui sort du couvent ou qui n'a jamais quitté la jupe de sa mère ?

Juliette elle-même s'ignorait ; elle sentait confusément s'élever en elle des orages, des protestations, des désirs dont Robert était le but ; mais encore était-ce bien là de l'amour ? N'étaient-ce pas plutôt les émotions qu'il lui avait données et qu'elle cherchait à ressaisir ; n'étaient-ce pas plutôt une irritation de l'amour-propre froissé, une sorte de surexcitation jalouse ?

Cependant elle était bonne ; mais cette première affection blessée, dont elle saignait encore, la rendait souvent âpre, hautaine, presque dure. Elle semblait parfois prendre plaisir à faire souffrir Etienne, à le contrister ; puis elle se jetait à son cou en pleurant, lui demandait pardon et savait trouver, pour consoler ce cœur qu'elle venait de meurtrir sans pitié, des câlineries, des tendresses adorables.

Etienne, avec son angélique bonté et son amour sans bornes, non-seulement excusait tout, mais il eût volontiers demandé pardon lui-même des torts qu'elle avait envers lui. Il s'accusait de ne pas savoir l'aimer comme elle le méritait.

Les femmes ressemblent souvent à des enfants. Plus on les gâte, plus elles se montrent impérieuses, exigeantes. Juliette abusait donc de la grande douceur de son mari. Quelquefois même, elle lui en voulait d'être si bon, et de la contraindre ainsi à l'aimer.

Cependant, une fois ou deux déjà elle avait vu Etienne s'abandonner à la colère, une colère blanche, sans éclat, sans tempête, et qui néanmoins l'avait terrifiée.

Mais il l'aimait tant ! Pourrait-il jamais se montrer irrité contre elle ?

XVIII

Le lendemain, pour aller aux Italiens, Juliette avait apporté dans sa toilette une

...cherche inaccoutumée. Elle se faisait, disait-elle, une grande fête de ce spectacle qu'elle voyait pour la première fois. Mais en réalité, elle voulait éclipser Marcelle aux yeux de Robert.

Elle portait une robe de satin bouton d'or recouverte d'un fin réseau de dentelle noire. Le corsage, haut comme la main, faisait valoir la grâce voluptueuse de la taille et découvrait le galbe élégant des épaules. Les manches fort courtes, retenues par une agrafe de topaze, laissaient ses beaux bras entièrement nus. Pour tout bracelet, le poignet très fin ne portait qu'un cercle d'or mat.

Un mince bandeau d'or relevait les cheveux qui retombaient par derrière en boucles massives. Cette coiffure, nouvelle alors, mettait en relief son profil énergique et pur, et faisait ressortir la blancheur de la carnation, en opposition avec l'ébène des cheveux et des sourcils.

Ce mélange de lumière et d'ombre rendait plus irritante encore la volupté contenue qui était le caractère même de sa beauté.

L'amour irradiait de cette belle femme, comme le rayon s'échappe du soleil, comme le parfum s'exhale des fleurs. Il semblait qu'on respirât auprès d'elle une atmosphère embrasée.

Il était un peu tard quand Robert entra dans la loge. Ce fut un événement ; car depuis son mariage, il n'avait pas encore reparu dans le monde. On se demandait quelle était cette femme qui excitait la curiosité de la salle entière, et quel pouvait être l'homme basané qui les accompagnait.

Robert remarqua l'attention dont il était l'objet, l'admiration que soulevait Juliette ; et quelque blasé qu'il fût sur les succès de ce genre, cette ovation tacite caressa agréablement sa vanité.

— Madame de Luz n'a pu vous accompagner ? demanda Etienne.

— Elle est très souffrante ce soir ; j'ai même cru un moment ne pouvoir sortir moi-même.

Quant à Juliette, bien que depuis une heure le retard de Robert lui causât une anxiété très vive, elle ne laissa rien paraître de l'émotion qui l'envahit en le voyant entrer. Elle le salua avec indifférence, affectant d'être absorbée par le spectacle.

— Vous aimez donc beaucoup la musique ? demanda Robert.

— C'est ma seule passion, répondit-elle sèchement.

— Vous m'attendiez plus tôt.

— Assez patiemment, comme vous le voyez.

— Ne vous offusquez pas des boutades de ma femme, reprit le bon Etienne. Elle est assez jolie pour avoir le droit d'être capricieuse ! Parfois elle simule d'insensibilité, la dureté même ; mais au fond elle est affectueuse et bonne.

La musique recommençait.

Robert se pencha vers Juliette, et lui effleurant les cheveux de son haleine :

— Que vous êtes belle ce soir, murmura-t-il, voyez comme on vous admire.

La narine mobile de Juliette se souleva et sa paupière s'allangit. En s'appuyant dans son fauteuil, son épaule rencontra la main de Robert. Elle frissonna.

— As-tu froid ? demanda Etienne.

Elle fit un signe négatif.

On jouait *Otello*. Dans la disposition d'esprit où se trouvait Juliette, cette musique lui ébranla les nerfs. A la fin de l'acte, Robert vit ses yeux mouillés.

Etienne venait de reconnaître dans la salle un de ses anciens camarades de marine. Il sortit pour aller lui serrer la main.

Juliette et M. de Luz restèrent seuls.

— Comment, la musique vous impressionne jusqu'aux larmes ? interrogea Robert.

— Quelquefois, répondit Juliette en levant sur lui un regard voilé.

— Ne trouvez-vous pas, reprit-il, l'air de la salle étouffant ? Si nous passions dans le salon de la loge ?...

— Oui, dit-elle.

Tremblante, elle suivit Robert.

Elle se laissa tomber sur le sopha.

Robert s'assit à côté d'elle, chercha sa main. Elle la lui abandonna.

Il la porta à ses yeux et Juliette les sentit humides.

— Moi aussi, je pleure, murmura-t-il, mais ce n'est pas la musique, c'est le bonheur de vous revoir, Juliette, car...

— Taisez-vous, interrompit-elle en se soulevant.

Robert la fit se rasseoir.

— Car je vous aime, reprit-il d'une voix altérée. Je n'ai pas cessé un moment de vous aimer. Depuis huit mois, vous seule occupez ma pensée ; votre regard me poursuit, m'obsède, il me pénètre, il m'embrase. Me pardonnez-vous ? M'aimez-vous toujours ? Si vous le voulez, nous pourrons être heureux encore.

— Quitteriez-vous pour moi votre femme ? dit-elle lentement, en attachant sur lui un regard profond et vindicatif.

A cette question inattendue, il resta interdit.

Elle se leva fière, hautaine.

Mais Robert, dans un élan de passion, la saisit, l'enlaça.

Juliette surprise, ploya, poussa un cri sourd.

— Laissez-moi, dit-elle.

— Non, car tu es à moi, tu m'aimes aussi, je le savais bien.

— Je ne vous aime pas. Je ne veux pas vous aimer.

— Enfant! tu ne veux pas. Est-ce que tu peux résister à cet amour? Un aimant plus fort que notre volonté nous attire l'un vers l'autre.

— Non, non, répétait-elle frémissante.

— Sois sincère, Juliette, tu veux te venger, n'est-ce pas? me faire expier le passé, t'assurer de mon amour. Eh bien! j'attendrai ton pardon.

— Je ne vous pardonnerai jamais.

— Alors, pourquoi es-tu venue me chercher?

— Parce que...

— Parce que, malgré toi, tu souhaitais de me revoir.

— C'est le démon qui m'y poussait.

— Le démon, Juliette! dis plutôt la passion, la divine passion à laquelle on ne peut résister.

— Pour quelle femme me prenez-vous donc? Tromper Etienne, cet homme si bon! Y pensez-vous?

— Non, je n'y veux pas penser. Mais Etienne ne peut empêcher cet attrait irrésistible qui nous unit, qui nous enlace; il ne peut éteindre cette flamme qui nous brûle. Il est bon; il est tendre, c'est vrai; il est fait pour le dévouement, le sacrifice; mais il ne peut t'aimer comme je t'aime; il ne t'émeut pas, il ne te brûle pas, lui.

— Je l'aime, dit-elle faiblement.

— Non, tu ne l'aimes pas. Ton cœur bat-il quand tu l'entends venir, ou quand il s'éloigne? Lorsqu'il est auprès de toi, te sens-tu allanguie, engourdie? As-tu jamais pleuré d'amour sous un de ses regards? Non, car pour communiquer ce feu qui dévore, il faut le porter en soi, il faut...

— Assez, interrompit Juliette, pâle, oppressée, les lèvres tremblantes.

En cet instant, la porte de la loge s'ouvrit. Marcelle entrait, accompagnée de son père.

Elle avait deviné, à l'impatience de Robert, que ce n'était pas sa seule amitié pour les Moriceau qui le conduisait aux Italiens. Poussée par la jalousie, elle avait surmonté la douleur, et s'était habillée pour venir les rejoindre.

En trouvant son mari seul avec Juliette dans une demi-obscurité, en remarquant leur trouble et l'empressement même de Robert à l'accueillir, elle ne douta plus: ses soupçons devinrent une certitude. Le coup qu'elle reçut au cœur fut si douloureux qu'elle se sentit chanceler.

Quant à l'auguste Patouillet, il ne vit que la beauté de Juliette. Il fut ébloui d'une telle splendeur. Juliette, en effet, possédait au plus haut degré cet attrait voluptueux qui captive les vieillards.

De temps à autre, l'égrillard Démosthènes poussait le coude de Robert, et joignant sur ses lèvres le bout de ses doigts, faisant le geste d'envoyer un baiser:

— Ravissante, adorable, une merveille, murmurait-il à l'oreille de Robert.

Pendant le dernier entr'acte, Robert sortit avec lui dans le couloir.

— Je vais, lui dit-il, vous procurer une occasion d'être infiniment agréable à cette charmante femme. Vous savez le petit hôtel de la rue de Courcelles. Elle en a envie. Le mari ne s'en soucie guère, car il n'a pas immédiatement les fonds disponibles. Je leur ai fait espérer que vous avanceriez la somme.

— Diable! 400,000 francs! Mais il faudrait être sûr que...

— Vous êtes sûr d'être remboursé, voilà tout. Madame Moriceau est une honnête femme, mon cher beau-père.

— Alors, je ne vois pas pourquoi...

— Vous n'êtes donc pas l'homme chevaleresque, quasi royal que je soupçonnais!...

— 400,000 fr.! Diable! comme vous y allez, de la chevalerie à ce prix-là!

— De la chevalerie hypothéquée sur un immeuble qui en vaut au moins 500,000.

— Quelle est la fortune de ce M. Moriceau?

Quand Robert lui eût exposé la situation pécuniaire d'Etienne,

« Vous allez, n'est-ce pas? objecta le prudent financier, lancer cette jolie femme dans le grand monde:

» Mobilier, 100,000 francs, chevaux, voiture, train de maison, toilettes, inexpérience de la vie, 200,000; cela fait 300,000 francs pour la première année. Au bout de trois ans, si les créances lointaines ne se liquident pas, ils seront ruinés. Il arrivera donc un moment où...

— Où la reconnaissance du cœur... reprit Robert.

— Non, j'espère plutôt dans les reconnaissances sur papier timbré, reprit avec un rire cynique le futur Démosthènes de la Chambre.

— Vil commerçant! dit Robert, en riant aussi. Eh bien! c'est entendu, vous avancez l'argent.

Il rentra et parla à l'oreille de Moriceau, qui sortit avec eux; et, sur l'heure, l'affaire se conclut.

Etienne, en vrai mari, remercia Robert avec effusion.

XIX

Pendant un mois, Etienne et Juliette furent tout occupés de leur installation. Robert les voyait chaque jour. Devenu leur indispensable conseiller, ses avis étaient presque toujours adoptés.

Certes, bien qu'elle s'en défendît, Juliette l'aimait encore. Quand il n'arrivait pas à l'heure annoncée, elle éprouvait les mêmes angoisses qu'autrefois. Cependant elle conservait un vif ressentiment du passé. A la moindre contrariété, sa colère renaissait violente, haineuse. Elle souhaitait de le voir souffrir, de le voir malheureux.

Parfois, elle se repentait d'être revenue à Paris, d'avoir acheté cet hôtel. Parfois même elle disait à Etienne :

— Je regrette mon caprice. Si tu veux, nous revendrons tout, et nous retournerons à Nantes. C'était Etienne qui insistait pour rester.

La vérité est que cet amour effrayait Juliette : où la conduirait-il ? Si elle cédait encore à son entraînement, Robert ne l'abandonnerait-il pas une seconde fois ? Et puis, elle était jalouse de Marcelle.

Les deux jeunes femmes se voyaient fort peu. Elles éprouvaient l'une pour l'autre une répulsion, une défiance instinctives.

Marcelle aussi souffrait cruellement de l'abandon où Robert la laissait. Il ne s'ennuyait plus. Il ne pouvait rester plus d'un quart d'heure auprès d'elle sans laisser voir son impatience de sortir. Elle devinait qu'il allait chez Juliette. Serait-ce une fantaisie passagère ou un attachement durable ? lui reviendrait-il jamais ? L'avenir, hélas ! lui paraissait bien noir.

Ne pouvant presque plus sortir, chaque jour plus souffrante, plus fatiguée, elle eût eu besoin des soins tendres de son mari pour l'aider à envisager avec calme la crise terrible qu'elle allait traverser; et au lieu de tendresse, c'était pis que l'abandon, c'était la trahison peut-être. Tantôt elle souhaitait de mourir; tantôt, se reprenant à aimer la vie, elle voulait essayer de lutter, de reconquérir son mari ; elle pensait à aller trouver Juliette, à l'attendrir par la peinture de ses douleurs, à la supplier de lui laisser le cœur de Robert, son bien, son seul bonheur.

Mais au moment de franchir le seuil de sa maison, elle avait peur. Pouvait-elle s'humilier ainsi devant cette femme qui, peut-être, aimait Robert, et rirait de ses tourments ?

Tout le jour elle restait donc couchée sur une chaise longue, dans une attitude anxieuse, désolée. On eût dit, à voir sa pupille large, fixée dans le vide, que son œil cherchait à franchir l'espace. Que faisait-il ? Où était-il ? aux pieds de Juliette sans doute, lui prodiguant les protestations ardentes dont il l'avait enivrée elle-même, et qu'elle ne pouvait oublier.

Alors une chaleur brûlante lui montait aux joues; elle se levait, s'habillait fiévreusement pour aller le surprendre.

Comme toutes les femmes jalouses, elle voulait savoir, préférant une certitude qui la tuerait peut-être au doute qui la torturait. Mais tout à coup cette force factice l'abandonnait, ses jambes fléchissaient. Que dirait Robert d'une telle démarche ? Au lieu de ressaisir son amour, n'était-ce pas le moyen de se rendre importune, odieuse peut-être ? Elle retombait désespérée, mourante sur sa chaise longue.

Robert, tout entier à sa passion renaissante, s'apercevait à peine des souffrances de sa femme. Il avait passé huit mois sans aimer. Aussi lui semblait-il retrouver toutes les jeunesses, tous les enthousiasmes du premier amour. Femme, Juliette avait pour lui une saveur que la jeune fille n'avait pu lui offrir. Et puis cette résistance l'étonnait autant qu'elle l'irritait.

Il lui faisait une cour assidue, subissant ses caprices et même ses rebuffades ; car elle ne lui épargnait aucun de ces menus supplices par lesquels une femme aime à constater son empire.

Il n'y avait pourtant dans sa conduite aucun calcul stratégique, aucune intention même de coquetterie. Elle s'abandonnait naïvement, brutalement quelquefois à ses impressions bonnes ou mauvaises. Elle ne voulait pas être la maîtresse de Robert, elle le lui signifiait avec hauteur, avec colère même ; mais elle ne voulait pas le perdre non plus ; et quand elle le voyait découragé, triste, prêt à quitter la partie, elle le retenait par un regard d'amour, une tendre parole. Puis, dès qu'elle l'avait reconquis, elle recommençait à le torturer.

— Vous trouvez donc un grand bonheur à me faire souffrir ? disait-il.

— Croyez-vous que je ne souffre pas, moi ?

— Mais alors pourquoi prolonger ce supplice ?

— Parce que je ne sais pas, répondait-elle, si je vous aime, ou si je vous hais. Tantôt il me semble que je ne puis vivre sans vous, tantôt je voudrais vous fuir au bout du monde.

— Cette haine, Juliette, c'est de l'amour.

— Si je vous cédais, vous me quitteriez encore.

— Laissons l'avenir : les joies du présent suffisent à ceux qui aiment.

— Tenez, allez-vous-en, ne revenez plus. Je suis malade, je deviens mauvaise; vous avez changé ma nature. J'étais primitivement une bonne et honnête fille ; vous avez fait de moi un monstre de perversité. Je me fais horreur, je voudrais n'être jamais née. Je ne désire pas la mort, car j'ai peur de l'enfer. Cependant les tourments de l'enfer ne peuvent égaler ceux que j'endure depuis que je vous aime.

— Eh bien! lui dit-il un jour, adieu! Je ne reviendrai plus. Cette vie, vraiment, est intolérable.

Il se leva, prit son chapeau.

— Où allez-vous? cria-t-elle éperdue. Ah! je vous en supplie, ne m'abandonnez pas.

Elle se pendit à son cou, et ses lèvres pâles se tendirent à celles de Robert.

Puis elle le repoussa brusquement.

— Sortez, vous me rendez folle.

Et quand il sortit, elle lui serra la main avec force, et lui dit, en accompagnant ces mots d'un regard d'amour :

— A demain.

Et le lendemain Robert revint.

Marcelle attendait chaque jour sa délivrance.

Un soir, comme Robert se préparait à la quitter, elle attacha sur lui un regard si suppliant, qu'il s'arrêta et resta auprès d'elle. Alors les larmes la suffoquèrent. Elle n'aurait osé lui faire un reproche ni même lui adresser une prière. Elle sentait que la pensée de son mari était toujours loin d'elle.

Mais ce flot de larmes trahit si involontairement sa souffrance, que Robert en fut touché, car il était bon, et il avait pour sa femme une réelle affection, une véritable reconnaissance. Il redevint tendre, et sut, par de gracieuses attentions, sécher ses larmes et endormir sa souffrance.

Ce jour-là, il n'alla point chez les Moriceau.

Le lendemain, vers midi, Marcelle fut prise de légères douleurs. Néanmoins il sortit. Un véritable délire le poussait vers Juliette. Il connaissait ses impatiences. Il la savait capable, dans un moment de colère, de se jeter avec passion dans les bras de son mari.

Juliette en effet l'attendait. Brisée par l'attente, elle se tenait à demi couchée dans un petit salon qui conduisait à sa chambre.

Ce salon, tendu de satin or pâle, était riche, voluptueux et coquet. Les siéges très bas, de formes variées, étaient entièrement recouverts de même étoffe. Partout la soie, les glands touffus, les riches crépines.

Dans des jardinières de laque, les azalées éclatantes, les pâles et naïves bruyères et les bananiers à hautes feuilles prêtaient à ce salon leur parure d'hiver.

Juliette était enveloppée d'une robe de chambre de cachemire blanc, sur laquelle se déroulaient ses longs cheveux noirs.

La souffrance avait voilé son regard, pâli ses joues et attendri les lignes un peu trop énergiques de sa bouche. Des marbrures bleuâtres estompaient les tempes et les contours du visage. Elle tressaillait au moindre bruit. Par instant des larmes lui montaient aux yeux, et sa poitrine était oppressée par de pesants soupirs. Ainsi ployée par la passion, elle était plus belle encore, presque touchante.

— Qu'as-tu, ma bien-aimée. Juliette? souffres-tu? demanda Etienne avec anxiété.

— Oui, je ne sais; un peu de lourdeur dans la tête. Ce n'est rien.

Il s'assit à côté d'elle.

Elle appuya languissamment son front brûlant sur l'épaule de son mari.

— As-tu mal dormi? reprit-il.

— Oui, c'est cela; j'ai passé une nuit fort agitée.

— Et qu'est-ce qui causait ton agitation?

— Le sais-je? répondit elle avec impatience.

Etienne lui passa la main sur les cheveux et voulut la baiser au front.

Juliette ne put réprimer un léger mouvement de répulsion qui n'échappa point à Etienne. Il fronça le sourcil, ses paupières eurent une imperceptible contraction. Puis, posant doucement la tête de sa femme sur le coussin :

— Tâche de dormir un peu, dit-il, cela te remettra. J'ai rendez-vous avec un expert pour faire estimer ce Titien que tu désires.

— Oui, je vais essayer de dormir, répondit-elle.

Etienne sortit. Elle poussa un soupir de soulagement.

Quand elle souffrait ainsi, tout bruit, toute distraction, les attentions mêmes d'Etienne l'irritaient.

Robert vint quelques instants après. Son visage était également altéré. Son beau regard rayonnant semblait abattu par la fièvre et par l'insomnie.

Juliette, malgré sa joie de le voir, se contint. Elle resta étendue, immobile, les yeux fermés.

— Vous souffrez! s'écria Robert.

— C'est vous qui me faites mourir, dit-elle faiblement. Pourquoi n'êtes-vous pas venu hier?

— Marcelle était malade.

— Puisque vous aimez tant votre femme, que ne restez-vous auprès d'elle? Je ne veux pas d'un amour partagé, entendez-vous! je n'en veux pas.

— Mon amour est tout à vous, Juliette, je vous le jure. Je ne suis resté hier auprès d'elle que par pitié. Je ne puis cependant pas la tuer dans l'état où elle semblable cruauté, vous me mépriseriez, vous me haïriez.

— Vous aimez mieux que je souffre, moi? Que vous importe! Je ne suis pas votre femme, je n'ai aucun droit. Vous pouvez sans cruauté me faire mourir, n'est-ce pas? Eh bien! non, non, je ne veux pas souffrir.

— Moi non plus, je ne veux pas que tu souffres; je t'aimerai uniquement, éternellement.

— Jure-le sur ma vie, sur la tienne, sur notre salut à tous deux.

Robert prononça les plus terribles serments.

Alors Juliette, complétement guérie, devint douce et charmante. Une teinte rosée reparut à ses joues. Ses yeux encore languissants prirent une expression de tendresse infinie.

Il semblait que tout sentiment de colère, de vengeance fût éteint, que la passion sensuelle elle-même fût absorbée par l'ivresse du cœur, une ivresse chaste et profonde.

— Que je suis heureuse de t'aimer ainsi! reprit-elle. Et je t'aime sans remords. Pourquoi aurais-je des remords? N'est-ce pas toi que mon cœur avait d'abord choisi? Ne me demande pas d'être ta maîtresse, nous sommes si heureux ainsi!... Jusqu'alors, il m'avait semblé avoir au dedans de moi comme un démon qui me dévorait; maintenant, c'est la pure félicité des anges. Mon âme enfin se dilate, s'épanouit. Merci, Robert, merci. Cet instant me fait oublier toutes les amertumes du passé. Je suis bien réellement ta femme. Quelles lois, quelle force humaine pourraient nous séparer?

Elle enlaçait de ses beaux bras le cou de Robert.

— J'ai assez lutté, reprenait-elle d'une voix attendrie, plaintive. Mon courage est à bout, je me rends. J'ai voulu te haïr; je ne puis que t'aimer. J'ai essayé d'aimer mon mari; mais ta pensée toujours était entre nous. Tu ne sauras jamais ce que j'ai souffert par toi. Guéris-moi, console-moi, Robert, fais-moi la vie heureuse. Je ne suis pas la femme méchante que tu supposes. Quand je suis mauvaise, c'est que je souffre. Je suis tendre, au contraire, aimante; je veux être aimée infiniment comme je t'aime. Je veux ton cœur à moi, tout à moi. Je veux que ma vie soit fondue dans la tienne. Pardonne-moi, pardonne, je t'en conjure, mes caprices, mes boutades. Je suis tienne, ta chose, ta servante, Robert, mon Robert!

Elle s'était laissée glisser à genoux.

En voyant cette femme altière dans cette attitude humiliée, Robert se sentit profondément attendri. Il la releva et lui baisa les mains longtemps, respectueusement. Chez lui aussi ce ravissement du cœur succédant à une souffrance aiguë avait vaincu l'ardeur des sens.

— Restez à dîner avec nous, dit-elle, et ce soir nous irons ensemble à l'Opéra.

— Mon adorée, c'est impossible. Il faut que je rentre, une affaire urgente...

— Eh bien! sacrifiez-moi cette affaire. Ne gâtez pas ce beau jour. Passons-le ensemble tout entier, je vous en supplie.

— Je suis engagé pour ce soir, reprit-il embarrassé. Mais si je le puis, je vous jure...

— Ce n'est pas une promesse cela, dit-elle impérieusement.

— Eh bien! je vous promets, à moins...

— A moins que Marcelle ne vous retienne, n'est-ce pas? acheva Juliette d'un ton irrité, sarcastique.

— Mais enfin, mon amie, si elle était au plus mal; la quitter dans un moment semblable...

— Ah! c'est cela! Eh bien! adieu! adieu!

Elle s'élança dans sa chambre et s'y enferma.

A huit heures, Robert vint prendre Juliette pour l'accompagner à l'Opéra.

Mais il n'écouta point la musique. Il était pâle, défait, absorbé. Quand Juliette lui parlait, il entendait à peine. Elle lui pressa furtivement la main, le sollicitant du regard. Il ne répondit ni à son regard, ni à son étreinte.

— Adieu, dit-il tout à coup; rester ici, c'est plus qu'une indignité, plus qu'un crime, c'est une lâcheté.

— Qu'y a-t-il donc?

— Marcelle se meurt peut-être.

Et brusquement, sans attendre la permission, ni l'adieu de Juliette, il sortit.

XX

En rentrant chez lui, Robert trouva Marcelle au lit, affaissée, inerte, livide.

Madame Patouillet se tenait droite, sévère, à côté d'elle. Un bel enfant rose dormait au milieu d'un flot de dentelles.

Comme Marcelle restait immobile, Robert la crut morte. Il s'élança vers elle.

— Marcelle! s'écria-t-il avec l'accent d'une véritable douleur.

Elle ouvrit les yeux.

Robert se laissa glisser à genoux, et une soudaine réaction s'opérant dans son organisme si violemment tendu depuis le matin, il couvrit la main de sa femme de baisers, de larmes repentantes.

La pauvre martyre se souleva avec effort.

— J'ai cru, dit-elle, que j'allais mourir sans t'embrasser.

Elle ne lui adressa aucun autre reproche.

Le lendemain, on craignit un moment pour les jours de madame de Luz.

Robert ne quitta point son chevet.

Il écrivit à Juliette pour la supplier de l'excuser.

Madame Patouillet le regardait d'un air haineux.

Quant à M. Patouillet, il s'épanouissait dans la joie la plus complète. Il avait un petit-fils, déclaré viable, qui s'appellerait comte de Luz. Que pouvait-il demander de plus à son gendre ?

Le surlendemain, Marcelle se trouvant mieux, Robert put sortir et se présenta à l'hôtel Moriceau.

Juliette fit répondre qu'elle était malade et que de longtemps elle ne recevrait pas. Néanmoins il vint chaque jour, et comme elle continuait à refuser sa porte, il lui écrivit. Pour toute réponse, il reçut sa lettre non décachetée. Alors il se décida à forcer la consigne. Mais dans l'antichambre on l'arrêta, en lui disant que madame Moriceau était au lit.

Cependant, par la fenêtre, il aperçut Juliette qui se promenait dans le jardin, languissamment appuyée sur le bras d'Etienne.

A cette vue, le sang lui monta aux yeux. Il sortit comme un fou ; il voyait rouge.

Où allait-il ?

Robert revint à son hôtel. Une sorte de vertige l'emportait. Il fit atteler son phaéton, courut au bois, le traversa en tous sens, espérant rencontrer quelques-uns de ses anciens amis.

Il y trouva Nana et la princesse Ircoff, toutes deux escortées.

Il ne put faire à Nana qu'un signe d'intelligence amical ; mais il aborda la princesse, malgré la mine allongée du petit baron qui l'accompagnait.

La princesse l'accueillit fort gracieusement. C'était une femme de trente-huit ans qui voulait en paraître éternellement vingt-huit.

Bien qu'elle se maquillât, abusât de la poudre de riz et des poses languissantes, son incontestable beauté suffisait, indépendamment de son titre de princesse, à légitimer les nombreux hommages qu'on lui adressait.

Mais auprès de l'ardente passion que lui inspirait Juliette, cet amour à la neige, un peu précieux, laissa Robert complétement froid.

Les œillades coquettes de cette femme déjà vieillote l'agaçaient ; car il avait sans cesse devant les yeux, obstiné comme une idée fixe, l'ardent regard de Juliette. Il accepta néanmoins, pour se distraire, l'invitation à dîner de la princesse.

A neuf heures, il la quitta, las, ennuyé, mais toujours fiévreux.

Il se rendit chez Nana, dont la verve endiablée pourrait, pensa-t-il, l'étourdir un moment.

La joyeuse fille l'accueillit à bras ouverts.

— On en a donc assez de sa bêtasse de femme, s'écria-t-elle. Ah ! tant mieux ! Vrai, tu nous manquais. Se marier, quand on a encore devant soi dix ans de folle vie ; grignoter une croûte légitime quand on peut mordre à belles dents les pommes défendues ! Je te le disais bien, que tu nous reviendrais. Sais-tu que tu as vieilli, ô patriarche ; le mariage ne te réussit pas, mon vieux ! Reviens avec nous. Va ! nous retrouverons encore quelques beaux jours. Pauvre mouton, il est triste, tout ahuri. Et c'est nous qu'on accuse d'abrutir la jeunesse. Les ingrats ! sans nous, la vie serait gaie comme un cimetière. Je gage que tu es tombé sur une femme qui pleurniche. Les séducteurs comme toi ont toujours cette chance-là. Et tu en as par-dessus les yeux, je comprends ça. Il n'y a que nous, vois-tu, pour savoir prendre la vie du bon côté. Et comme tu arrives bien ! J'ai pour protecteur, dans ce moment-ci, un jeune innocent qui gobe tous mes beaux serments d'amour éternel et qui s'est fourré dans l'esprit que je l'adore. Il veut m'emmener, où donc ça ? Plus loin qu'en Amérique, en Italie, je crois, pour filer le sentiment sur le bord d'un lac bleu comme le ciel. Il faut entendre sa tartine sur le lac. Je te la payerai gratis, si le cœur t'en dit. Je soupçonne qu'il ne veut m'emmener sur le bord d'un lac que pour faire des économies, le pingre ! Dès que je l'aurai plumé, et ce sera bientôt fait, comme je l'enverrai se promener sur son lac, mais tout seul ! Car j'ai beau faire, je ne puis aimer que toi. Tu ne m'as jamais demandé la constance, voilà pourquoi je te suis fidèle. Vive Robert ! Robert *for ever* ! On dit que tu es riche comme un Crésus. Il y a comme cela des gens nés coiffés. Leur existence est une pluie d'or perpétuelle. Mais je bavarde à tort et à travers, et tu ne dis rien, qu'as-tu donc ?

— Moi ! dit Robert, qui parut s'éveiller d'un songe, je t'écoute. Tu m'amuses.

Nana l'ennuyait aussi. Ce bavardage trivial, débité d'une voix éraillée, maintenant le dégoûtait. Malgré lui, il entendait toujours la voix émue et vibrante de Juliette.

Néanmoins, comme Nana attendait des convives, il resta ; il revit là quelques amis. Il joua toute la nuit, et les émotions du jeu lui firent oublier un moment sa souffrance.

Quand il sortit de chez Nana, il était cinq heures du matin. Le jour commençait à poindre, triste, blafard. Il faisait froid. Les rues étaient désertes. Çà et là apparaissaient quelques sordides balayeuses, et de lourds chariots résonnaient avec fracas sur le pavé solitaire.

Robert revenait à pied, morne, fatigué, un peu ivre. Néanmoins, il pensait encore à Juliette.

Il trouva devant sa porte, accroupie sur le trottoir, une femme qui semblait grelottante.

A la vue de Robert, elle se leva en poussant un léger cri :

— Monsieur le comte ! dit-elle.

Il reconnut Lucette. Elle lui raconta que, lasse enfin des outrages de son mari, elle s'était enfuie seule, au milieu de la nuit, et qu'elle était venue chercher un refuge auprès de madame de Luz.

Il la fit entrer. Comme à cette heure il n'y avait de feu que chez lui, il la conduisit dans sa chambre. Il la questionna machinalement d'abord, puis avec sollicitude, puis avec affection.

Les fumées du vin, la fièvre du jeu, l'obsession irritante qui l'opprimait, la beauté de cette femme, ses regards suppliants, éplorés, la passion sauvage qu'elle inspirait, tout contribua à obscurcir l'esprit de Robert et son sens moral. Il devint tendre ; ensuite plus pressant. Que pouvait la pauvre Lucette surprise, malheureuse, épuisée, contre un séducteur comme Robert ?

Mais tout à coup l'indignation la saisit ; elle repoussa violemment Robert en jetant un cri d'horreur.

Alors Robert revint à lui. Il eut honte de son action, se maudit avec rage.

— Quel être pervers suis-je donc, s'écria-t-il abuser du malheur de cette pauvre créature, et là, chez ma femme ?

Cependant, comme il ne pouvait la renvoyer, il pria Marcelle de la garder à son service. Il jura à Lucette, honteuse, désespérée de sa faute, de la respecter désormais et d'oublier cet instant de faiblesse.

Dès lors, il retourna dans le monde, se jeta de nouveau dans la vie agitée et bruyante.

Nana et la princesse l'avaient ennuyé le premier jour ; mais les jours suivants, grâce à son caractère mobile, il retrouva du moins une gaieté factice qui parvint à l'étourdir.

Cependant Etienne s'étonnait de ne plus le voir. Il lui fit plusieurs visites, sans parvenir à le rencontrer.

Mais il trouvait Marcelle qui lui témoignait une très vive sympathie ; car elle devinait qu'il était destiné à souffrir comme elle.

Maintenant que son mari n'allait plus chez Juliette, la pauvre femme se demandait avec de nouvelles inquiétudes où il passait ses journées.

Plusieurs fois déjà, Robert lui avait fait signer des papiers sans même les lui lire. Elle n'avait osé ni lui refuser sa signature, ni le questionner. Elle supposait seulement qu'il s'agissait d'argent ; et comme la fortune lui appartenait, sa délicatesse lui faisait un devoir de montrer d'autant plus de réserve à ce sujet.

D'ailleurs cette question d'intérêt la touchait beaucoup moins que l'abandon de son mari, qui maintenant la délaissait entièrement.

Juliette, seule, comprit que Robert se jetait dans la dissipation pour l'oublier. Elle en ferait autant ; car elle aussi souffrait, et elle était trop fière pour pardonner une seconde fois.

Elle sortit presque chaque soir, reçut chez elle, donna des fêtes, fit grand fracas avec ses chevaux, grand tapage avec ses toilettes. Ce qui la soutenait, à son insu peut-être, dans cette vie étourdissante, c'était l'espoir de rencontrer Robert. Mais elle ne le trouva nulle part. Il vivait dans un autre monde.

C'était une belle journée d'avril ; le tout Paris élégant s'était donné rendez-vous au champ de courses de Vincennes.

Juliette y parut en calèche découverte, capitonnée de damas orange, et conduite par deux chevaux noirs, des chevaux de race, à crinière rutilante, aux naseaux fumants, se cabrant sous le mors, et dont les fougues semblaient s'associer à la fièvre qui brûlait Juliette. La figure basanée d'Etienne achevait de donner à ce cadre une chaude couleur.

Madame Moriceau, à demi étendue dans la calèche, portait une ravissante toilette de satin gris perle, avec un mignon chapeau de velours cerise. Ces couleurs seyaient à son teint pâle.

M. de Luz faisait courir et se tenait au pesage.

Juliette, indifférente aux chances du turf, cherchait des yeux Robert. Elle finit par l'apercevoir au milieu d'un groupe fort animé, parlant à une femme dont la toilette provocante attirait les regards.

Quelle curiosité la poussa tout à coup ? Elle descendit de voiture, fendit la foule au bras d'Etienne, et, s'avançant vers le pesage, elle reconnut Nana.

Alors toute cette nuit de douleur où elle l'avait entrevue dansant comme une bacchante au milieu de l'orgie, lui revint en mémoire. Ce souvenir lui traversa l'esprit ainsi qu'une fantasmagorie lugubre.

Elle éprouva une sorte de vertige. Elle

4

ne voulut plus se résigner et souffrir. Elle voulut, elle aussi, les enivrements, les joies folles de l'amour. Emportée par la jalousie, elle dit à Etienne :

— Voilà M. de Luz. Priez-le donc de venir nous renseigner sur les chevaux et les paris engagés.

Etienne obéit à sa femme.

Robert accourut aussitôt.

Il tremblait. Dès le premier regard, ils se sentirent tous deux plus que jamais enchaînés l'un à l'autre. Ils ne firent aucune allusion au passé; aucun reproche ne fut articulé.

Tant que durèrent les courses, ils ne se quittèrent plus. Robert oublia complètement Nana et ne daigna pas répondre au salut agressif que lui adressait des tribunes la princesse Ircoff.

Son cheval fut battu; il ne le regarda point; il perdit cent mille francs sans sourciller. Pour un sportsman, oublier son cheval et les paris de la course, quelle plus grande preuve d'amour !

Ils parlaient peu, cependant, et seulement de choses indifférentes, tant le bonheur de se revoir, après une séparation si longue, leur emplissait l'esprit et le cœur.

Au moment de se quitter, comme Robert conduisait Juliette à sa voiture, elle lui dit :

— Demain à deux heures, rue Jean-Bart. Grand'mère est à Nice.

Le lendemain, Juliette reçut Robert dans cette chambre blanche et bleue, dans ce sanctuaire profané qui leur rappelait les premières ivresses de cette irrésistible passion. Jusqu'alors cet amour entravé avait été plein de luttes, de remords, de sourdes récriminations. Maintenant ils oubliaient tout, le monde, le passé, l'avenir. Ils oublièrent aussi que le temps s'écoulait.

Il était six heures quand ils quittèrent la rue Jean-Bart. Juliette se jeta dans une voiture de place. Quant à Robert, se sentant incapable de contenir son bonheur, redoutant les regards, les questions de Marcelle, au lieu de rentrer immédiatement chez lui, il s'arrêta rue Madame, chez son ami Pierre Fromont.

Depuis le dernier Salon, Pierre était devenu un peintre célèbre; et dans le monde artistique, on prônait à l'avance une œuvre capitale qui le poserait au premier rang.

XXI

Robert allait donc voir Pierre Fromont, autant pour épancher le bonheur dont son cœur débordait que pour s'informer de lui et de ses travaux.

On le fit attendre quelques instants. Il entendit dans l'atelier un bruit de chaises et de portes, des chuchotements, des pas précipités.

— Pardon, dit Robert, j'ai fait fuir quelqu'un.

— Du tout, répondit Pierre embarrassé; car malgré ses théories profondément perverses, c'était un homme naïf.

— Allons, tu vas bien. Bon! je me sauve.

— Tu ne me déranges aucunement. Je suis très heureux de te voir, au contraire, car je commençais à être fort inquiet de toi. Je n'osais aller te déranger : je te savais si occupé.

— Occupé, moi !

— Eh oui ! ta nouvelle lune de miel !

— Je n'y suis pas.

— Cependant, on ne parlait, le mois passé, que de ta passion pour la belle madame Moriceau. On dit même que le mari, qui est noir comme un Othello, fait très bien dans le paysage. Mais, peut-être, est-ce déjà de l'histoire ancienne !

— On parle, dis-tu ?...

— Comment ? cela te surprend ? Paris est plus cancanier que la plus petite ville de province.

— Ah! s'écria Robert, je suis un misérable!

— Oh! oh! comme tu prends la chose au tragique aujourd'hui?

— J'avais cru...

— Parbleu ! les amoureux sont comme les autruches : parce que tout absorbés en eux-mêmes ils ne voient personne, ils s'imaginent que personne ne les voit. Ma parole ! tu as l'air bouleversé ! Bah ! un mari moqué de plus ou de moins ! Tu ajouteras celui-là à ta collection : Série trente-neuvième, femmes du monde, n° 3687, si ce n'est plus. Il est une classe de prédestinés qu'a oubliée Balzac, dans son admirable *Physiologie du mariage*, c'est la nombreuse catégorie des *prédestinés* en herbe, de ceux dont l'infortune commence avant même le *conjungo*. Telle femme ne se marie que par dépit; telle autre aime en secret un joli cousin; une troisième, un valseur qui l'enivre; une quatrième, son professeur de chant, ténor irrésistible. Et l'on attend la liberté du mariage pour achever le roman ébauché. Telle est l'histoire de la belle madame Moriceau. En voyant ce Moriceau, aussi moricaud que morose, personne ne le plaint beaucoup, et tout le monde t'envie.

— C'est une infamie. Pauvre Etienne! un cœur d'or ! L'an passé, tu m'engageais à fuir, à respecter son bonheur; aujourd'hui, tu plaisantes. Tu en as le droit, hélas ! J'ai essayé de fuir, d'oublier; mais elle est venue à moi, et tes conseils et mes résolutions, tout s'est évanoui.

— Parbleu ! j'en étais sûr d'avance. Vois-tu, mon cher, pour l'observateur un peu analyste, l'étude des passions donne des résultats aussi certains, aussi rigoureux que les mathématiques.

— Non, ta science est vaine. Il est des amours qu'on ne peut prévoir, qui échappent à l'analyse, et mon amour pour Juliette est de ce nombre. Je n'ai jamais aimé ainsi.

— Tiens! tu n'es donc son amant que depuis bien peu de jours?

— Tu refroidirais un volcan avec tes raisonnements à la glace.

— Ce qu'il y a de beau en toi, Robert, ce qui tranche avec notre jeunesse blasée, terne, vieillotte, c'est ton enthousiasme qui survit à toutes les débauches, à toutes les déceptions.

— Je ne me fais aucune illusion sur ce nouvel amour. J'ai aimé Juliette enfant, je l'ai aimée jeune fille, je l'aime femme. Je commence à croire que je l'aimerai toujours.

— Ce serait alors une femme habile.

— Au contraire; ce qui assure sa puissance sur moi, c'est qu'elle ne connaît aucune de ces ficelles féminines que je sais par cœur, et qui ne me prennent plus. Elle suit sa passion avec une spontanéité, une violence qui vous étonne, vous déroute.

— Alors, il se peut que cela dure... trois mois. L'imagination est prise et le cœur un peu.

— Mon cœur est tout à elle.

— Et ta femme?

— Je l'aime encore, mais autrement.

— Quel avenir tu te prépares entre ces deux femmes exigentes et jalouses!

— C'est la vie, cela. J'aime les situations tendues qui me forcent à exercer toutes mes énergies.

— Et cet homme-là s'est marié, il est père de famille! C'est comme moi, si j'avais des enfants!

— Tu en auras. Souviens-toi de ma prédiction. L'étude des bosses donne aussi des résultats mathématiques. Or, tu as derrière la tête une énorme protubérance; c'est la bosse de la paternité.

— Moi! jamais!

Au même instant retentit dans la chambre voisine un bruit assez intense, suivi de cris aigus.

Pierre se précipita, ouvrit la porte. Robert le suivit, et qu'aperçut-il?

Une salle à manger confortable, la table mise, trois couverts sur une nappe blanche, des vases de fleurs, et sur le buffet un dessert artistement préparé qui trahissait la main d'une femme, d'une ménagère. Enfin, roulant à terre, un gros marmot, tout barbouillé de confitures, et qui criait à percer le tympan.

En même temps, entra du côté opposé une charmante femme qui paraissait être chez elle.

On releva l'enfant. Il avait voulu monter sur le buffet pour prendre des confitures, et dans sa chute avait entraîné le compotier.

— Il est marié! ne put s'empêcher d'exclamer Robert.

Pierre rougit jusqu'aux oreilles.

— Papa, papa, cria l'enfant, qui se pendit après lui.

— Voyons, Annette, donne-lui le reste des confitures, dit le peintre à la jeune femme.

— Et par-dessus le marché, ajouta Robert en rentrant à l'atelier, c'est un papa gâteau.

Il riait d'un franc rire.

— Tu me crois marié? reprit Pierre.

— Parbleu!

— Eh bien! pas du tout.

— Cet enfant, c'est...

— Le mien, je le reconnais; mais je ne me marierai jamais devant monsieur le maire. C'est déjà bien assez, Dieu merci! de vivre en famille. Ah! la famille!

On vit l'enfant entr'ouvrir la porte.

— Papa veut-il permettre que je l'embrasse? dit-il avec une jolie petite mine futée.

— Du tout, monsieur, du tout, je suis fort en colère.

— Eh bien! tout à l'heure c'est toi qui voudras m'embrasser; et pour te punir, c'est moi qui ne voudrai plus.

— Hérode! Hérode! où es-tu? exclama Pierre de l'accent le plus piteux.

Mais le petiot, qui ne connaissait pas encore le massacre des Innocents:

— Qu'est-ce que ça, Hérode? demanda-t-il en s'avançant davantage.

— C'est Croquemitaine, sauve-toi.

— Quand papa est là, je n'ai pas peur de Croquemitaine, parce qu'il me défendrait.

— Voyez-vous ça? A la porte, tout de suite.

— Alors embrasse-moi.

— Va donc, dit Robert, je tourne la tête.

Pierre prit l'enfant et fit résonner sur ses joues deux gros solides baisers franc-comtois.

— Non-seulement tu te marieras, ajouta Robert en serrant la main de son ami; mais tu seras père de douze enfants.

Pierre baissa la tête et sourit sans répondre.

XXII

Au moment où Robert quittait Pierre Fromont, Cora Dercourt était en visite chez madame de Luz.

Elle revenait du Midi, où elle avait passé une partie de l'hiver.

Elle avait cru découvrir dans les lettres de Marcelle bien des amertumes, bien des désespoirs. Et à peine arrivée, elle accourait la consoler.

Quand Marcelle eut achevé le récit de son martyre,

— Et tu veux un conseil ? lui dit Cora. Mais, pauvre chère, tu ne le suivrais pas.

— Je ferai tout, je te le promets.

— Eh bien ! il n'y a plus qu'un remède. Encore le mal est-il si grand qu'il n'est pas certain que ce remède réussisse.

— N'importe, je le tenterai.

— Rends-le jaloux.

Marcelle fit un mouvement en arrière.

— Mais, pour le rendre jaloux, dit-elle, il faudrait que quelqu'un m'aimât, me fît la cour, que je devinsse coquette. Moi, coquette, je ne le pourrais pas. D'ailleurs, tous les autres hommes m'ennuient et ne m'inspirent que de la répulsion.

— Tu n'as donc ni colères ni révoltes ?

— J'ai un profond chagrin, voilà tout. Il me serait impossible de le voir souffrir un seul instant les tourments que j'endure depuis un an. Il me tuerait, qu'en mourant je lui pardonnerais encore.

— Bon et cher cœur, soupira Cora ; mais sache bien, mon enfant, que pour retenir un homme, il ne s'agit pas seulement d'être tendre, dévouée, miséricordieuse, il faut avoir un léger grain de perversité. Et même ce sont souvent les femmes les plus perverses qui exercent sur les hommes le plus d'empire.

— Et moi, je ne sais qu'aimer.

— Aussi tu aimes pour deux ; car il semble qu'entre deux époux il n'y ait qu'une somme d'amour à dépenser : ce que l'un a en plus, l'autre l'a en moins.

— Alors, que faire ?

— Paraître aimer moins, pour l'être plus.

— Mais, au point où nous en sommes, je paraîtrais indifférente, coquette même, qu'il ne s'en apercevrait pas. L'autre jour, je laissai échapper un reproche ; il me répondit par cette parole horrible que je n'oublierai jamais : « Laisse-moi donc ma liberté comme je te laisse la tienne. » Quelle dérision ! ma liberté ! que veut-il que j'en fasse ?

— Alors, pauvre amie, tu n'as qu'un parti à prendre, te résigner, attendre que les années et les déceptions te le ramènent.

— Ah ! je serai morte auparavant, soupira-t-elle.

Comme Cora sortait, elle rencontra Robert dans la cour de l'hôtel.

Robert aimait toutes les jolies femmes, mais particulièrement Cora, dont l'esprit original, la beauté un peu fière avaient piqué sa curiosité et son amour-propre.

— Eh bien ! lui dit-il gracieusement, vous venez encore de donner vos mauvais conseils à Marcelle ?

— Oui, certes !

— Lesquels ?

— Je l'ai fortement engagée à vous infliger la peine du talion.

— Mais d'abord, de quoi m'accuse-t-on ?

— De tuer lentement votre femme, répondit Cora avec gravité.

— Cette chère Marcelle est vraiment une enfant, repartit Robert. Voyons, que faudrait-il pour la rendre heureuse ?

— Vous ne vous en doutez pas ? L'aimer.

— Mais je l'aime de toute mon âme.

— Ce n'est pas assez ; il faudrait l'aimer encore de tout votre cœur, et le lui prouver surtout en restant plus souvent auprès d'elle.

— Alors ce serait moi qui mourrais, car il faut bien l'avouer, je n'ai pas l'humeur sédentaire. Mais, ajouta-t-il galamment, pour détourner une conversation qui l'embarrassait et l'attristait, que ne venez-vous la voir plus souvent ? Ce serait un attrait puissant pour me retenir auprès d'elle.

— Eh bien ! je viendrai, mais à une condition...

— Laquelle ?

— Vous me ferez la cour.

— Je jure que je n'ai pas d'autre pensée.

— Ce sera moi qui vengerai Marcelle. Je vous rendrai si malheureux, si malheureux, que vous serez forcé de recourir à elle pour vous consoler.

— Soit ! mais je vous en préviens, c'est un pacte que vous venez de faire avec le diable. Votre âme est à moi.

— Je le veux bien, répondit-elle gaiement. Je risque volontiers mon salut éternel. Hein ! suis-je brave ? Prenez garde, toutefois ; j'ai un talisman qui me rend invulnérable.

— Vous me le donnerez.

— Tout de suite, si vous le voulez : j'aime mon mari.

— Depuis cinq ans ? C'est de la mythologie, repartit Robert en riant. Quand on aime son mari, on n'aime personne. Raison de plus pour écouter le premier qui saura vous dire qu'il vous aime.

— Monsieur, je suis un roc.

— Vous, insensible, avec de si beaux yeux, c'est invraisemblable. Si vous n'avez jamais aimé, tant mieux. Si vous me résistez, tant mieux encore. J'aime l'obstacle, la lutte. Madame, je me déclare votre soupirant acharné.

Cora lui tendit la main.

— Le pacte est conclu, dit-elle.

Robert la reconduisit jusqu'à sa voiture, et la regardant s'éloigner :

— Je la trouverais ravissante, pensa-t-il, si je n'aimais Juliette.

Il soupira.

Pour qui était ce soupir ? Pour Marcelle, pour Juliette ?

Non, pour Cora.

Il regrettait de ne pouvoir l'aimer.

— Bah ! se disait-il en montant à l'appartement de Marcelle, pourquoi ne l'aimerais-je pas un peu ? Elle ne m'aimera jamais beaucoup. Ce n'est pas dans ses cordes. Ce serait un agréable passe-temps et un préservatif contre la passion trop vive et parfois douloureuse que m'inspire Juliette. D'ailleurs, je ne puis me tenir pour battu.

XXIII

Juliette ne rentra qu'à sept heures.

Etienne l'attendait au salon. Il tenait un journal à la main et paraissait parfaitement calme.

Quand il entendit le frôlement de la robe de Juliette, pas un muscle de son visage ne bougea. Seulement, par l'effet sans doute d'une violente contraction de l'organisme, ses coudes se rapprochèrent du corps ; des gouttes de sueur perlaient à ses tempes.

— Comme tu rentres tard ! dit-il d'une voix tranquille.

Elle avait préparé une histoire, car elle sortait rarement seule, surtout pour une absence aussi longue.

— Je suis allée, répondit-elle, à mon ancien couvent, rue Notre-Dame-des-Champs. Là j'ai appris qu'on prêchait à Saint-Sulpice. Le sermon s'est prolongé ; puis je me suis confessée. Depuis si longtemps je n'avais rempli mes devoirs religieux !

Etienne, en l'écoutant, ne la regardait pas, craignant peut-être de découvrir qu'elle mentait. Mais sa pupille, extrêmement dilatée, ne laissait plus autour de la prunelle qu'un mince filet bleu clair.

— Et tu n'as pas eu froid à l'église si longtemps ? demanda-t-il.

— Non. Est-ce qu'il fait froid ?

— Une autre fois, je t'en prie, ne t'attarde pas ainsi, j'ai eu beaucoup d'inquiétude.

— D'inquiétude ? Pourquoi ?

— Tu étais sortie à pied, je redoutais un accident.

— Il faut bien pourtant que tu t'habitues à me laisser sortir seule. Tu n'exiges pas, j'espère, que je t'en demande chaque fois la permission. Je suis une grande personne, ce me semble.

— Tu as raison. Une autre fois, je saurai mieux commander à mes impatiences.

Il s'avança pour l'embrasser.

Juliette lui présenta son front si bas, qu'il ne pût qu'effleurer ses cheveux.

— Quel singulier parfum, fit-il observer !

Juliette rougit beaucoup.

— L'odeur d'église sans doute, répliqua-t-elle ; l'encens, les cierges, l'eau bénite, que sais-je ?

Etienne détourna les yeux ; car elle se troublait tout à fait.

— C'est bien, mon enfant, dit-il, d'aller à confesse, si tu as la foi. Cependant, permets-moi un avis : il vaut mieux qu'une jeune femme n'abuse pas du confessionnal, surtout quand son mari l'aime et peut la conseiller.

— Pourquoi donc ? s'écria Juliette avec un ton de révolte.

— Tu veux le savoir ?

— Oui.

— Absolument ?

— Absolument.

— Eh bien ! je vais te faire une grosse révélation, peut-être maladroite. Pourtant il faut bien que tu me connaisses. Jusqu'à présent je te l'ai caché ; je craignais de t'apparaître sous un aspect trop désagréable ; je craignais surtout de t'imposer ma personnalité ; car je n'oublie pas et je n'oublierai jamais que le devoir le plus cher que j'aie contracté envers toi, c'est celui de te rendre heureuse, aux dépens même de mon propre bonheur. Cependant, t'avouerai-je cette faiblesse ?

— Mais, parle donc, tu m'inquiètes, tu m'effraies presque.

Il se mit à genoux, lui baisa les mains, et d'une voix timide, avec un regard qui demandait pardon, comme s'il était honteux de son aveu :

— Je suis jaloux, dit-il.

Juliette partit d'un éclat de rire nerveux, forcé, qui résonna douloureusement au cœur d'Etienne.

— Ne ris pas, ma chère femme, car c'est une horrible maladie.

— Et tu es jaloux de mon confesseur ? Eh bien ! si tu le veux, je n'irai plus à confesse.

— Tu ne m'as pas compris. Fais tout ce que tu croiras devoir faire ; seulement, je t'en supplie, ne t'absente pas aussi longtemps.

— Je te remercie ; car il m'eût été très pénible de renoncer à mes pratiques religieuses. Pour te rassurer, je prendrai un vieux, vieux confesseur, le plus vieux des confesseurs.

Etienne se retira chez lui, sous prétexte de malaise.

En effet, il était d'une pâleur verdâtre. Ses traits étaient altérés, ses yeux enfoncés.

— Tu es malade ? s'écria Juliette.

— Non, seulement un peu de fatigue.

— Qu'as-tu donc fait?

— Je t'ai attendue. Les émotions m'é-
prouvent beaucoup.

Juliette se jeta à son cou en pleurant.
Sans doute ces larmes étaient sincères.
Cependant elle ne songea pas un instant à
rompre avec Robert. Elle dissimulerait
mieux, voilà tout, s'abriterait hypocritement derrière le voile de la religion. Ainsi
cette femme si fière, d'une franchise souvent brutale, s'abaisserait jusqu'à la ruse,
jusqu'à cette indignité : tromper un homme
de cœur.

XXIV

Dès lors, ces deux intérieurs recouvrè-
rent un peu de calme.

Pendant quelques mois, Juliette et Robert s'aimèrent réellement, non plus avec
cette effervescence maladive, cet érétisme
moral qui est le propre des affections entravées. C'était un amour toujours ardent,
entier, mais sans colère, sans retour vers
le passé.

Juliette heureuse, était bonne, douce
surtout pour Etienne, non pas seulement
afin de le mieux tromper, mais par remords, par pitié; car le pauvre Etienne
l'aimait si exclusivement, avec une abnégation si complète! Il n'avait pour ainsi
dire plus d'existence propre. Juliette était
sa vie, sa raison d'être, tout son bonheur.

Robert, également plus coupable envers
sa femme, se montrait aussi à son égard
plus attentif, plus empressé.

Bien que ce ne fut point là encore le
bonheur qu'elle avait rêvé, Marcelle cependant, abusée par ce semblant de tendresse, se prit à espérer de nouveau quelque repos, quelque joie. Elle en remercia
Cora, à laquelle elle attribuait cette con-
version presque miraculeuse.

Madame Dercourt, en effet, venait fréquemment apporter des consolations à son
amie; et Robert, trop absorbé par son
amour pour profiter sérieusement du pacte
conclu avec Cora, ne lui adressait que
d'innocents hommages. Il s'amusait des
douces malices passant par cette jolie
bouche, si finement caustique. Tant de fidélité conjugale l'agaçait bien un peu, et
il eut éprouvé une joie très vive à porter
un coup de canif dans une constance qu'il
appelait une anomalie scandaleuse. Mais
il ne ressentait pas auprès d'elle cet attrait
impérieux qu'exerçait Juliette.

Tout l'été se passa sans nouvelle tempête. On se donna rendez-vous à Trouville d'abord, puis à Bade. Les voyages,
le mouvement des villes d'eaux, les distractions du jeu assurèrent le bonheur et
la sécurité des amants.

Mais c'est le propre des natures mobiles
et ardentes de ne pouvoir vivre dans le
calme. Il leur faut ces orages du cœur
qui font sentir la vie avec plus d'intensité.
C'est ainsi qu'elles portent en elles le châtiment de leurs désordres. Si leurs joies
sont véhémentes, que de souffrances ai-
guës! Et la plus vive, n'est-ce pas cette
inquiétude incessante au milieu même du
bonheur, ces aspirations jamais assouvies
vers une félicité plus grande encore?

Robert trop heureux, et depuis trop
longtemps, commençait à laisser paraître
quelques symptômes de lassitude. Comme tous ceux qui aiment, Juliette s'aperçut vite de ce refroidissement. C'était la
première fois que Robert se montrait
aussi constant, car jusqu'alors il avait
toujours mené de front plusieurs intri-
gues. Ce qui l'avait fixé quelque temps,
c'est que Juliette, tour à tour tendre et
passionnée, sentimentale et coquette, romanesque et sceptique, était pour lui plusieurs femmes à la fois.

Elle avait, ce qu'on appelle en art dra-
matique, des retours de scène si inattendus qu'elle le captivait, l'étourdissait au
moment même où l'ennui allait l'envahir.

Mais ce qu'il fallait maintenant à Robert, c'était l'inconnu. Avec sa divination
féminine, Juliette prévit ce moment fatal
de la satiété. Cependant, elle voulut lutter
encore.

Elle redevint alors jalouse de Nana. Elle
se rappelait ses gestes, ses paroles, ses
airs lascifs.

Elle tâcherait de l'imiter, s'il fallait à
Robert ces folles ivresses et ces joies dé-
gradantes.

Un symptôme caractéristique de notre
époque de décadence commençait à se
produire. Les très grandes dames du très
grand monde s'attachaient à rivaliser
avec les petites dames du monde inter-
lope; elles copiaient leurs costumes, leurs
manières, chantaient leurs chansons, ré-
pétaient leurs mots; comme elles, pa-
riaient aux courses, fumaient la cigarette; quelques-unes même briguaient la
faveur d'assister à leurs fêtes, de visiter
leurs merveilleux palais.

Mais à qui faut-il attribuer cette dépravation de nos mœurs, cette sorte de pro-
miscuité entre les femmes honnêtes et les
courtisanes? Les premiers coupables ne
sont-ce pas les hommes qui ne trouvent
plus d'attrait qu'aux sociétés et aux diver-
tissements licencieux? Se voyant délais-
sées, les honnêtes femmes ont essayé de
lutter, sans songer qu'elles succombe-
raient nécessairement dans cette lutte,
qu'elles perdraient l'attrait de l'honnêteté
sans pouvoir égaler leurs rivales en luxe
et en dépravation.

Donc, Juliette, pour retenir Robert, se jeta dans ce tourbillon malsain de femmes équivoques.

Aux douces remontrances d'Etienne, elle répondait :

— Que crains-tu? mes sentiments religieux ne t'assurent-ils pas de ma vertu? Serais-tu plus sévère que mon confesseur, qui me permet ce que tu blâmes?

En effet, elle alliait à merveille les goûts mondains aux saintes pratiques de la bigoterie. Le matin, elle allait à confesse, et le soir au bal; interrompait ses fonctions de dame patronnesse pour prendre une leçon de la chanteuse en vogue; organisait des concerts pour les pauvres et des comédies de salon; se rendait à Notre-Dame pour entendre le prédicateur à la mode, en passant chez le tailleur en renom; quêteuse à la messe, et joueuse effrénée sur le turf, elle avait, en un mot, cette dévotion commode, admise aujourd'hui, encouragée même. Le clergé parisien, le plus intelligent des clergés, comprend en effet qu'à une époque où règnent l'indifférence religieuse, l'amour des plaisirs et du comfort, où fleurit le système Haussmann, il faut remplacer, par des routes larges et faciles, les sentiers épineux qui conduisaient au ciel.

Cependant, cette vie luxueuse entamait rapidement la fortune d'Etienne. L'hôtel n'était pas payé. M. Patouillet avait plusieurs fois demandé le remboursement de sa créance. Etienne, craignant de blesser la susceptibilité de Juliette dans les délicates questions d'argent, n'osait lui reprocher ses dépenses exagérées.

Un jour, il reçut une foudroyante nouvelle. Son correspondant de Rio-Janeiro lui annonçait la faillite d'un armateur qui était le principal débiteur de son père. Etienne perdait là un million.

Quel parti prendre? Préviendrait-il immédiatement sa femme? Mais que servait d'attendre! Ne fallait-il pas modifier dès ce moment leur train de maison, mener une existence plus modeste?

Il résolut donc d'aller sur-le-champ trouver Juliette. Toutefois, près d'entrer chez elle, il hésita; car il souffrait cruellement, non pour lui qui aimait la simplicité, mais pour elle que ce changement de fortune allait vivement chagriner.

Au moment où Etienne apprenait la nouvelle de ce désastre, Juliette recevait un billet de Robert qui, pour la seconde fois, ajournait un rendez-vous.

A la lecture de ce billet, prise d'un tremblement nerveux, elle s'était laissée tomber sur un siège; car elle crut qu'il ne l'aimait plus.

Cette lettre ne contenait pourtant que quelques lignes en apparence fort insignifiantes.

« Chère madame, écrivait-il, un obstacle tout à fait imprévu me privera aujourd'hui encore du plaisir de vous voir. Je n'ose plus prendre de nouvel engagement. Je craindrais d'ailleurs de vous gêner dans vos projets. Il faut, vous n'en doutez pas, un empêchement bien grave pour me forcer ainsi à remettre ma visite. Nous partons ce soir pour la campagne. Nous y recevrons demain quelques personnes. Je compte sur vous et sur Etienne. A demain, n'est-ce pas?

» Recevez mes bien affectueux respects.

» ROBERT. »

Que signifiait ce ton de galanterie cérémonieuse? Cette lettre ne contenait aucun regret senti, aucune bonne excuse. C'était une défaite polie. En vain y cherchait-elle un mot parti du cœur; elle n'y découvrait rien que de strictement convenable.

Ses tempes battaient avec force, et dans son cerveau se heurtaient en tumulte les suppositions les plus extravagantes, les projets les plus insensés.

Au lieu d'interrompre sa toilette, puisqu'elle n'avait plus à sortir, elle s'habilla fiévreusement. Où le trouver? Elle n'en savait rien. Elle irait chez lui, puis au bois; mais peut-être le rencontrerait-elle avec une rivale, avec cette Nana dont le souvenir la poursuivait. S'exposerait-elle à cette humiliation, à cette douleur?

Elle craignit d'en devenir folle. Elle hésita.

Quand Etienne entra, il la trouva assise dans une attitude désespérée, les yeux pleins de larmes; la lettre de Robert était ouverte sur ses genoux.

En ce moment, Juliette pensait fort peu à Etienne, qu'elle croyait sorti. Elle laissa voir sa surprise et son embarras.

— Qu'as-tu donc? demanda Etienne avec sa tendresse habituelle.

Et en même temps il se pencha vers elle pour l'embrasser.

Juliette, par un mouvement instinctif posa sa main sur la lettre.

— Moi? rien, une petite contrariété, voilà tout, répondit-elle en glissant le papier dans sa poche.

Mais Etienne avait cru reconnaître la vignette de Robert.

— Serait-ce cette lettre, reprit-il, qui te cause du chagrin?

— Oui, c'est grand'mère qui m'annonce qu'elle ne peut revenir encore, et qui se désole de l'état de sa santé. Elle se croit, comme toujours, à la veille de sa mort.

Etienne savait Juliette assez insensible

aux maladies imaginaires de madame de Brignon.

— Ah! fit-il, et c'est là ce qui cause tes larmes?

— Sans doute. Sa lettre contient quelques mots touchants, qui m'ont émue.

Devant ce nouveau mensonge, Etienne eut au cœur une contraction violente.

Pourquoi sa femme mentait-elle, lui cachait-elle cette lettre? Que pouvait écrire Robert qu'il ne pût savoir?

Mais pour montrer sa défiance, il lui eût fallu d'autres preuves. Il avait pu se tromper lui-même.

Apercevant sur la cheminée une enveloppe déchirée, il s'approcha et reconnut cette fois l'écriture de Robert.

— Tiens, dit-il, tu as reçu une lettre du comte de Luz?

Ses dents étaient serrées, sa voix étranglée par l'effort que lui coûtait son empire sur lui-même.

— Oui, répondit-elle en affectant l'indifférence. Il nous invite à aller demain passer la journée à la campagne.

Mais où donc est cette lettre?

Elle feignit de la chercher.

— Je la crois dans ta poche, dit Etienne.

— Non, c'est celle de grand'mère, répliqua-t-elle.

Comme Etienne la regardait en face, elle rougit un peu.

Evidemment, elle mentait.

Mais pourquoi ne voulait-elle pas montrer cette lettre qui n'avait rien de réellement compromettant?

C'est qu'une fois engagée dans le mensonge, elle voulut le soutenir; c'est que l'inquisition d'Etienne, au milieu de sa douleur, l'impatientait; et puis cette lettre l'avait tellement troublée, que peut-être craignit-elle qu'Etienne n'y découvrît les indices de sa liaison avec Robert.

Enfin, il est des moments où, malgré nous, une sorte de fatalité nous emporte.

Etienne baissa les yeux, car il sentait son regard se charger de colère. Pendant quelques instants, il se tut pour contenir la tempête qui s'élevait en lui.

En ce moment, il eut le courage d'annoncer à Juliette l'événement qui les ruinait.

— Je viens, dit-il sévèrement, d'apprendre une catastrophe qui va bouleverser notre vie.

— Quoi donc? fit-elle effrayée.

Malgré ses doutes, le pauvre Etienne, au moment de frapper, fut pris de pitié.

— Mon enfant, reprit-il d'un ton plus doux, j'aurais voulu t'épargner le moindre chagrin, et garder toujours les soucis pour moi seul. Cependant il est essentiel aujourd'hui que tu connaisses un peu notre situation.

— Ah! je sais : M. Patouillet réclame de nouveau ses 400,000 fr. Eh bien ! justement, nous le verrons demain, sans doute chez M. de Luz. Je me charge d'arranger cette affaire qui vous ennuie tant.

— Ce n'est pas cela. Nous perdons un million, un million sur lequel j'avais compté pour réparer la brèche que nous avons faite depuis deux ans à notre fortune.

Il lui montra la lettre de Rio-Janeiro.

— N'avez-vous pas d'autres créances ? répliqua Juliette sans trop s'émouvoir.

Elle regardait la pendule, et tout entière à sa passion, elle songeait que chaque minute de retard lui enlevait une chance de trouver Robert chez lui.

— Sans doute, répondit Etienne, il nous reste quelques créances ; mais quand nous rentreront-elles ? Il faudra donc dès aujourd'hui réduire notre dépense, vendre cet hôtel, vendre aussi les chevaux et les voitures, congédier quelques domestiques. Tu seras assez sage, je pense, pour diminuer un peu le luxe de tes toilettes.

Dans l'état de surexcitation où elle se trouvait, ces reproches indirects, ces conseils d'économie l'irritèrent.

— Non, dit-elle sèchement, je ne veux rien retrancher à ce que vous appelez mon luxe ; je préfère me passer du nécessaire que du superflu. Enfin, j'aime mieux une franche pauvreté que la médiocrité. Quand nous serons ruinés tout à fait, il sera temps de nous restreindre.

En faisant cette réponse égoïste, Juliette pensait que Robert ne pouvait l'aimer qu'entourée de luxe, cette poésie matérielle indispensable à l'amour. Il le lui avait dit souvent : le luxe est à une femme ce qu'est la lumière à un tableau.

— Alors, reprit Etienne, tu veux que nous nous jetions dans les dettes, les tracas?

— Quand je serai vieille, je ferai des économies.

— Tu raisonnes comme une enfant. Mais j'aurai du caractère et du courage pour toi ; car continuer un train pareil sans être certain de pouvoir payer, ne serait pas d'un honnête homme. C'est là ce qui me donne la force de te résister. Plus tard tu me remercieras.

— Que prétendez-vous donc faire ? demanda-t-elle avec hauteur.

— Je te le répète : vendre d'abord cet hôtel que je n'avais acheté que pour satisfaire un de tes caprices.

— Vous m'aimiez alors, tandis qu'aujourd'hui...

— Je ne t'aime plus, n'est-ce pas ? dit-il avec un sourire triste.

Il contint les larmes qui lui vinrent aux yeux.

— Non, vous ne m'aimez plus, répliqua-t-elle, car maintenant, vous ne voulez satisfaire mes caprices que s'ils sont raisonnables. C'est à la raison que vous obéissez, et non plus à moi.

— Alors, que souhaites-tu donc ?

— Eh bien ! que vous poursuiviez plus activement la liquidation des créances de votre père. Peut-être faudrait-il aller vous-même à Rio-Janeiro. L'affaire en vaut la peine.

Un espoir traversa l'esprit d'Etienne.

— Viendrais-tu avec moi ? dit-il.

Il voulait savoir si sa femme l'aimait assez pour le suivre, ou si elle le trompait et désirait son éloignement.

— J'ai trop peur de la mer, répondit-elle ; sans doute cette séparation serait bien pénible ; mais que durerait-elle ? cinq ou six mois tout au plus.

Cette réponse navra Etienne. Elle pourrait rester six mois sans le voir. Elle n'appréhendait pas pour lui ce voyage lointain.

Il regarda tristement flamber le feu qui pétillait.

Cependant Juliette attendait avec anxiété la décision de son mari.

— Libre pendant six mois, se disait-elle, libre enfin ! elle qui depuis son enfance avait vécu dans une perpétuelle contrainte, elle qui supportait impatiemment la sollicitude excessive de son mari, comme un despotisme, un esclavage de toutes les heures !

— J'y penserai, dit-il.

Juliette se promit d'insister pour le faire partir.

XXV

C'était un dimanche des derniers jours de mai. Il faisait beau. Tout Paris était aux champs. Jusqu'alors la saison très pluvieuse avait retenu les oisifs voyageurs qui, chaque année, avides d'air pur et de locomotion, émigrent par groupes joyeux vers les villes d'eaux et les bains de mer. Les de Luz et les Moriceau n'avaient pas encore pris leur volée.

M. et madame Patouillet, installés à la campagne avec Marcelle, attendaient leurs invités dans un vaste salon Louis XV à pans coupés. Le plafond et les dessus de portes représentaient des pastorales de Wattau. Les boiseries sculptées, vert d'eau et or, offraient un gracieux fouillis de colombes et d'amours qui rappelaient l'art précieux de cette époque de décadence. C'était coquet et grandiose, voluptueux et royal.

La timide Sophie, malgré sa belle robe de poult de soie antique semé d'épis d'or, faisait tache, avec sa figure honnête et bourgeoise, au milieu de ce luxe princier plein d'incitations lascives.

Frais rasé, rondelet, gris pommelé, roide et compassé, M. Patouillet avait beau se cambrer fièrement, renverser la tête, rejeter jusque sur l'épaule les revers de son habit pour mieux faire valoir les proportions magistrales de son auguste thorax, il avait beau agiter ses breloques, humer délicatement sa prise, secouer son jabot avec une noble insouciance, rien ne parvenait à le grandir et à l'ennoblir. On retrouvait l'homme de basse origine dans sa main carrée, dans ses gestes vulgaires, dans sa phrase prétentieuse, et surtout dans le regard vaniteux qu'il jetait sur ces magnificences.

Néanmoins, il paraissait préoccupé, presque morose : on l'eût dit absorbé par de profonds calculs.

Tout à coup, il s'approcha de la pendule de malachite, et passant son doigt sur le marbre :

— A quoi donc vous servent vos domestiques, s'écria-t-il d'un ton hargneux, s'ils n'époussètent même pas les meubles ? Ce n'est pas mon rôle, cependant, de veiller à cela. J'ai bien assez de mes affaires. Mais vous n'êtes bonne à rien qu'à pleurnicher.

La douce Sophie ne répondit pas.

Pourquoi l'olympien Patouillet montrait-il cette mauvaise humeur ? Il venait pourtant de poser sa candidature, et le gouvernement lui promettait son appui le plus officiel. Il allait parvenir au sommet de ses ambitions, consacrer au bien de son pays ses éminentes facultés, parler à la France, à l'univers. Mais, hélas ! un seul rayon manquerait à son auréole : l'amour d'une femme du monde.

Robert l'avait présenté à la princesse Ircoff ; la princesse l'avait toisé du haut de son binocle, avec une superbe écrasante.

Deux ou trois autres présentations dans le très grand monde avaient amené le même résultat : échec et mat. Cependant il vieillissait, malgré sa gloire et ses millions et, avant de faire ses adieux à la galanterie, il voulait être aimé pour lui-même, être aimé du moins par une femme assez haut placée pour qu'il pût croire à un amour désintéressé.

Il était blasé sur les faveurs des danseuses, dont il connaissait au plus juste le tarif. Voyait-il à l'Opéra luire une nouvelle étoile ? Cela me coûtera tant, se disait-il, mieux vaut acheter du trois pour cent. Dans ses songes, de fines marquises, de fières duchesses, des princesses mêmes se détachaient des panneaux antiques de son château et ne dédaignaient point de lui roucouler les déclarations les plus folâtres. L'amour d'une grande dame, ce désir, persistant comme une idée fixe, l'aigrissait, le rendait triste, malheureux.

Il portait ainsi le châtiment de sa vanité.

— Quand je pense que Robert ose inviter ici chez nous, sa... une femme qui... dit madame Patouillet avec une indignation concentrée.

— Au lieu d'appeler votre gendre : Robert, veuillez donc prendre l'habitude de dire : M. de Luz.

— Il me semble qu'entre nous...

— Entre nous ! Pour qui donc me prenez-vous, moi, madame ?

— Pour M. Patouillet, négociant.

M. Patouillet laissa échapper une sorte de rugissement.

— Ah ! ah ! il vous sied bien de mépriser le commerce !

— Ce n'est pas moi qui le méprise, c'est vous qui sans cesse en rougissez et voulez prendre des airs qui ne vous seyent point.

— Que signifient ces inconvenants sarcasmes ?

— Ils signifient que je suis profondément désolée, lasse enfin, de vous voir depuis deux ans sacrifier le bonheur de notre enfant à de ridicules questions de vanité.

— Ridicule ! avez-vous dit ? Il n'y a ici, entendez-vous bien, que vous et Marcelle de ridicules. Pourquoi Marcelle n'est-elle pas heureuse ?

— Parce que vous l'avez mariée par vanité, je le répète, à un débauché qui ne l'aime pas, parce que, depuis son mariage, au lieu d'arrêter Rob... M. de Luz, vous l'encouragez dans la dissipation, vous essayez même de suivre ses traces.

— Qu'appelez-vous dissipation ? Ne comprendrez-vous donc jamais que nous autres hommes, fatigués, écrasés par les affaires, les soucis, les luttes de la vie, nous ayons besoin de distractions fortes, d'émotions variées, de plaisirs intenses ? Vous qui vous plaignez sans cesse et posez en victime, en quoi m'avez-vous aidé dans l'œuvre de notre fortune ?

— Dieu m'est témoin, soupira Sophie, que je ne réclame rien pour moi, mais pour notre enfant. Comme moi, elle serait plus heureuse avec moins de fortune et plus d'affection.

— Marcelle n'est, comme vous, qu'une sotte ; si elle tyrannisait moins son mari, il l'aimerait davantage. Ce sont vos conseils et vos doléances qui troublent ce jeune ménage.

— Moi, moi ! c'est moi qui suis cause du malheur de ma fille !

— Positivement ! Si vous l'aviez mieux élevée et lui aviez inculqué le respect de la supériorité masculine, aujourd'hui elle ne voudrait pas faire de son mari un ridi-

cule Sigisbé, une sorte de chauffe-la-couche.

— Ah ! je ne lui ai rien conseillé. Je lui ai donné mon cœur, voilà tout.

— Votre cœur ! votre cœur ! Vous croyez avoir tout dit avec ce mot-là. Mais nous aussi, nous avons un cœur. Seulement il est moins borné ; il peut contenir plusieurs affections, sans qu'elles se nuisent l'une à l'autre. Cela nous empêche-t-il d'aimer nos femmes, de les respecter ?

— Oui, vous aimez vos femmes, repartit madame Patouillet avec une indignation qui l'ennoblissait presque, vous les aimez comme de bons chiens fidèles, comme des servantes qui mettent le bon ordre dans la maison. Vous les respectez, dites-vous ? Ce que vous respectez en elles, c'est votre propriété, votre chose. Mais vous n'avez jamais pour elles que paroles sèches ou indifférentes. Si, dans votre for intérieur, vous méprisez vos maîtresses, du moins leur montrez-vous tous les dehors du respect. A elles, les attentions, les hommages ; les riches présents, à elles tout votre amour. Ainsi, depuis le retour de madame Moriceau, Marcelle s'est vue complètement délaissée, délaissée malgré sa beauté, sa jeunesse, sa fortune.

— Madame Moriceau ! s'écria M. Patouillet qui devint cramoisi, vous supposez que madame Moriceau est la maîtresse de M. de Luz !

— Il n'y a que vous qui l'ignoriez.

— M. de Luz m'a certifié que cela n'était pas.

— Et vous croyez un homme qui trompe Marcelle vingt fois par jour ?

— Il ment par nécessité, parce que Marcelle l'ennuie sans cesse de ses soupçons, de ses reproches.

— Pauvre enfant ! Elle ose à peine le questionner.

— Alors, s'il ment, c'est par bonté, parce qu'il la voit inquiète.

— S'il était bon, la tourmenterait-il ainsi ? inviterait-il ici même une femme pareille ?

— Allons donc ! vous me faites pitié, madame Patouillet ; une femme qui tient aux de Brignon par sa mère ! Voyez comme vos accusations sont injustes ; c'est moi qui ai prié M. de Luz d'inviter les Moriceau. Ne savez-vous pas que nous sommes en affaires ?

— Pauvres affaires, si les bruits sont vrais. On dit les Moriceau ruinés ; on ajoute même que c'est notre gendre qui paye les toilettes extravagantes de madame.

— Lui ! il n'a jamais le sou.

— Que fait-il alors de la dot de Marcelle! Je vous dis, moi, qu'il jette l'argent par les fenêtres.

— Voudriez-vous que le comte de Luz, mon gendre, liardât comme un simple bourgeois?

— Non, mais il ruine notre fille. Marcelle m'a avoué hier qu'elle avait déjà plusieurs fois donné sa signature.

— Elle a donné sa signature? s'écria M. Patouillet, qui suspendit sa marche magistrale à travers le salon. Que n'avez-vous insisté pour la marier sous le régime dotal? C'est votre faiblesse qui...

— Ma faiblesse! interrompit M. Patouillet avec une explosion de colère.

Il eût pardonné toutes les injures, excepté celle-là. Il se regardait, non-seulement comme un grand homme, mais avant tout comme un homme fort, résumant en lui la toute-puissance masculine.

En ce moment, Marcelle entra, attirée par le bruit de cette altercation.

Comme elle était changée, la pauvre Marcelle! Elle avait maigri; son sourire triste dessinait autour des lèvres pâlies un pli navrant. Ses yeux, fatigués par les larmes, avaient perdu cet éclat de jeunesse que donne le bonheur. Sa taille, autrefois languissante, s'était ployée davantage. On lisait tout un drame douloureux dans ce front penché et mélancolique.

— Voyons, Marcelle, interrogea M. Patouillet, ta mère me reproche de t'avoir sacrifiée en te mariant au comte de Luz. Es-tu heureuse, oui ou non?

— Je suis heureuse, père, répondit-elle avec un soupir.

— Alors tu ne regrettes pas de l'avoir épousé?

— Je ne regrette rien, puisque je l'aime. Cependant, parfois, je le voudrais si laid, si maussade, que personne n'eût envie de me le prendre, dit-elle avec un sourire forcé qui lui fit monter les larmes aux yeux.

— Ta mère m'apprend que tu as signé déjà plusieurs procurations.

— Oui, plusieurs papiers d'affaires.

— Sans les lire?

— Pouvais-je paraître me défier de mon mari? répondit Marcelle avec fierté.

— En affaires, mon enfant, il est admis qu'on doit toujours se défier.

— Je ne fais pas d'affaires avec mon mari.

— Cependant, s'il te priait de signer de nouveau, demande-lui la permission de me soumettre le papier.

— Mon père, je ne ferai jamais cela. Mon mari me dit: Signe. Je dois signer, les yeux fermés.

— Mais s'il te ruine?

— Peu m'importe, je ne tiens pas à l'argent. Si nous étions pauvres, fit-elle à demi voix, il serait plus à moi.

— Tu raisonnes en femme romanesque et non en mère de famille. Je suis loin de t'engager à contrôler les dépenses de ton mari: il a le droit d'employer, comme il l'entend, les revenus de la communauté; mais je te défends formellement de le laisser entamer le capital. Tu m'entends, je te le défends.

En cet instant, le domestique annonça madame Dercourt, puis Pierre Fromont. Marcelle emmena Cora dans sa chambre. Elle se jeta dans les bras de son amie et lui conta sa conversation avec son père.

— Ce que je n'ai osé lui dire, ajouta-t-elle, c'est que Robert m'a priée tout à l'heure de l'accompagner demain chez son notaire. Je suppose qu'il s'agit de la vente d'une grande propriété que nous possédons en Normandie. Conseille-moi, je suivrai ton avis.

— Voici mon sentiment sur cette matière très délicate, répondit Cora: Une femme doit rester indépendante matériellement de son mari. C'est le moyen pour elle de conserver toujours son indépendance morale et sa dignité; mais il eût fallu le stipuler dans le contrat. Maintenant tu dois agir avec une grande circonspection. Si tu refuses ta signature, sans doute il n'insistera pas; mais... elle hésita. Je ne sais ce qui pourrait arriver. Ces conflits d'intérêts sont, entre époux, le plus grand dissolvant de l'affection.

— Alors je suivrai le conseil de mon cœur.

— Tu signeras tout, pauvre femme.

— Que veux-tu donc que je fasse?

— Lis d'abord le papier qu'il te présentera et s'il s'agit, comme tu le supposes, de la vente d'une propriété, demande-lui à connaître le remploi de la somme.

— Moi! femme d'affaires!

— Pourquoi pas, chère amie? C'est moi-même qui touche mes revenus et donne les quittances. M. Dercourt m'a souvent offert ses services, à simple titre d'intendant, pour m'épargner un ennui. Je lui ai répondu que cette occupation m'intéressait. Une fois par an je visite mes fermes de la Beauce. Mon mari m'accompagne, car nous ne pouvons nous quitter; mais c'est moi-même qui règle les baux et avise aux améliorations. Car, sans que tu t'en doutes, je me connais un peu en agriculture. Si les femmes manquent d'aplomb et de sagacité dans les affaires, c'est que leur éducation et les lois du mariage les en éloignent. J'accepte les conseils de mon mari lorsqu'ils me semblent bons. A mon tour, je l'accompagne dans sa terre de l'Allier, où il a fondé une ferme modèle. Il a entrepris d'arracher ce pays arriéré à l'ignorance où il croupit. Il accomplit là-bas, sur un petit coin de terre, de grandes et bonnes choses; car vois-tu, chère amie, pour s'aimer longtemps, il faut travailler ensemble, s'intéresser aux mêmes occupations et ennoblir son affection par des idées généreuses.

— Vous êtes des philosophes, vous; mais mon Robert est un artiste qui pense avec ses nerfs. Quant à moi, je ne sais qu'aimer.

— Eh bien ! une idée : dis-lui qu'avant de vendre cette propriété de Normandie, tu voudrais la visiter avec moi et M. Dercourt, et voir s'il n'y aurait pas moyen d'en augmenter le produit.

— Je tâcherai de suivre ton conseil, répondit Marcelle en inclinant la tête d'un air accablé.

XXVI

Pendant que Marcelle entretenait Cora des graves embarras de son intérieur, Robert, en attendant les Moriceau, entraînait dans le parc Pierre Fromont.

Au lieu de trouver à son ami l'aspect radieux d'un triomphateur, car il venait d'être décoré au dernier Salon, Robert fut surpris de lui voir une physionomie triste et abattue.

— Serait-il survenu un malheur dans ta famille ? lui demanda-t-il en appuyant sur ce dernier mot.

— Non, répliqua Pierre sèchement.

— Je gage que le sacrifice est consommé ? s'écria le comte avec un éclat de rire que répétèrent les échos du parc, et voilà la raison de ta mine piteuse. Avoue-le sans honte. Je me suis bien marié, moi ! Nous nous raconterons nos mutuelles infortunes. Je t'offre mes consolations. J'ai deviné, hein !

— Non, je ne suis pas marié.

— Pas encore ? Mais demain, dans huit jours ! Et tu viens m'annoncer le naufrage de tes beaux principes ?

— Jamais ! jamais ! jamais ! Annette me tourmente, c'est vrai; elle s'acharne au conjungo. Qui donc peut lui avoir mis en tête ces idées aussi cornues que biscornues ? Nous étions heureux depuis dix ans, et voilà qu'aujourd'hui je suis malheureux, très malheureux, car elle m'a quitté et elle a emmené le mioche.

— Et tu aimes ton Pierrot au point de ne pouvoir vivre sans lui ?

— Je l'aime, je l'aime, c'est-à-dire qu'il m'amuse... Il est très drôle, ce moutard-là. Il a des réparties, vois-tu, on ne sait vraiment où il va les prendre; et avec ça des gentillesses, des câlineries...

— Est-il papa, ce pauvre Pierre !

— Pas du tout, ce n'est pas de la paternité. Ce serait l'enfant d'un autre que je l'aimerais de même, ou du moins il m'amuserait tout autant.

— Alors, reprit Robert, pour revoir ce moutard si drôle, tu ne serais pas éloigné de céder aux sollicitations d'Annette.

— Non. J'aime cet enfant, j'en conviens; j'aime Annette aussi; je souffre de lui causer un chagrin par mon refus, je ressens douloureusement cette séparation; mais je lutterai. Quand on a des principes, il faut avoir l'énergie d'y conformer sa conduite. Avant de céder, je veux essayer de me distraire, tâcher d'aimer une autre femme. Je l'ai tenté déjà, et figure-toi que je ne le puis pas; toute distraction m'est odieuse. Que veux-tu ? cette brave fille m'a montré, dans des temps difficiles, tant d'affection et de dévouement ! Elle exige ce mariage à cause de l'enfant; et vraiment, je n'ai pas le courage de lui en vouloir. Ce pauvre petiot !...

Il s'arrêta, craignant que sa voix ne trahît son attendrissement.

— Voyons ! essuie cette larme, je ne regarde pas, dit Robert.

— Eh bien ! oui, je pleure comme un imbécile en pensant à ce gentil Pierrot. J'aimais à l'entendre piétiner et babiller autour de moi. Il y a deux jours qu'ils sont partis.

Ce petit animal me disait en m'embrassant de toutes ses forces pour me consoler : « Comment papa, un grand homme comme toi, tu pleures; vois donc, moi qui ne suis qu'un bout d'homme, je ne pleure pas. D'ailleurs, je te le promets, nous reviendrons demain. Qui donc te ferait enrager si Pierrot n'était plus là ? Dès qu'ils furent dehors, je descendis comme un fou pour les embrasser encore, leur dire de revenir, que je consentais à tout. Heureusement ! ah ! heureusement ! la voiture n'était plus là.

— Mon Dieu ! tu en seras quitte pour aller les chercher. Car tu sais ma prédiction, je n'en démords pas. Tu te marieras. Crois-moi, autant le faire tout de suite.

— Non, l'art avant tout, mon cher, je me dois à mon art.

— Et tu crois que la famille est un obstacle à la vie artistique ?

— Si je le crois ! Le mariage, c'est le tombeau de toute poésie, le tombeau de l'art, comme de l'amour.

— Cependant, c'est au milieu de ta famille que tu as créé cette dernière œuvre que tout le monde regarde comme la plus puissante de tes créations.

— Mais, c'était une famille irrégulière. Si je me mariais pour tout de bon, je n'échapperais certes pas à la loi commune : tout enthousiasme se noie dans le pot-au-feu conjugal. En somme, je ne suis pas fâché de ce qui m'arrive; le succès amollit la fibre, vois-tu; un peu de souffrance va me retremper. Je vais faire un tableau admirable, et je serai consolé. J'aimerai une belle femme, la première venue, pour oublier Annette ; et pour remplacer Pierrot, eh bien ! j'élèverai un singe. Je t'assure que, toute réflexion faite, entre un enfant et un singe, il y a peu de différence. Il ne parlera pas, c'est vrai ; mais je pourrais élever aussi un perroquet. Que sont les enfants ? Sinon des singes et des perroquets.

— Fanfaron d'égoïsme, va ! dit Robert en riant.

En cet instant, les deux amis aperçurent, venant à leur rencontre, la société au grand complet.

M. Patouillet donnait le bras à Juliette. Dépouillant sa solennité habituelle, il se montrait fringant, frétillant, l'œil émérillonné, jeune enfin, malgré les cinquante-cinq hivers qui avaient jeté pas mal de neige sur son front à demi dénudé, semblable aux arbres de novembre.

Etienne, par derrière, marchait à côté de Marcelle.

— Voilà cette belle Juliette que tu désirais tant connaître, dit Robert. Je te préviens que tu vas en tomber amoureux.

— Eh bien ! et toi, c'est fini ?

— Non, mais je ne suis pas jaloux.

— Tu l'étais l'an dernier.

— Jaloux, moi ? Pas possible ! Je ne me souviens pas.

— Que te disais-je ? Tu ne l'aimes plus.

— Je l'adore et je l'adorerai longtemps.

— Tu ne dis plus, toujours.

— Vois quelle démarche élégante et voluptueuse ! Cette femme exhale la passion par tous les pores. Quel modèle pour une Léda ou une bacchante !

— Et ta femme ne s'aperçoit de rien ?

— Ne me rappelle pas mes torts, mon ami, dit-il en posant sa main sur celle de Pierre, car je suis bourrelé de remords.

— Hélas ! tu n'étais guère destiné à faire le bonheur d'une seule femme, ainsi que le veulent à toute force les monogames féroces.

— En effet, repartit Robert, nos lois, nos préjugés et le hasard aussi amènent des unions bien baroques, des méprises bien funestes. Le mariage de Juliette et d'Etienne est au moins aussi mal assorti que le mien, car Juliette est comme moi une nature impétueuse, incompressible, tandis qu'Etienne et Marcelle, tous deux tendres, dévoués, constants, semblaient prédestinés l'un à l'autre. Et pourtant, regarde-les : ils sont là côte à côte ; ils se connaissent à peine, et un abîme les sépare. Ils se connaîtraient même, ils s'aimeraient qu'ils n'oseraient enfreindre leurs premiers engagements. Bien souvent je pense comme toi que la société est absurde et burlesque, et je ne puis songer à ces tristes choses sans devenir aussi misanthrope.

Pierre Fromont écoutait à peine son ami, tant il était ébloui par la splendide beauté de Juliette. L'amour l'avait encore embellie, surtout en ce moment où la colère illuminait son regard hautain, à demi voilé par la paupière, et soulevait ses narines frémissantes.

Comment Robert n'accourait-il pas pour la rassurer, pour lui expliquer sa lettre de la veille ? Aussi écoutait-elle fort peu les emphatiques madrigaux que bourdonnait à ses oreilles le galant Patouillet. Tout entière à sa passion, elle ne lui répondait pas.

Ce silence l'enhardissant, il osa presser son bras. Rappelée à elle-même par cette audace insolite, Juliette lui adressa un regard d'une indifférence si outrageuse, que la grâce sémillante de M. Patouillet l'abandonna soudain ; son menton sembla rentrer dans son ventre.

Mais par dépit contre Robert, madame Moriceau prodigua les plus aimables sourires à Pierre Fromont, qui fut subjugué.

Grâce à ce jeu de coquetterie, Etienne, qui observait sa femme, ne put rien surprendre entre elle et Robert.

A table, M. de Luz, placé à côté de madame Dercourt, engagea avec elle une conversation fort animée. Evidemment, il lui faisait un brin de cour.

Une violente jalousie s'empara de Juliette. Il ne l'aimait plus. Il aimait cette femme. Cora était non-seulement belle ; mais sa conversation élevée à la fois et petillante de fines réparties paraissait intéresser vivement Robert.

Juliette expliquait ainsi les rendez-vous manqués et le refroidissement de son amant. Elle l'ennuyait, tandis que cette femme l'amusait.

Ses joues étaient enflammées. Elle avait la fièvre. Elle ne prêtait plus aucune attention aux discours par trop solides du solide Fromont. Elle ne voyait que le sourire de Robert, que son regard charmé, que la piquante Cora, à l'œil moqueur, et qui lui semblait infiniment attrayante avec sa simple toilette de soie mauve.

— Ce n'était pas avec Nana qu'il m'eût fallu rivaliser, se disait-elle, car déjà il était blasé sur cette fille. Ce qu'il souhaite maintenant comme diversion, c'est une femme du monde, une femme de goût, d'un esprit fin et délicat.

Aussitôt après le dîner, elle se rapprocha de Robert.

— Il faut que je vous parle sur-le-champ, lui dit-elle rapidement ; ne voyez-vous pas que je suis malade ?

— Prenez garde, répondit Robert à voix basse, Etienne vous observe.

— M. de Luz, disait Cora, nous allons

voir si vous êtes juste et généreux envers les femmes. Que pensez-vous d'une coquette ?

— Si vous répondez à cette femme, reprit Juliette toujours à voix basse, je fais une esclandre.

Soit qu'il n'entendit pas, soit qu'il ne voulut pas entendre :

— Une coquette, répliqua-t-il, est une femme d'esprit qui veut profiter des prérogatives de l'amour sans en courir les risques.

— Et vous ne la condamnez pas comme un être dangereux et pervers ?

— Pourquoi réprouverais-je la coquetterie ? A supposer qu'une femme ne nous ait fait connaître de l'amour que les prémices, c'est-à-dire ces premiers riens qui sont tout poésie, tout bonheur, loin de lui en vouloir, ne lui devons-nous pas, au contraire, une reconnaissance infinie ? Ne nous a-t-elle pas donné les émotions les plus pures et les plus vraies ? Enfin j'avoue, moi, je parle du passé, bien entendu, n'avoir jamais été aussi complétement ensorcelé que par de beaux yeux qui se moquent de moi.

— Ah ! pensa Juliette, je ne suis pas coquette, et voilà pourquoi il ne m'aime plus. Mais me le dire en face !...

Elle était hors d'elle-même.

— Monsieur de Luz, dit-elle à haute voix, veuillez m'offrir votre bras, j'ai une communication importante à vous faire.

En prononçant ces mots, elle essaya de sourire ; mais on sentait la colère vibrer dans sa voix.

Etienne tenait à la main une tasse à thé qui tomba et se brisa.

Marcelle laissa échapper une plainte sourde.

Puis il se fit un profond silence.

Robert avait pâli. Offrant néanmoins son bras à Juliette :

— Je suis à vos ordres, madame, dit-il.

Et ils sortirent dans le parc.

Marcelle était à côté d'Etienne. Elle le regarda. Elle fut surprise de le voir aussi calme. Aucune inquiétude ne se reflétait sur son visage. Elle remarqua seulement que son front était baigné de sueur.

Tout le monde s'entreregardait avec stupéfaction.

Pierre Fromont, pour rompre un silence embarrassant, mit la conversation sur des généralités. Mais elle se traîna péniblement.

Il était neuf heures. La nuit était complète. Robert et Juliette ne rentraient point. Personne n'osait prononcer leurs noms, bien que chacun les lût dans la pensée de tous.

M. Patouillet, du bout de ses doigts, battait sur la table une générale échevelée.

Pierre Fromont tira sa montre et annonça son intention de partir, afin d'éviter l'encombrement des derniers trains.

M. Dercourt désira suivre son exemple. Cora se leva, prit entre ses mains le doux visage de Marcelle et l'embrassa avec une effusion pleine de pitié.

— Courage ! murmura-t-elle.

Marcelle soupira tristement.

Dès qu'ils furent partis, Etienne se leva, la prunelle pâle, la lèvre frémissante. Sans rien dire il traversa le salon, et sortit sur le perron.

Marcelle craignit une catastrophe. Elle s'élança sur ses pas pour le retenir ; mais elle le vit, loin déjà, qui s'engageait dans le parc. Elle rentra.

M. Patouillet lui-même, malgré son indulgence pour les fautes masculines, était indigné de cette infraction à toutes les convenances.

— Etes-vous convaincu, maintenant ? grommela madame Patouillet.

Marcelle ne disait rien. L'oreille tendue, le cœur palpitant, elle cherchait à percevoir les bruits lointains.

Dix minutes se passèrent. Personne ne revenait.

Tout à coup, obéissant à une brusque impulsion, elle se dirigea de nouveau vers le perron.

— Où vas-tu ? s'écria madame Patouillet.

Mais déjà Marcelle avait disparu.

— Mon Dieu ! elle va s'enrhumer. Prends au moins un châle, ajouta-t-elle.

Marcelle ne l'entendait plus. Elle descendait l'allée qu'Etienne avait suivie.

Cependant Etienne, emporté par la jalousie, avait fait rapidement le tour du parc sans rien découvrir. Haletant, à moitié fou, il allait reprendre la grande avenue qui conduisait au château, lorsqu'il aperçut la maisonnette du garde. Il s'avança pour entrer ; mais une femme était là, qui lui barra le passage.

Il est des moments de surexcitation cérébrale où les forces morales comme les forces nerveuses semblent décuplées, où les perceptions intellectuelles et sensuelles acquièrent une acuité merveilleuse.

Malgré l'ombre du feuillage, Etienne, d'un coup d'œil, reconnut Lucette. Il vit son visage bouleversé, son air hagard ; et jusque dans l'effarement avec lequel elle barrait la porte, il devina que Juliette et Robert étaient là.

Il voulut repousser Lucette. Mais elle résista, et cria assez haut pour être entendue à l'intérieur.

— Monsieur, c'est ici la maison du garde. Eloignez-vous vite. Il achève sa ronde. S'il revenait, il ferait un malheur.

Et elle se cramponna à la clef de la porte.

Alors Etienne la prit à bras le corps, la souleva comme il eût fait d'un enfant, la posa à l'écart.

La porte était verrouillée en dedans. D'un coup d'épaule, il l'enfonça.

La chambre dans laquelle il pénétra n'était éclairée que par un rayon de lune que laissait entrer la fenêtre ouverte. Il s'élança vers cette fenêtre à hauteur d'appui, regarda dans le bois ; mais il ne vit et n'entendit rien.

S'était-il trompé ? Cette femme avait-elle eu simplement peur de lui ?

Il revint auprès de Lucette, qui restait au dehors pétrifiée de terreur ; et, lui saisissant les bras à les lui briser :

— Jurez moi, dit-il, que personne n'est entré ici tout à l'heure !

— Je le jure, répondit d'une voix faible Lucette, qui tremblait.

— Elle ment ! rugit Etienne.

En cet instant, un homme fendit le fourré. Il était armé d'un fusil. C'était Bassou. Il bondit sur Etienne, et, lui serrant la gorge :

— Ah ! je te tiens, misérable, je te guettais. Je t'ai vu sauter par la fenêtre.

Etienne saisit dans ses deux mains comme dans un étau d'acier les poignets vigoureux de Bassou et lui fit lâcher prise.

— Vous dites que vous venez de voir un homme sauter par la fenêtre ?

— Oui, je l'ai vu, et j'ai cru aussi voir une femme. C'étaient vous deux, j'en suis sûr.

Etienne, revenant alors à la femme de Bassou :

— Vous le voyez bien, vous avez menti. Un homme était ici tout à l'heure.

Il secouait de nouveau le bras de Lucette avec une telle violence qu'elle murmura éperdue :

— Oui, j'ai menti.

— Et il y avait une femme ?

— Il n'y avait que moi, dit Lucette en s'affaissant sur elle-même.

— De quel droit questionnez-vous ma femme ? s'écria Bassou qui se plaça devant Etienne d'un air menaçant.

D'un revers de main, Etienne l'écarta si rudement que le garde alla se heurter contre la maisonnette et resta étourdi du choc.

Alors il reprit sa course. A quelques pas de là, il aperçut une forme blanche appuyée contre un arbre. Il crut que c'était Juliette.

Il courut à elle.

— Monsieur Moriceau, dit Marcelle d'une voix mourante, offrez-moi votre bras, je vous prie, je ne puis me soutenir.

— Les avez-vous vus ? demanda Etienne, tout à son idée.

— Qui donc ? fit Marcelle affectant l'étonnement.

— Juliette et votre mari.

— Oui, répondit-elle avec un ton d'assurance, bien qu'elle mentît. Je les ai aperçus tout à l'heure se promenant tranquillement sans se douter de votre inquiétude. Je les crois rentrés.

— Et vous ne les avez pas appelés ? Pourtant vous étiez inquiète aussi, vous ?

— Sans doute. Il fait très frais ce soir, et madame Moriceau n'avait rien pris pour se garantir de la fraîcheur.

— Mais alors, reprit Etienne avec un ricanement forcé, pourquoi n'avez-vous rien pris, vous ?

— Moi ? fit-elle interloquée, j'ai l'habitude de sortir le soir la tête découverte.

Elle disait ces mots avec peine ; car la frayeur l'oppressait encore. Ses genoux avaient tremblé si fort qu'ils se refusaient à la porter. Elle s'appuya de tout son poids sur le bras d'Etienne.

Etienne comprit ce qui se passait en elle, son abnégation héroïque, ses terreurs généreuses pour celui qui la faisait souffrir.

— Vous êtes sublime, vous, murmura-t-il.

Ses nerfs alors se détendirent.

C'était une de ces nuits voluptueuses où la nature entière exhale, soupire, chante l'amour.

Le ciel profond, semé de diamants, rappelait la splendeur veloutée des nuits italiennes.

La lune jetait à travers le feuillage ces clartés pâles et furtives qui font tressaillir les amants. De petits nuages blancs, légers comme une dentelle, la voilaient par instant. On eût dit qu'elle se cachait pour rougir ; puis elle reparaissait plus brillante et plus hardie.

On entendait les feuilles soupirer sous les enlacements de la brise.

Le ruisseau embrassait la rive avec un susurrement semblable à un bruit de baisers.

Le rossignol, ce ténor jaloux qui réserve ses concerts pour le silence des nuits, modulait sa cantilène amoureuse.

Le ver luisant conviait sa compagne en allumant dans l'herbe la lampe de son boudoir.

Les fleurs épandaient dans l'air leurs parfums, hymnes d'amour ; et de la terre, encore en travail de sève, irradiaient de pénétrantes effluves. Tous les sens étaient imprégnés de ces parfums, de ces bruits harmonieux ; et en même temps l'âme se perdait rêveuse à travers l'immensité de ce ciel où roulent des univers infinis.

Au milieu de cette nature, prodigue de voluptés et de bonheur, seuls, Etienne et Marcelle souffraient par l'amour. Partout le calme, l'apaisement de la passion satisfaite ; en eux seulement s'agitait la tempête.

Etienne, pour soutenir Marcelle, lui pressait le bras contre sa poitrine. Son cœur battait avec une telle violence qu'elle en fut effrayée.

— Pauvre cœur ! murmura-t-elle, comme se parlant à elle-même.

Il y eut un silence.

— Vous souffrez beaucoup ? demanda-t-elle.

— Oui, dit-il, les dents serrées.

— Aimer, n'est-ce pas ? est une horrible maladie.

— Vous avez souffert aussi, vous ?

Pour toute réponse, Marcelle laissa tomber sa main dans celle d'Etienne ; et leurs regards se rencontrèrent.

Par ce regard, il s'établit entre eux comme un lien magnétique, une communion de la douleur. Tous deux n'enduraient-ils pas les mêmes tortures ?

Marcelle, plus confiante, s'appuya davantage sur Etienne. Elle éprouvait une sorte de volupté chaste à s'abandonner ainsi au bras d'un ami. Car ces deux âmes d'élite, rapprochées par l'identité des situations, s'étaient comprises, entendues, et une amitié durable venait en un instant de s'établir entre elles.

Ils marchaient ainsi plus calmes, sinon consolés, lorsqu'un cri perçant, aigu, retentit derrière eux.

— Ah ! mon Dieu ! Lucette... son mari... courez vite, s'écria Marcelle.

Et, succombant à tant d'émotions successives, elle s'évanouit.

Etienne s'arrêta, prêta l'oreille ; et, comme il n'entendit plus rien, il prit Marcelle sur ses bras et se dirigea vers le château.

Durant le trajet, Marcelle revint à elle et vit à la lueur de la lune la figure douce et triste d'Etienne penchée sur elle avec sollicitude.

Elle éprouva une sensation indéfinissable à se sentir ainsi portée par cet homme bon et fort : c'étaient une ivresse de cœur, un bien-être profond. Il lui semblait qu'ainsi protégée, aucune douleur ne pourrait plus l'atteindre. Elle referma les yeux et appuya sa tête doucement contre lui. Le rêve fut court, mais délicieux.

Ils trouvèrent au salon Robert et Juliette, qui racontaient, avec une apparente tranquillité, leur odyssée à travers le parc.

— La nuit était si belle, si invitante ! Nous espérions, dit Juliette, que vous viendriez nous rejoindre. Nous ne pouvions supposer que vous restiez enfermés ici, au lieu de profiter, à notre exemple, de cette magnifique soirée.

Robert et M. Patouillet reconduisirent M. et madame Moriceau jusqu'au chemin de fer. Ils s'y rendirent à pied ; ce n'était qu'une promenade.

M. Patouillet s'empara du bras de Juliette. Une femme qui bravait ainsi les convenances ne pouvait être trop rigide. Il conçut un nouvel espoir. Juliette, d'ailleurs, moins distraite, l'écoutait avec bienveillance et mettait même à ses réponses une nuance de coquetterie.

Etienne marchait derrière eux, à côté de Robert. Il ralentit le pas ; puis, s'arrêtant tout à coup et plongeant son regard dans celui de M. de Luz :

— Vous êtes l'amant de ma femme, dit-il d'une voix sourde.

— Moi, l'amant de madame Moriceau ? s'écria Robert avec une surprise si parfaitement jouée qu'Etienne en fut presque dupe. Ne vous ai-je pas raconté, continua-t-il, quels engagements sacrés...

— Je ne crois pas, interrompit Etienne, qu'il existe pour vous d'engagements sacrés. J'ai des doutes, des soupçons tellement fondés que dans huit jours je pars avec ma femme pour le Brésil. D'ici là, je vous défends, entendez-vous, je vous défends de chercher à la revoir.

— Mais, monsieur, j'ignore en vérité sur quoi repose cette accusation. En tous cas, je ne vous reconnais pas le droit de me parler sur ce ton-là. Je suis prêt d'ailleurs, si mes dénégations ne vous suffisent pas, à vous rendre raison.

— Me rendre raison par un duel ! repartit Etienne avec sarcasme. J'entends l'honneur autrement que vous, autrement que le monde. Je suis aussi brave que vous, plus peut-être ; car j'ai certes plus que vous le mépris des hommes et de la vie ; mais moi, l'offensé, à qui vous avez pris plus que la vie, j'irais vous donner, dans un combat, des chances égales aux miennes ? Vous pourriez me tuer et vivre ensuite, la tête haute, tranquille dans votre crime et dans votre amour ? Ah ! si j'étais absolument sûr que ma femme fût votre maîtresse, croyez-vous que j'irais bénévolement vous demander la permission de vous tuer ? Je vous tuerais comme un chien.

— Monsieur, dit Robert, frémissant de colère, je veux faire la part du trouble où vous êtes ; mais n'ajoutez pas un mot, ou je ne réponds plus de moi.

— Me promettez-vous de ne pas revoir ma femme ?

— Je ne veux ployer devant aucune menace.

— Quoi qu'il en soit, ne l'essayez pas.

J'épierai Juliette, je vous en préviens ; et je la tuerais aussi sans pitié. Il y a en moi du sang peau-rouge, ne l'oubliez pas.

Pendant cette violente altercation, engagée à demi voix, Juliette, à quelques pas, marivaudait avec M. Patouillet.

Près d'arriver à la gare, elle lui dit :

— J'ai à vous parler d'affaires, j'irai vous voir demain, rue de Provence, si vous le permettez.

— Comment donc, madame, trop heureux de l'insigne faveur que vous daignez m'octroyer, répondit Démosthènes tout ému.

XXVII

Pendant le trajet de Sceaux à Paris, Etienne n'adressa pas la parole à Juliette, et ne répondit à ses questions que par monosyllabes.

Elle voulut s'approcher de lui avec câlinerie.

Il la repoussa.

Quand ils furent arrivés à leur hôtel, Etienne, au lieu de se retirer chez lui, entra dans la chambre de Juliette sans lui en demander la permission, ainsi qu'il le faisait d'ordinaire.

Pendant que sa femme se déshabillait, il marchait à travers la chambre, agité, mais silencieux.

— Tu es bien maussade ce soir, dit-elle tout à coup. J'ai à t'apprendre une nouvelle qui va te rendre le plus heureux des hommes.

Il s'arrêta et la regarda d'un air interrogateur et sévère.

Elle était pourtant adorablement provoquante, enveloppée de son peignoir de soie blanche à nœuds de satin bleu. A demi attaché, ce peignoir découvrait un cou potelé et un coin d'épaule si blanc, si frais ! Ses beaux cheveux déliés, aux boucles rebelles, cachant à demi, d'un côté seulement, l'ovale pur du visage, ne découvraient que le bout d'une oreille rose où scintillait un diamant.

— Eh bien ! reprit-elle, tu ne me demandes pas ce que c'est ?

— Quoi ? fit-il sèchement.

Elle s'avança jusqu'à ses lèvres.

— Attends-toi à une grande, *grrrrande* joie.

Elle approcha sa bouche de l'oreille d'Etienne et lui dit quelques mots à voix basse.

Au lieu de cette joie promise, Etienne éprouva une douleur aiguë, comme si on lui eût plongé dans le cœur un fer rouge.

Il poussa un cri de rage semblable à un rugissement et se laissa tomber sur le divan.

Juliette restait devant lui stupéfaite.

— Mon Dieu ! qu'as-tu donc ? J'ai cru te faire plaisir. Depuis si longtemps tu le désirais. Etienne, réponds-moi, je t'en conjure.

Elle cherchait à lui prendre la main.

— Va-t-en, va-t-en. J'ai peur de moi.

En effet, il était livide, effrayant. Sa lèvre frémissait, sa prunelle était pâle, son visage horriblement contracté.

— Tu es la plus vile, la plus méprisable des femmes s'écria-t-il enfin.

Juliette voulut payer d'audace.

— Expliquez-vous, monsieur, dit-elle fièrement.

— Oui, reprit-il haletant, cette paternité que vous m'annoncez, que je souhaitais comme une joie suprême, cette paternité empoisonne à jamais ma vie. Une femme comme vous, on devrait la punir des galères.

— Est-ce que vous êtes fou ? riposta Juliette avec le même ton de hauteur.

— Mais cet enfant ne m'appartient pas, malheureuse.

Il cacha sa tête dans ses mains.

— Oui, je suis fou. Mon Dieu ! mon Dieu ! ayez pitié de moi ; car ma tête éclate.

Et cet homme, si maître de lui, sanglota.

— Avant de m'accabler ainsi, veuillez au moins me dire quelles preuves vous avez contre moi, afin que je puisse me défendre.

— Des preuves ! Elle ose me demander des preuves ! En me souvenant du passé, j'en ai vingt, j'en ai cent. J'étais aveugle, j'avais confiance, car je vous aimais. Ah ! comme vous avez dû rire avec votre amant de ma naïveté, de ma crédulité ! Et cette lettre que vous avez reçue hier matin, elle n'était pas de madame de Brignon, elle était de Robert. Donnez-la moi, il me la faut, je la veux.

— Vous ne l'aurez pas, repartit Juliette avec une obstination pleine de défi. J'entends que vous respectiez le secret de mes lettres. Voilà pourquoi je vous l'ai refusée hier.

— Vous l'avez détruite, vous aviez peur, n'est-ce pas ?

— Je l'ai dans ma poche, répliqua-t-elle avec une tranquillité ironique.

Ivre de colère, de jalousie, Etienne se leva soudain, s'avança vers sa femme, la saisit par les épaules et la terrassa.

La lettre n'était pas dans la poche de Juliette. Elle avait seulement voulu le braver.

— Rien ! Je ne saurai rien, disait-il en se tordant les mains.

La situation était grave, décisive. Juliette le comprit : il fallait à tout jamais détruire les doutes de son mari; le repos de sa vie entière dépendait de la présence d'esprit qu'elle saurait déployer. Sa résistance était donc calculée: elle voulait, en affectant une dignité blessée, le forcer à rétracter ses soupçons, à demander pardon de ses violences.

— Eh bien! dit-elle, feignant de céder par grandeur d'âme, quoique vous m'ayez cruellement offensée, je vous pardonne, car vous me semblez réellement fou et surtout malheureux. Je vous donnerai cette lettre. J'espère qu'elle vous fera rougir de vos insultes et de vos brutalités.

Elle l'alla prendre dans la robe qu'elle portait la veille.

Etienne la parcourut avidement.

Hélas! il ne demandait qu'à croire, qu'à aimer encore.

En effet, cette lettre ne contenait pas un mot compromettant. Cette lettre, qui avait fait naître ses doutes, les fit évanouir. Une subite réaction s'opéra. Il se jeta aux pieds de sa femme, lui baisa les pieds avec respect, lui demanda pardon en pleurant.

Juliette voulut profiter de cette crise, et l'abuser entièrement. Pour apaiser les dernières vibrations de cette immense douleur, pour fermer cette blessure encore palpitante, elle eut des mots charmants, d'exquises tendresses.

Juliette lui prenait la tête entre ses petites mains blanches, et, l'appuyant contre sa poitrine:

— Ecoute mon cœur, disait-elle d'un ton de reproche attendri, ne sens-tu pas qu'il est tout à toi, à toi seul, que ma vie entière t'appartient? Tu me juges donc bien menteuse et bien fausse! Crois-tu que si je te trompais, je pourrais te presser ainsi dans mes bras? Te tromper! toi qui es si bon et qui m'aimes tant! Ce serait plus qu'un crime, ce serait une monstruosité. Et tu m'en as crue capable, moi, la femme adorée! Ah! nos existences sont bien confondues, va! Et rien jamais ne pourrait nous séparer. Tu m'en as voulu peut-être de t'avoir engagé à partir pour Rio-Janeiro; mais, tout aussitôt j'ai réfléchi que je ne pourrais vivre aussi longtemps loin de toi. C'est pourquoi tu m'a vue triste hier tout le jour; c'est pourquoi aussi j'ai prié M. de Luz de sortir avec moi dans le parc. Comme il m'a souvent consolée dans mes chagrins de jeune fille, je voulais lui conter nos embarras, lui demander d'intervenir auprès de M. Patouillet. Il le fera. Et c'est cette promenade qui peut-être t'a fait croire... Ah! je ne puis penser à cela sans que mon cœur ne se gonfle d'indignation, sans que la honte ne m'étouffe. Mais je te pardonne, parce que tu as souffert plus que moi encore; je te pardonne surtout pour l'amour de notre enfant. Etienne! notre enfant! pense donc! Ah! maintenant seulement je vois combien je t'aime. L'idée de la maternité, avec ses douleurs et ses tracas, m'effrayait; maintenant, elle me comble de joie, elle me pénètre d'une ivresse profonde, divine. Un enfant, mon Etienne, qui te ressemblera, qui sera entre nous un lien de plus! Et un instant tu as pu m'accuser! Demande-moi pardon encore. Non, je n'y veux plus penser. J'aurais peur de ne pouvoir te pardonner.

Faussée par ses relations coupables, Juliette s'était habituée peu à peu à mentir, à jouer ces petites comédies de sentiment dans lesquelles elle déployait un charme vraiment captivant. Toutefois, en cet instant, elle ne mentait pas entièrement: elle aimait presque Etienne. Pour la première fois, il l'avait subjuguée par l'énergie de son amour. Jusqu'alors, elle n'avait pas compris ce qu'il y avait de tendresse infinie dans son abnégation, de force dans sa douceur toujours égale. Elle l'avait cru un peu flegmatique; mais elle s'était trompée: ce n'était pas un agneau, c'était un lion. Il l'avait domptée. Il savait donc aimer, ce doux Etienne, avec toutes les colères et toutes les jalousies de la passion. Elle l'aimait mieux depuis qu'il lui avait fait peur, depuis qu'il l'avait insultée et battue.

— Sais-tu que tu m'as fait mal tout à l'heure, lui dit-elle, en lui montrant son poignet meurtri.

Etienne le couvrit de pleurs et de baisers. Honteux, humilié de sa rudesse, il n'osait lever les yeux sur elle.

— Cependant je te remercie, reprit-elle, de m'avoir fait sentir la véhémence de ton amour. Je suis fière de porter tes marques. Elles disparaîtront trop vite. Qu'est-ce, d'ailleurs, que ce bobo, en comparaison de ce que tu as enduré, toi, pauvre cher cœur? C'est moi qui ai été maladroite, entêtée; j'aurais dû prévenir, deviner tes soupçons, t'épargner ces douleurs atroces. C'est moi qui veux me mettre à tes pieds.

Elle l'obligea à s'asseoir, et s'inclina devant lui. Elle pleurait aussi, et ses larmes chaudes mouillaient les mains d'Etienne.

En la voyant, cette femme si fière, si hautaine, dans une attitude humiliée, implorante, Etienne fut entraîné, attendri. Il oublia tout soupçon, et, dans un transport d'amour, de remords, par un reste de jalousie peut-être, il la releva et l'embrassa avec emportement.

Tandis que Juliette achevait sa toilette de nuit, Etienne la regardait, plongé dans une sorte de somnolence extatique. Il contemplait la courbe harmonieuse des épaules et le mouvement plein de grâce avec lequel, les deux bras élevés, elle tordait ses cheveux sur sa nuque.

La glace lui renvoyait son charmant visage.

Tous deux se taisaient.

Juliette, qui tournait le dos à son mari, ne se croyait point observée.

A quoi songeait-elle ?

Etienne, lui, ne songeait à rien. Encore brisé de la douleur passée, accablé maintenant par le bonheur d'avoir recouvré le calme, un calme qu'il n'espérait plus, il laissait errer sa pensée où la portaient ses regards, et ses regards ne se détachaient point de Juliette.

Tout à coup il la vit sourire. Sa pensée se fixa. Pourquoi souriait-elle ? Pourquoi cette expression ironique, presque malicieuse dans le pli de ses lèvres ? Pourquoi son regard, tout à l'heure attendri, était-il devenu sec et moqueur ?

Avec cette netteté de perception qui, en certains moments d'excitation cérébrale, est comme une seconde vue, il devina en elle la satisfaction d'avoir bien joué son rôle, de l'avoir bien dupé.

Et cet odieux sourire restait sur les lèvres de Juliette, comme pour le narguer.

Tous ses doutes lui revinrent à la fois.

Il bondit, le bras étendu, prêt à frapper.

Mais comment expliquer cette nouvelle et subite colère ? Il se trouva insensé, ridicule, et s'arrêta.

Il sortit rapidement sans regarder sa femme, sans lui dire une parole.

Une fois dans sa chambre, hors du charme fascinateur que Juliette exerçait sur lui, il reprit un à un et les analysa les souvenirs du passé et les incidents de la soirée. La lettre de Robert, cette lettre si insignifiante en apparence, il en saisit le vrai sens : c'était un rendez-vous ajourné. Puis, cette promenade dans le parc, cette porte fermée à l'intérieur, quand Lucette restait au dehors. Enfin, comment expliquer ce mensonge de Lucette, si Robert et Juliette n'eussent été là ?

Alors sa fureur se ranima plus violente ; car Juliette lui apparaissait sous un jour plus odieux. Tant d'hypocrisie et d'astuce chez cette femme qu'il avait toujours crue sincère !

Au souvenir de ces comédies de tendresse, de ces scènes de larmes, au souvenir surtout de cet enfant qui porterait son nom et qui ne serait pas à lui, il se sentait enveloppé comme d'un manteau de feu, en même temps qu'il grelottait la fièvre.

Vingt fois il alla jusqu'à la porte de Juliette pour lui dire qu'elle mentait, qu'il n'était pas dupe, qu'il la méprisait et la haïssait. Mais il redoutait sa propre fureur. Peut-être aussi craignait-il de faiblir encore.

Il ouvrit la croisée pour rafraîchir son front brûlant ; mais le calme et l'air de la nuit ne purent apaiser la tourmente qui bouillonnait en lui.

Alors il s'étendit sur son lit sans toutefois espérer dormir, et pourtant quel bienfait eût été pour lui un moment d'oubli !

Il prit un journal, essaya de lire. Son regard tomba sur le mot : *Tribunaux*. Par une de ces coïncidences qui semblent des préméditations du hasard, il s'agissait d'un mari trompé, qui dans un accès de jalousie poignardait sa femme, et que les jurés acquittaient à l'unanimité.

— Ah ! sans doute, pensa-t-il, cet homme est excusable et il était juste de l'absoudre ; car dans ce cas, c'est la loi elle-même qui pousse à l'assassinat. S'il m'était permis de me séparer si complètement de cette femme qu'elle ne fût plus rien dans ma vie ; si m'étant trompé aussi grossièrement, je pouvais revenir sur le passé, retrouver avec une autre le bonheur d'une sainte affection et les joies de la famille que je cherchais dans le mariage, je n'aurais pas ces colères et ces désespoirs qui me rendent fou ; je chasserais cette femme de mon foyer et de mon cœur, et tout serait dit.

Désormais, au contraire, si j'ai le courage de vivre, mon existence devra s'écouler dans une amère solitude, dans de stériles regrets ; ou bien si je cherche une famille en dehors des lois, en dehors du monde, il faudra la cacher, il faudra qu'elle rougisse et souffre à cause de moi. Et cette famille nouvelle ne pourra s'appeler de mon nom ; tandis qu'une femme indigne le déshonorera, tandis que l'enfant né du vice, et qui portera en lui peut-être les germes du désordre, sera devant la loi et devant la société mon enfant, l'héritier de mes biens et de mon nom.

Telle est la justice humaine ; et c'est pour pallier tant d'inconséquences qu'elle est obligée parfois de tolérer l'assassinat. Serais-je donc bien criminel de profiter de cette tolérance en tuant une femme impudique qui me trompe dans mon amour et dans ma paternité ?

Telles étaient les pensées qui se pressaient, non pas en ordre, mais en tumulte, dans son cerveau. Ainsi, il cherchait à légitimer cette folie du crime qui, de plus en plus, s'emparait non-seulement de son esprit, mais de ses nerfs, de tout son être altéré de sang.

Il lutta pourtant. Puis le délire l'emporta. Tout à coup il se releva, saisit une arme dans sa panoplie. C'était une petite lame affilée, acérée, grande comme la main, une arme que les sauvages du Mexique portent dans leur ceinture.

Au moment d'ouvrir la porte, il hésita.

Ses genoux s'entrechoquaient. Une sueur froide inondait son visage livide. Il s'adossa au mur. Il emplit d'air sa poitrine ; car l'émotion l'étouffait.

Entrer ainsi brusquement ! il l'éveillerait. Ce seraient des cris, une lutte horrible. Ne valait-il pas mieux la frapper dans son sommeil ?

Mais la frapper ainsi, la surprendre en traître ! Eh quoi ! ne l'avait-elle pas trahi, elle ?

Soudain il vit comme dans une hallucination, tant les personnages, les formes, les gestes étaient vivants, il vit Juliette enlacer Robert, lui dire les mêmes mots tendres qu'elle venait de lui répéter. Et ce secret important, qu'hier au soir elle voulait confier à son amant, ce secret, c'était sans doute sa paternité. Elle le lui avait aussi murmuré à l'oreille en lui présentant ses lèvres, en l'effleurant de son haleine.

Il ouvrit la porte avec autant de précaution qu'un criminel, et grâce au tapis qui amortit ses pas, il se glissa jusqu'au lit de Juliette.

Une lampe de nuit, suspendue au plafond, éclairait l'appartement d'une lumière douce. Juliette dormait d'un paisible sommeil.

Il faisait chaud. Elle avait repoussé ses couvertures. Sa longue robe de nuit, en fine batiste, recouvrait comme un chaste voile son beau corps aux formes élégantes et harmonieuses. Elle reposait, ainsi qu'un enfant, son bras nu passé sous la tête ; et son visage frais et tranquille avait une telle expression d'innocence, qu'on eût dit un bel ange endormi.

Cette femme au front si candide, au sommeil si calme, pouvait-elle être une aussi perverse créature, un pareil monstre de fausseté ?

A cette vue, un reste d'amour lui ôta la force de frapper. Son bras déjà levé retomba. Un peu de sang-froid lui revint.

Après tout, quelles preuves, quelle certitude avait-il ?

Il eut peur de sa folie. Il eut peur que Juliette ne s'éveillât, ne le vît armé auprès d'elle.

Il sortit précipitamment, et regagna sa chambre.

Maintenant il se disait avec terreur :

— Quel crime j'allais commettre ! Moi ! assassin !

Il tremblait de tous ses membres.

Comment cette heure de vertige avait-elle pu changer ainsi sa nature douce et tendre ? Tuer Juliette, cette femme que, il y a deux jours, il adorait en fétiche ! Fût-elle coupable — et maintenant qu'il ne la voyait plus, qu'il ne subissait plus le charme de sa beauté, ses doutes repa-

raissaient et se fortifiaient — fût-elle coupable, avait-il le droit de la tuer parce qu'elle ne l'aimait pas ? Après tout, cette jalousie brutale était-elle autre chose qu'un sentiment exalté de personnalité ?

Elle le trompait, c'était certain. Mais pourquoi s'érigeait-il en juge et en bourreau ? Etait-il donc assez esclave des préjugés pour croire que cette femme était à ce point son bien, sa propriété, qu'il eût le droit de la tuer ? S'il était malheureux, pourquoi ne la quittait-il pas, lui, ne partait-il pas ?

— Ah ! oui, se dit-il, partir ! C'est cela : sans la revoir ; car si je la revoyais, je ne pourrais plus partir ; et si j'acquérais des preuves certaines, ma folie me reviendrait, je le sens bien ; peut-être ne saurais-je plus la dominer. Mieux vaut donc partir tout de suite.

Le poignard était posé sur la table à portée de sa main.

— Voici le départ le plus prompt, le plus sûr, pensa-t-il.

Il prit le poignard, en appuya la pointe sur sa poitrine.

— Une minute de souffrance, tout au plus, et tout serait dit. Au moins ce serait le repos à jamais. D'ailleurs, son cœur n'était-il pas mort ? Voudrait-il aimer encore pour s'exposer à de nouvelles tortures ? Non, il n'aimerait plus. Mais puisque l'amour était toute sa vie, quel bonheur pouvait-il attendre désormais de l'existence ?

Toutefois, il fit ce raisonnement que doivent faire tous ceux qui sont décidés au suicide.

— Attendons encore : il sera toujours assez tôt dès que le fardeau deviendra trop lourd.

Mais vivre en face de cette femme que son cœur repoussait avec aversion, avec horreur, ce n'était plus possible. Il s'arrêterait donc au premier parti et quitterait la maison avant le réveil de Juliette. Il irait à Nantes d'abord, et de là s'embarquerait pour Rio Janeiro.

Il réunit divers papiers, quelques effets indispensables, et les jeta dans un portemanteau.

Mais, au moment où il achevait ses préparatifs, Juliette entra, inquiète du mouvement qu'elle entendait dans la chambre d'Etienne. Elle aperçut cette malle pleine, encore ouverte. Elle devina son projet, entrevit en un instant les conséquences de ce départ : l'abandon, la honte d'un scandale ; et, prise d'un soudain effroi, elle s'élança au cou de son mari.

Etienne la repoussa.

Elle se roula à ses pieds, embrassant ses genoux.

Ce désespoir n'était pas feint. Elle voyait son avenir perdu, brisé. Or, elle tenait à la considération, aux prérogatives du mariage, bien qu'elle n'en remplit pas les devoirs.

Mais Etienne crut à une nouvelle comédie, et se dégagea froidement.

— Laissez-moi, dit-il avec plus de mépris que de colère; je n'ai plus pour vous que du dégoût. Il me semble que vos baisers me souillent. Vous êtes plus vile que les filles du ruisseau. Elles ont, du moins l'excuse de la misère, du malheur; mais vous, à qui je n'ai jamais su refuser un caprice, vous, que j'ai tant aimée, si fidèlement qu'aucune femme n'a jamais attiré mes regards! vous m'avez ruiné; mais ce n'est rien; vous m'avez tué le cœur : il ne renaîtra jamais. C'est pourquoi je pars, c'est pourquoi je ne veux plus vous revoir. Rentrez donc chez vous. Je comptais vous écrire de Nantes. J'eusse été plus calme, moins dur. Sortez. En vous voyant, je ne suis plus maître de moi. Mon cerveau est en feu, et des flammes dansent devant mes yeux.

Cette tranquillité d'Etienne effraya plus Juliette que sa colère. Il était décidé à partir; elle le voyait bien. Elle perdrait cet homme excellent, qu'au fond peut-être elle préférait à Robert, en ce moment surtout où cette crise jetait un peu de glace sur son ardeur romanesque.

Il fallait le retenir à tout prix.

Apercevant le poignard posé sur la table, elle le prit avec calme et le présenta à Etienne.

— Eh bien! dit-elle d'un ton navré, si mes larmes, mes supplications ne peuvent t'attendrir, suis ta pensée première, tue-moi! Je le mérite, puisque je n'ai pas su te convaincre de mon affection. Tu m'as aimée, dis-tu; tu m'as bien aimée, c'est vrai. Peut-être même m'as-tu trop gâtée. Accorde-moi donc cette dernière prière; car la vie sans toi me serait odieuse. Je t'en conjure, perce-moi le cœur d'un seul coup. J'aime mieux la mort que tes reproches injustes, que la vue de ta colère.

En achevant ces paroles, les sanglots l'étouffaient.

— Elle paraît sincère, se disait Etienne à haute voix, et cependant je sens qu'elle ment; et dès qu'elle ne sera plus là, j'en serai certain.

Il allait céder, la croire encore, lorsque Juliette, devinant son hésitation, alla au devant de ses bras prêts à s'ouvrir.

— Mon Robert! s'écria-t-elle dans son trouble.

A ce mot, qui était toute une révélation, Etienne bondit comme un lion furieux.

— Ah! enfin, j'ai une preuve, je la tiens de ta bouche. Tu t'es perdue; c'est un juste châtiment. Misérable! misérable! et j'allais m'attendrir une seconde fois!

Il tremblait. Sa voix s'échappait péniblement, rauque, étouffée de son gosier.

Juliette restait debout fière et triste.

— Ce nom que depuis hier vous me jetez sans cesse à la face, répliqua-t-elle, est-il surprenant qu'il soit sorti de ma bouche? Vous êtes bien injuste, bien cruel.

— Mon Robert! mon Robert! répétait Etienne avec un ricanement amer. Ah! c'est ainsi que vous lui parlez? c'est avec lui que vous apprenez ces tendres paroles, ces mots caressants que vous m'avez débités.

Juliette prit un parti héroïque.

— Ecoute, Etienne, il est un moyen de faire tomber tous tes doutes : Emmène-moi, partons ensemble, ne revenons jamais. Voyons, si je quitte Paris sans regrets, pour toujours, me croiras-tu enfin?

Etienne ne répondit pas. Il réfléchissait. Juliette continuait de supplier.

— Et nous partirions demain pour Rio-Janeiro! dit-il enfin.

— Oui, demain. Avec toi, j'irais au bout du monde. Mais tu me rendras ton amour et ta confiance.

Il hésitait encore, craignant une nouvelle fourberie; cependant il était faible comme tous les amoureux; il répondit:

— Eh bien! soit! nous partirons demain.

Toutefois il restait encore soupçonneux. Elle étendit les bras, voulant faire un pas vers lui; mais ses nerfs avaient été si rudement secoués, que la force lui manqua. Elle tomba à terre, inanimée.

Il la crut morte. En la voyant ainsi pâle et glacée, il sentit combien il l'aimait encore.

Il la porta sur son lit, la réchauffa de son haleine. Il cherchait à ramener la vie par la chaleur de ses baisers.

Quand Juliette reprit ses sens, elle le vit à ses pieds.

— Pardonne-moi, suppliait-il, j'ai été féroce.

Juliette voulut qu'il s'étendît à côté d'elle.

Maintenant heureux et apaisés, ils s'endormirent d'un calme sommeil.

XXVIII

Le lendemain matin, Robert partit de bonne heure pour Paris, sans parler à Marcelle de ce projet de vente dont il l'avait entretenue deux jours auparavant. Comme Marcelle voulait suivre les conseils de Cora, elle préféra attendre les ouvertures de Robert à ce sujet.

Il n'avait été fait non plus aucune allusion aux événements de la veille. Elle avait eu le cœur si souvent déchiré, qu'elle commençait à accepter son rôle de victime.

Elle restait donc seule et pensive auprès du berceau de son enfant, épiant ses moindres mouvements, les plis les plus imperceptibles de son visage, avec cette sollicitude inquiète qui, chez quelques mères, est presque maladive.

C'était Marcelle elle-même qui le soignait, l'habillait, apaisait ses cris. Elle pensait qu'une mère seule peut comprendre le langage de son enfant. Vingt fois par nuit elle se levait, allait le voir, observait son sommeil ; en un mot, elle le couvait de son amour.

Elle se jetait dans cette passion nouvelle avec la même ardeur qu'une femme trompée se plonge dans la dévotion. L'amour maternel serait sa consolation, son salut.

En repassant dans son esprit les incidents de la soirée précédente, elle s'abandonna à une rêverie à la fois pleine de charme et d'amertume.

Le souvenir d'Etienne l'occupait autant, plus même que celui de Robert. Elle le chassait ; il revenait obstinément. Par instant il l'importunait presque.

Elle se rappelait surtout l'impression si douce qu'elle avait ressentie lorsqu'il la portait dans ses bras. Elle revoyait ce visage sombre et triste. Ce n'était plus alors sa propre douleur qui l'oppressait et soulevait sa poitrine, c'était la douleur d'Etienne. Elle eût voulu lui envoyer une marque de sympathie, un mot de consolation. Elle ne l'osa point.

Cependant, ce souvenir était très pur. Elle avait un trop haut sentiment du devoir, et son cœur était encore trop plein de Robert, pour qu'il y entrât la moindre velléité de représailles.

Il était sept heures du matin. Les fenêtres étaient ouvertes. Marcelle aspirait l'air pur, et se baignait avec délice dans la lumière d'un vivifiant soleil. Malgré les secousses de la veille, elle se sentait réchauffée, rassérénée par les gaietés de ce beau jour. Ses pensées étaient encore mélancoliques, mais moins douloureuses.

Tout à coup elle fut tirée de sa rêverie par un bruit de sanglots, et elle entendit sur le sable les pas d'un enfant.

Marcelle se précipita vers la fenêtre et aperçut dans le parc le petit Marcel Bassou, à peine vêtu, qui pleurait à chaudes larmes.

Depuis qu'elle avait un fils, elle aimait tous les enfants et ne pouvait les voir pleurer sans ressentir une vive souffrance. Elle courut au jardin, rapporta son filleul dans ses bras et le questionna sur la cause de ses larmes.

— Mère dort si fort, répondit-il, que je ne puis la réveiller. Je l'appelle. Elle ne répond pas. Il y a du sang plein ses cheveux, et père est parti et ne revient pas. Je suis tout seul, j'ai peur et j'ai faim.

Marcelle se rappela ce cri aigu, poignant, qui, la veille, l'avait tant émue ; elle appréhenda un événement sinistre. Elle courut à la sonnette, l'agita violemment :

— Vite, dit-elle, courez vite chez Bassou.

Elle voulut y aller aussi ; mais elle ne put marcher ; elle retomba sur son siége.

Elle passa une demi-heure dans des transes horribles, serrant convulsivement dans ses bras le petit Marcel, qu'elle n'avait pas de la force consoler.

Enfin on apporta Lucette tout ensanglantée. Elle n'était qu'évanouie ; mais elle avait à la tempe une profonde blessure produite vraisemblablement par la crosse d'un fusil. Sans doute Bassou l'avait crue morte, et, pris de terreur, s'était enfui.

On ranima Lucette. Elle avait une fièvre intense accompagnée de délire.

Lorsque Robert rentra, il montra une émotion très vive de cet événement.

— Mais aussi, dit-il, pourquoi a-t-elle voulu retourner avec ce sauvage ?

— A cause de l'enfant, répondit Marcelle ! Et puis Bassou la tourmentait, l'inquiétait. Elle craignait surtout quelque résolution extrême, si elle résistait.

— Après un semblable attentat, fit observer Robert, Bassou ne peut rentrer à la maison, et notre devoir est de le dénoncer à la justice ; car on met en cage les bêtes féroces.

— Cette dernière brutalité, repartit Marcelle, amènera du moins une solution. Il y a telle situation, ajouta-t-elle avec un soupir, dont on ne peut sortir que par une crise violente.

Robert la regarda avec quelque inquiétude. Que voulait-elle dire ? Faisait-elle allusion à leur propre situation ?

Surpris que Marcelle ne lui eût pas parlé d'affaires le matin, il crut qu'elle s'apprêtait à lui refuser sa signature.

Or, ce refus allait le plonger dans de grandes difficultés : une partie de ses anciennes dettes restaient à payer, et ses créanciers le tracassaient. Il avait compté s'acquitter par la vente de cette terre de Normandie.

Marcelle avait vu avec surprise Robert rentrer dans la matinée, car d'ordinaire il s'absentait pour la journée entière. Après déjeuner, au lieu de retourner à Paris, il resta auprès de sa femme. Il se montra aimable, charmant, se fit mari et papa, joua avec l'enfant, le couvrit de caresses, déploya cette grâce, cet enjouement spirituel qui le rendaient irrésistible quand il voulait plaire. Il savait que le plus sûr moyen d'aller au cœur de sa femme et d'obtenir son pardon, c'était d'admirer et d'aimer son enfant.

Sans doute Marcelle eût été touchée du soin qu'il prenait de lui être agréable; mais elle devina, sous cet effort de gaieté et d'amabilité, une préoccupation qui choquait son cœur délicat.

Evidemment, il avait à lui parler affaires; et sous cette apparence de tendresse et de frivolité, il cherchait le moyen d'aborder la répugnante question d'argent.

Avec sa bonté sans égale, elle eut pitié de cette petite comédie, de son secret embarras, et alla au-devant de la proposition qu'il se préparait à lui faire.

— Vous m'avez parlé, dit-elle, d'une visite à notre notaire. Auriez-vous renoncé à la vente de cette propriété de Normandie?

— Pourquoi donc, madame, ne me tutoies-tu pas aujourd'hui? demanda-t-il d'un ton léger et câlin. Serions-nous brouillés? Ou bien serait-ce une nouvelle défense de papa Démosthènes? As-tu peur qu'il n'écoute aux portes?

Il se leva et alla ouvrir la porte.

— Il n'y a personne, nous pouvons nous aimer comme de simples mortels.

Il voulait éviter ainsi de traiter sérieusement cette ennuyeuse affaire. Craignait-il de la part de sa femme un contrôle qui l'eût embarrassé? ou bien était-ce un effet de son insouciance habituelle en matière d'argent?

— Non, mon père ne m'a fait à cet égard aucune nouvelle défense. Mais à propos d'affaires, je ne sais comment je vins à lui dire que j'irais probablement avec toi aujourd'hui chez le notaire, et il m'a formellement enjoint de ne rien signer sans l'avoir consulté.

— Ah! ah! repartit Robert blessé.

— Mais j'ai répondu, se hâta d'ajouter Marcelle, que je ne dépendais que de toi, que je signerais ce que tu jugerais bon; et qu'ayant un fils à présent, tu saurais sauvegarder les intérêts de notre enfant.

Robert crut deviner dans ces paroles un avertissement ou une ironie. Il se mordit les lèvres, et avec une nuance de froideur:

— Chère Marcelle, dit-il, merci de ta confiance, que je n'ai guère méritée jusqu'ici.

— Seulement, reprit Marcelle, j'ai réfléchi depuis hier au sujet de cette propriété.

— Ah! voyons! fit-il d'un ton tout à fait glacial.

— Hier, Cora, en me parlant de ses fermes de la Beauce, où elle va chaque année passer quelques semaines, m'a donné envie d'être aussi fermière pendant un mois ou deux de l'année. Je voulais donc te demander s'il était possible de ne pas vendre cette propriété avant de l'avoir visitée ensemble. Veux-tu que nous nous y arrêtions cet été en allant à Trouville?

— Ah! chère amie, s'écria Robert, que ne m'as-tu parlé ce matin de ton désir? Je viens de passer l'acte de vente. L'affaire est conclue. Il ne manque plus que ta signature. Je suis vraiment désolé de contrarier ainsi un de tes projets.

— Et l'on ne peut revenir sur ce marché? insista Marcelle, qui, depuis la veille, caressait la chimère d'une églogue possible, et se berçait de l'espoir qu'avec le secours de Cora elle pourrait intéresser son mari à des occupations utiles et généreuses.

— Rompre un marché! se récria-t-il, quand ma signature est donnée, tu n'y songes pas, Marcelle! je ne le puis absolument pas, sous peine de me faire traiter d'homme léger, indélicat même.

En disant ces mots, il était pâle, ému. Marcelle craignit de l'avoir blessé.

— Puisque c'est impossible, n'en parlons plus, dit-elle aussitôt.

— Eh bien, alors, viens signer l'acte, et fais-moi le plaisir de n'en point prévenir ton père. Si je n'ai pas cru devoir te consulter avant de traiter, c'est que, jusqu'à présent, tu t'étais montrée fort peu soucieuse des affaires d'intérêt. Je craignais de t'ennuyer. Mais il est certain que ces choses doivent t'intéresser autant que moi, plus même, puisque cette fortune t'appartient.

— Oh! Robert, ne parle pas de cela, je t'en prie!

— Si c'est une douce leçon que tu as voulu me donner, reprit-il, j'en profiterai; mais pour cette fois, me pardonnes-tu? Marcelle lui jeta ses bras autour du cou.

— Te pardonner! pour une pareille bagatelle! L'argent, que je méprise autant que toi, pourra-t-il jamais soulever un nuage entre nous? Je signerai tout ce que tu voudras.

Robert remercia sa femme avec une effusion très sincère, car elle le tirait d'un fort grave embarras.

Le lendemain, il devait payer, sous peine d'être saisi, une ancienne dette de 200,000 francs, et, sous peine de manquer à l'honneur, une dette de jeu de 40,000. Enfin il avait offert à Nana, comme souvenir d'ancienne affection, une parure de 60,000 francs. Or, pour obtenir de l'argent comptant, il vendait 300,000 francs une propriété que M. Patouillet avait payée le double en croyant faire un excellent marché.

C'est ainsi que Robert entendait les affaires. N'attachant aucune valeur à l'argent, manquant absolument de prévoyance, comme tous les hommes de plaisir, il dissipait la fortune de sa femme et de son enfant avec autant de légèreté qu'il avait dissipé la sienne.

A cela, il ne pouvait rien, eût dit Pierre Fromont. La nature lui avait donné une main fine et molle, avec des doigts relevés dans le bout, ces doigts de prodigue et qui ne peuvent retenir l'argent; qui même ont peine à le saisir. Vouloir inculquer la prévoyance et l'économie aux hommes qui ont ces mains-là, autant vaudrait enseigner la générosité aux avares qui, eux, ont tous les doigts crochus!

XXIX

Etienne s'éveilla tard. C'était un de ces jours éclatants, pleins de lumière, un de ces jours qui donnent un vif sentiment de la réalité. Lorsque dans la première confusion du réveil, tous les souvenirs douloureux de la nuit se présentèrent à son esprit, il crut avoir été le jouet d'un effroyable cauchemar. En si peu de temps, quel bouleversement dans son existence!

Mais quand il vit Juliette à ses côtés, le désordre de sa chambre et sa malle prête, le tout éclairé par un soleil cru et moqueur, qui lui montrait la terrible évidence, une amertume profonde l'envahit.

Ainsi tout cela était vrai : trois fois de suite, convaincu des mensonges de Juliette, il lui avait pardonné. C'en était fait de lui! S'il n'avait pas le courage de la quitter, chaque jour, ces scènes recommenceraient. Il douterait, souffrirait, pardonnerait encore; sa vie serait un enfer.

Bientôt rappelé à lui-même et un peu plus calme, voici à quel parti il s'arrêta.

Il lui répugnait de devenir un de ces maris ombrageux, tyranniques, ridicules, s'il ne pouvait continuer de souffrir ainsi, moins encore pouvait-il se résoudre à faire souffrir. Entre le rôle de bourreau et celui de victime, il eût choisi le dernier.

Enfin surtout, il voulait savoir s'il pouvait accorder sa tendresse à l'enfant qui porterait son nom. Il retarderait donc de huit jours son départ pour Rio-Janeiro. Pendant ces huit jours, il ne montrerait à Juliette aucune défiance, lui laisserait une entière liberté; mais il la surveillerait; et sûrement, si elle était coupable, si elle aimait Robert, elle se trahirait. Alors, il l'abandonnerait et partirait seul.

Quand Juliette s'éveilla, il s'excusa de nouveau, mais en termes calmes et respectueux, de ses violences de la veille, lui promit, pour expier ses torts, une confiance absolue, et lui annonça l'ajournement de leur départ.

Cependant Juliette n'entendait aucunement partir, et il fallait imaginer promptement quelque motif pour rester.

Etienne lui ayant dit qu'il s'absentait toute la journée pour le règlement de ses affaires, elle passa dans sa chambre, s'y enferma. Elle avait hâte d'écrire à Robert. D'une main fiévreuse, elle traça ces lignes :

« Ah! mon ami! quels événements! quelle nuit horrible! Il se doute; il a voulu me tuer, se tuer lui-même, partir, me quitter; et puis, enfin, il veut m'emmener, où? Au Brésil! Robert, Robert, c'est impossible, je ne veux, je ne puis partir. Te quitter pour six mois, un an, pour toujours peut-être? A cette pensée le vertige me prend, je n'y vois plus; je pleure, j'étouffe, j'ai envie de crier; car il me semble qu'on m'arrache le cœur, qu'on m'arrache la vie. Vivre loin de toi, quand je meurs de rester deux jours seulement sans te voir; maintenant surtout que je suis jalouse, car tes serments ne m'ont pas rassurée! Au milieu de tous les supplices que je viens d'endurer, celui-là est encore le plus cruel.

» Robert, ne me trahis pas, je t'en supplie. Je pourrais tout supporter, l'abandon de mon mari, le mépris du monde, tout, excepté la douleur de perdre ton amour.

» Je veux te voir demain, je le veux, Il m'a rendu sa confiance. Qu'il est bon, même au milieu de ses colères! Je suis une indigne créature de le tromper ainsi; mon grand amour pour toi est ma seule excuse, un amour insensé, aveugle. Mon Robert, mon soleil, mon seul dieu ; car, pour toi, j'ai renié ma religion, j'ai damné mon âme. Il n'y aura ni verrous, ni grilles, ni océan qui pourront jamais nous séparer.

» Ah! qui m'eût dit hier au soir que cette nuit si pure et si calme cachât pour nous tant d'orages; que cette heure d'ivresse, pleine de parfums et d'harmonie, était la dernière peut-être! Mais non, ce ne sera pas la dernière; demain, de trois à cinq heures, je t'attendrai. Je t'en conjure, n'y manque pas. J'ai le cœur oppressé, inquiet, malade à en mourir. Toi seul peux le rassurer, le guérir.

» A toi toujours.

» Un baiser infini. »

Ayant terminé cette lettre, Juliette s'habilla assez élégamment, mit une robe claire, un chapeau provoquant.

Elle sortit seule à pied.

Cependant, dissimulé derrière le rideau de sa fenêtre, Etienne l'épiait.

Que signifiait une pareille toilette pour sortir à pied ?

Dès qu'elle eut franchi la porte de la cour, il descendit à son tour. Elle tourna la rue de la Pépinière. Là Etienne ralentit le pas pour l'observer et la vit jeter une lettre à la poste. Il pressentit la vérité : c'était une lettre à Robert. Ses artères sifflèrent dans ses tempes.

En passant devant la poste, il s'arrêta.

Cette boîte contenait le secret de Juliette. Qu'est-ce qui le séparait de ce secret qu'il eût payé du prix de son sang? Un faible obstacle qu'un coup de poing eût brisé. Une sorte de démence s'empara de lui : déjà sa main était levée, quand il aperçut Juliette qui montait dans une voiture de place.

Où allait-elle? Il fit ce raisonnement rapide : elle ne peut aller que chez son amant; ce n'est donc pas à lui qu'elle écrit.

Il héla un cocher qui passait somnolent sur son siége.

— Vingt francs, lui cria-t-il, si vous suivez cette voiture brune attelée d'un cheval blanc.

La voiture brune s'arrêta rue de Provence devant l'hôtel Patouillet.

N'avaient-ils pas laissé les Patouillet à leur villa? Que venait faire Juliette dans cette maison?

Robert devait être là.

Elle était entrée. Etienne attendit à quelque distance. Les secondes lui semblaient des heures. Soudain, il sauta de voiture comme s'il obéissait à une impulsion plus forte que sa volonté et vint demander M. Patouillet.

— Il est chez lui, répondit le concierge.

— Et M. de Luz?

— Nous ne l'avons pas vu aujourd'hui.

— Il va venir sans doute, pensa Etienne, qui remonta dans sa voiture.

Cependant Robert n'arrivait pas, et Juliette ne sortait point.

Elle faisait donc une visite à M. Patouillet; elle savait donc le rencontrer là?

Une idée lui vint à l'esprit. Il la repoussa d'abord avec horreur; mais elle reparut plus impérieuse, plus arrêtée; Etienne se sentit froid à la racine des cheveux; sa prunelle pâlit.

Maintenant que Juliette n'était plus à ses yeux la femme chaste et fidèle qu'il avait rêvée, il croyait tout possible; il ne s'arrêtait plus dans le champ des suppositions.

Lui avait-elle caché quelques dépenses et venait-elle.....

Il avait si souvent entendu parler de maintes et maintes grandes dames, qui comblaient ainsi les déficits causés par les extravagances de leur toilette.

Pendant qu'il s'abandonnait à ces irritantes conjectures, Juliette caquetait avec M. Patouillet.

Sans doute, elle avait mis à dessein cette robe de mousseline claire, qui laissait entrevoir, sous un fin tissu, ses splendides épaules et ses beaux bras de statue. Elle avait laissé tomber le riche burnous qui les enveloppait, et elle semblait éprouver un vaniteux plaisir à sentir le regard ému de Démosthènes Patouillet s'égarer sur son cou si blanc, folâtrer au travers des petites boucles rétives échappées au peigne et soulever le transparent fichu de mousseline.

— Ainsi, monsieur, disait-elle avec une grâce pleine d'intentions, nous pouvons compter que vous attendrez deux ans encore le payement de cet hôtel ?

— Tout le temps que vous souhaiterez, madame. Veuillez vous souvenir que je n'ai avancé cette somme que pour vous être agréable. Croyez qu'en acceptant ce très léger service, vous m'avez constitué, non pas votre créancier, mais votre débiteur.

Et ce disant, il prenait la main de Juliette et déposait à la naissance du bras, plus haut que le gant, un baiser trop rempli d'espérance pour être complétement respectueux.

Et Juliette ne retirait que lentement son bras.

— Bien plus, reprenait-il, tout enivré de cette première faveur, j'ose implorer que vous mettiez le comble à vos bonnes grâces en me choisissant dorénavant pour votre banquier. Une femme à la mode, comme vous, a tant de petits créanciers que le mari ne doit pas connaître!... Si je dis petits, c'est que je crains de vous demander trop en vous suppliant de me charger aussi des gros.

Juliette se leva.

— Merci, monsieur, répondit-elle avec beaucoup de hauteur : mon mari n'a jamais refusé d'acquitter mes dettes.

Le pauvre Patouillet, tremblant et confus, balbutiait des excuses.

— Pardon, madame, vous ne m'avez pas compris; j'ai pour vous une admiration, une vénération même, qui me rendent incapable de toute intention blessante. C'est un sentiment si pur, si élevé, que je mets au-dessus de toute autre faveur, celle que vous avez daigné me laisser prendre tout à l'heure, un baiser respectueux sur la main. Sans doute je ne suis guère façonné aux belles manières ; mais mon cœur est plein de tendresse et de dévouement. La gloire que j'ambitionne, c'est d'être votre esclave, trop heureux de vous servir, trop heureux même que vous daigniez me fouler aux pieds.

Le regard de Juliette s'adoucissait peu à peu. Elle souriait maintenant de son sourire à la fois coquet et lascif, qu'elle savait irrésistible.

— Alors, puisque vos services sont complétement désintéressés, M. Patouillet....

— Complétement, je le jure. Avez-vous pu croire que j'y misse une condition? Donc, madame, ce serait à vous de me faire des excuses. Quoique je n'aie pas eu le privilége de naître dans les hautes classes de la société, toutes mes aspirations me portent vers elles. Je suis noble par le cœur, par l'élévation des sentiments, je m'en flatte. Croyez, madame, que vous ne vous abaissez pas trop en m'accordant votre... bienveillance. Dites-moi, je vous en supplie, que vous ne repoussez pas tout à fait mes offres de service. J'y mettrai une discrétion...

— Pour le moment, je vous l'ai dit, je les refuse.

— Pour l'avenir, alors?

— Pour l'avenir, nous verrons. En tous cas, je n'entends point cacher à mon mari les services que vous me rendriez. C'est avec lui-même, monsieur, qu'il faudrait parler affaires; car, pour moi, je n'y entends absolument rien.

— Eh bien! c'est convenu. Mais de grâce, asseyez-vous, reprenez votre place, que je sois sûr que vous me rendez toute votre confiance.

Juliette se laissa retomber sur le divan avec une nonchalance presque provocante.

— Vous ne me parlerez plus d'affaires, n'est-ce pas, monsieur Patouillet?

Et elle lui adressa un regard si perfidement alangui que le pauvre Démosthènes en fut tout à fait bouleversé.

— Il se peut cependant, reprit-elle négligemment, que d'ici à huit jours je mette à l'épreuve ce grand dévouement.

Transporté, hors de lui, M. Patouillet allait peut-être commettre quelque nouvelle balourdise, lorsque le domestique entra et annonça M. Moriceau.

Ce nom tomba comme une douche glacée sur le délire du galant mercier.

Il regarda Juliette avec effarement. Quant à Juliette, elle affecta de conserver toute sa présence d'esprit.

— Mon mari! Mais faites-le donc entrer, monsieur.

— Il m'a suivie, pensait-elle.

Etienne, en entrant, jeta un rapide regard vers Juliette qui, par un mouvement instinctif, relevait jusqu'à son cou le burnous un peu trop abaissé. Ce geste, ces épaules presque nues n'échappèrent point à Etienne.

— Ah! dit-il sévèrement, je ne pensais guère vous trouver ici.

— Le motif de ma visite, repartit Juliette, est probablement le même que celui qui vous amène, mon ami. Vous m'aviez parlé avant-hier de quelques embarras pécuniaires et de la répugnance que vous éprouviez de demander encore un ajournement à M. Patouillet. Un remords m'a prise de dépenser toujours, de ne songer qu'à mes plaisirs en vous laissant tous les soucis. J'ai cru devoir vous épargner une fois au moins une démarche ennuyeuse. J'espère, mon ami, que vous ne m'en voudrez pas d'avoir ainsi empiété sur vos attributions.

— J'eusse préféré faire la démarche moi-même, car je tiens beaucoup — il appuya sur le mot *beaucoup* — à conserver pour moi seul ces soucis d'argent que vous avez bien voulu me laisser jusqu'à ce jour. Qu'êtes-vous donc venue demander à monsieur?

— De vouloir bien attendre encore le remboursement de notre dette.

— Vous eussiez dû me consulter auparavant, mon amie. Moi, je viens lui demander de vouloir bien reprendre l'hôtel pour le prix qu'il nous coûte. M. Patouillet profiterait ainsi de la plus-value qu'a acquise l'immeuble depuis deux ans. Je ne puis comprendre que devant quitter Paris dans huit jours, et pour longtemps peut-être, vous ayez songé à garder cette propriété onéreuse.

— C'est que, repartit Juliette un peu embarrassée, en songeant à ce départ, je crois rêver. D'ici à huit jours, vous y renoncerez vous-même, j'aime à le croire.

— Je n'y renoncerai pas, dit fermement Etienne.

Juliette le regarda d'un air haineux.

— Soit, mon ami, répondit-elle, je suis prête à vous suivre.

— Vous partiriez aussi, madame? demanda M. Patouillet, qui se crut joué par une coquette.

— Puisque mon seigneur et maître l'exige, fit-elle avec un soupir.

— Veuillez vous souvenir que je n'ai rien exigé, reprit Etienne; que vous me suiviez, ou restiez, je partirai, moi. Soyez donc assez bon, monsieur, pour réfléchir à ma proposition, et me rendre réponse le plus promptement possible.

— J'y songerai, répondit M. Patouillet, qui offrit son bras à Juliette pour descendre l'escalier.

— Refusez, lui dit-elle à voix basse.

— Bien! repartit M. Patouillet tout empourpré d'émotion.

— Rentrez-vous? demanda Juliette à Etienne.

— Oui, répondit-il.

Elle congédia son cocher et monta dans la voiture de son mari.

Pendant le trajet, ils ne parlèrent ni l'un ni l'autre.

XXX

Le lendemain, Juliette pria Etienne de faire préparer son coupé pour deux heures. Elle irait voir madame de Brignon; de là, elle ferait une visite au couvent qu'elle se reprocha d'avoir bien négligé. Puis, elle s'arrêterait à l'église pour se réconcilier avec Dieu. Elle avait écrit la veille à son directeur qu'elle se trouverait à Saint-Sulpice vers quatre heures.

— C'est donc à son directeur qu'elle a écrit hier, pensa Etienne.

Mais une fois la jalousie en éveil, il suffit du moindre indice pour faire renaître le doute. Et tout maintenant était pour Etienne motif à soupçon : l'attitude embarrassée de Juliette, son regard plus concentré que d'habitude, et sa voix plus adoucie, plus câline dans laquelle se devinait un effort.

Ce jour-là, elle fit une toilette très simple, un peu sombre, d'une austérité affectée même. Elle portait une robe de poult de soie noire garnie de longs effilés, avec un vêtement semblable.

Comme la robe, son petit chapeau gris ne se distinguait que par la forme gracieuse, par une coupe élégante qui révélait le talent d'une bonne faiseuse. Un voile épais couvrait son visage; mais à ce je ne sais quoi de nonchalant, de coquet dans la démarche, on devinait une jolie femme, la femme habituée aux hommages.

Etienne remarqua que c'était la robe et le chapeau qu'elle mettait d'ordinaire pour sortir à pied. Et cependant elle venait de demander sa voiture.

— Sors-tu aujourd'hui? dit Juliette à son mari.

— Je ne le puis pas. Pourquoi cette question?

— C'est que si tu étais allé de mon côté, tu aurais pu m'accompagner un peu.

Etienne comprit qu'elle voulait prévenir un espionnage.

— Cela m'est impossible, répondit-il; j'ai beaucoup de comptes à régler ici.

Dès qu'elle fut partie, il se disposa à sortir à son tour.

Il franchissait la porte cochère, quand il rencontra madame de Luz qui descendait de voiture et qui demanda madame Moriceau.

Son visage était fort altéré. Sa pupille extraordinairement agrandie rendait son œil presque noir. Sa voix trahissait une émotion très vive.

— Elle est sortie, lui dit Etienne, mais qu'est-il arrivé? Qu'arrive-t-il?

— Mon mari n'est pas venu? reprit-elle.

— Non, nous ne l'avons pas vu. Mais vous trouvez-vous indisposée? Entrez, de grâce, insista Etienne.

— Oui, je suis encore toute bouleversée de la frayeur...

— Quelle frayeur?

— Vous rappelez-vous ce grand cri que nous avons entendu dans le parc avant-hier? C'était Lucette, qui tombait mortellement frappée.

— Son mari?...

— Hélas! oui. Or, mon père vient de m'apprendre à la fois que Bassou était arrêté et que vous alliez partir. Alors, je suis accourue pour vous voir, car vous savez, monsieur Moriceau, que j'ai pour vous, pour madame... Mon mari m'a dit qu'il devait vous faire visite cette après-midi. J'espérais le trouver ici.

Elle parlait fiévreusement, sans suite. Il était aisé de voir qu'elle ne disait pas l'exacte vérité, qu'elle cherchait seulement à dissimuler à Etienne la véritable cause de son émotion.

Elle se laissa tomber presque mourante sur un fauteuil.

— Ah! je suis vraiment ridicule, dit-elle, d'être aussi peu maîtresse de moi. Puis le temps est si lourd! Un verre d'eau, je vous prie : je sens que cela me remettra.

Elle but et en effet parut plus calme.

— Vous comptiez trouver ici M. de Luz? demanda Etienne qui poursuivait son idée jalouse.

— Il avait hâte, comme moi, de vous exprimer ses regrets très vifs de votre départ; tout en conservant aussi l'espoir qu'une telle résolution n'était pas irrévocable.

— Elle est irrévocable, madame.

— Et madame Moriceau vous accompagne?

En faisant cette question, Marcelle eut dans le regard un éclair d'espoir.

— Je n'en sais rien encore, répondit brièvement Etienne.

— Comment pourrez-vous vivre loin de la France, loin de Paris? Pour prendre un semblable parti, il faut des motifs bien graves.

— Mes motifs sont très graves, en effet.

— Ainsi, monsieur, nous ne nous reverrons jamais?

— Hélas, madame, ce n'est guère probable, répondit-il avec tristesse.

— Vraiment, j'ai bien du malheur, reprit-elle. Hier, je pensais à vous, monsieur. Je vous avais vu la veille, si affligé, si bon pour moi, cependant, au milieu de votre douleur! Et je me disais qu'une amitié comme la vôtre m'aiderait à supporter bien des chagrins; car, moi aussi, j'ai de grands chagrins.

— Vous aussi, madame? dit Etienne.

— Ne vous en êtes-vous jamais douté ? fit-elle avec un sourire navrant.

— Quelquefois, en effet, j'ai cru deviner...

— Ah! j'ai bien souffert, je souffrirai toute ma vie. Mon existence est à jamais brisée. Il n'y aura jamais, pour moi, ni joie, ni bonheur.

— Vous le croyez, madame; mais on se blase sur la souffrance comme sur le plaisir.

— Sans doute, continua-t-elle, il y en a qui peuvent oublier, qui peuvent changer d'affection; moi, je ne le puis pas; je suis faite ainsi. Mon père prétend que je ne comprends rien à la vie, ni au cœur humain, que j'ai des exigences impossibles. J'entends dire autour de moi que la constance est le propre des esprits bornés, des cœurs étroits. Êtes-vous aussi de cet avis, monsieur?

— Oh! non, certes. Les natures constantes sont, au contraire, les plus riches, les plus multiples, les plus ardentes, les plus complètes, puisqu'elles savent varier sans lassitude le thème infini de l'amour, puisque leur flamme ne s'éteint jamais, puisqu'elles possèdent un sentiment poétique assez intense pour maintenir l'enthousiasme au même diapason.

Marcelle ferma les yeux pour dissimuler son émotion, tant elle se sentait heureuse de rencontrer enfin un homme qui sût apprécier son cœur.

— Mon amie Cora, reprit-elle après un moment de silence, me conseille la coquetterie pour réveiller l'affection éteinte de mon mari.

— Peut-être, en effet...

— Ah! monsieur. Moi, coquette, interrompit-elle, j'ai voulu l'essayer. J'en rougis encore. Me faire méchante, frivole! Mon cœur se gonflait, et mes yeux pleins de larmes protestaient. Minauder quand on est prête aux sanglots, est-ce possible? Vous le voyez bien, monsieur, il n'y a pour moi aucun remède, pas même l'oubli; car je ne puis faire qu'à vingt ans mon cœur cesse de battre, cesse d'aimer.

Etienne n'osa la contredire. Il sentait par ce qu'il éprouvait lui-même que Marcelle avait raison, et que ces natures faites pour l'amour constant, infini, sont trop souvent prédestinées au martyre.

— Hélas! dit-il, il y a en effet de douloureuses fatalités. L'indissolubilité du mariage les rend irrémédiables. On accorde, il est vrai, la séparation à une femme qui a été battue par son mari; mais il est des souffrances intimes bien autrement atroces. Et puis la séparation, ce n'est pas la liberté. Si une femme tient à la considération du monde, il faudra qu'elle refoule à jamais les aspirations les plus légitimes

de son cœur. On sera pour elle d'autant plus sévère qu'elle est moins protégée, que sa situation est plus fausse, plus malheureuse. Telle est la justice de l'opinion.

— Mais, monsieur, je ne songe pas à me séparer de mon mari, se récria Marcelle avec vivacité.

— Pardon, madame, si votre ton amical m'a laissé prendre une liberté.

— C'est à moi plutôt, se hâta d'ajouter Marcelle, à m'excuser si je viens vous ennuyer ainsi de mes chagrins. Mais j'étais tout à l'heure si malheureuse, si... Encore une fois, pardonnez-moi de pareilles confidences; elles sont au moins intempestives au milieu de vos soucis de départ.

— Votre douce affection me fait tant de bien, madame, et j'ai si grand besoin, moi aussi, d'être soutenu et consolé.

— Ah! oui, je sais, je devine du moins. Elle lui tendit la main.

Etienne, un peu troublé, la prit avec embarras.

Pendant un instant, émus tous deux, ils n'osaient se regarder ni parler.

— Trois heures! s'écria tout à coup Marcelle. Mon mari ne viendra pas; il est inutile de l'attendre plus longtemps; car voilà une heure que je vous empêche de sortir.

— Il vous avait dit pourtant d'une manière positive qu'il viendrait ici?

— Oui, positivement. J'étais venue surtout... J'aurais voulu le voir pour... Connaîtriez-vous, parmi ses amis, un M. Jacques Mennesson qui demeure?...

Elle tira de sa poche un papier qu'elle déploya.

C'était une facture.

Elle la tendit à Etienne.

— Voyez: le nom est presque illisible. Je crois que c'est bien cela pourtant: M. Jacques Mennesson, 7, rue Servandoni...

Etienne prit la facture et la considéra attentivement.

— J'étais tout à l'heure au salon, reprit Marcelle. La porte de l'antichambre était ouverte. J'entendis un débat assez vif entre mon valet de pied et un inconnu. Mon domestique soutenait que M. de Luz était absent. L'inconnu prétendait qu'on voulait le berner, qu'on le berçait de promesses depuis un an; mais que menacé par ses propres créanciers, il ne pouvait attendre un jour de plus. Connaissant la négligence de mon mari à régler ses comptes, je soupçonnai qu'il s'agissait d'un fournisseur impatient. Je me montrai, et sur mon insistance, l'inconnu, sans vouloir me donner aucune explication, me remit cette facture. Vous le voyez, il s'agit d'un mobilier de 19,500 francs livré à M. Jacques Mennesson, habitant la rue Servan-

doni, n° 7. Je venais en hâte trouver mon
mari, pour l'engager à passer immédiatement chez ce tapissier ; car il ne peut
s'agir que d'une méprise, à moins...

Elle s'arrêta, regardant anxieusement
Etienne.

Etienne était en ce moment d'une pâleur
effrayante.

— Ah ! enfin ! une preuve. Je tiens l'a-
dresse, s'écria-t-il.

Il venait de faire ces deux rapproche-
ments qui étaient pour lui deux traits de
lumière : cet appartement incomplet,
composé seulement d'un salon et d'une
chambre à coucher, ne pouvait être qu'un
lieu de rendez-vous. L'église Saint-Sulpice, ouvrant par derrière sur la rue Servandoni, était précisément l'église choisie
par Juliette pour ses dévotions. Il n'avait
plus aucun doute : Juliette en ce moment
était rue Servandoni.

— Enfin ! enfin ! répétait-il, haletant,
en regardant autour de lui avec égarement.

— Quoi donc ? demanda Marcelle terrifiée.

— Ils sont là.

— Qui ?

— Ma femme et votre mari, dit-il les
dents serrées.

Marcelle, éperdue, voulut ressaisir le
papier.

— Non, non, laissez-moi cela.

Il cherchait son chapeau ; il le prit, s'é-
lança vers la porte.

— Où allez-vous ? cria Marcelle, qui,
par un mouvement rapide, lui barra le
passage.

— Rue Servandoni, pardieu !

— Quoi faire ?

— Les trouver, les confondre.

— Les tuer peut-être. Vous ne passerez
pas. Non, non ! J'aime mon mari, entendez-vous ? Je l'aime. Vous ne le tuerez pas.
Tuez-moi plutôt, moi, qui vous ai montré
ce papier. Ah ! vengez-vous sur moi qui
ai fait tout le mal ; mais pas sur lui, de
grâce !

— Je ne le tuerai pas.

— Que ferez-vous alors ?

— Je n'en sais rien.

— Mais vous êtes en colère, et peut-être
malgré vous...

— Je ne suis pas en colère.

— Vous tremblez pourtant.

— C'est possible... l'ébranlement...

— Vous me faites peur, vous me faites
mourir.

Elle se laissa glisser aux genoux d'E-
tienne.

— Je vous en conjure, épargnez-les.

A moitié folle, elle lui baisait les mains.

— Pauvre femme ! fit-il, elle pardonne,
elle !. Vous êtes meilleure que moi. Mais

aussi votre malheur n'est pas si grand.

— Pas si grand !

— Votre mari peut-il vous donner un
enfant qui ne vous appartienne pas ?

Marcelle entrevit l'horrible situation
d'Etienne. Elle couvrit son visage de ses
mains.

— Ah ! c'est affreux ! c'est affreux, dit-
elle.

Elle restait ployée devant lui.

— Eh bien ! à cause de vous, reprit-il,
de vous seule, je ne leur ferai aucun mal,
je vous le jure. Mais laissez-moi passer,
laissez-moi.

Il la releva doucement, l'entraîna à l'é-
cart, lui serra la main avec toute son
âme, et sortit.

— 7, rue Servandoni ! cria-t-il au cocher d'une voiture de place dans laquelle
il se jeta.

Et machinalement, pendant le trajet, il
répétait : 7, rue Servandoni. Ces trois
mots revenaient sans cesse sur ses lèvres.
Ces trois mots, écrits en lettres de feu,
dansaient devant ses yeux, martelaient son
cerveau. Il appuyait contre la glace de la
voiture son front brûlant ; il respirait avec
peine : une violente contraction de l'organisme empêchait les poumons de se dila-
ter. Sa bouche était sèche, froide, comme
si toute la vie se fût concentrée au cœur.

— Peut-on souffrir ainsi pour une pareille femme ? se disait-il.

XXXI

Juliette était allée d'abord rue Jean-
Bart, où elle avait donné hâtivement quelques ordres. Puis elle avait passé au couvent dix minutes. A trois heures, elle fit
arrêter sa voiture devant le portail de l'é-
glise Saint-Sulpice. Elle entra dans l'église, la traversa rapidement, sortit par la
porte du fond et monta la rue Servandoni
jusqu'au n° 7. C'était une maison fort simple, d'apparence austère.

Elle gravit deux étages ; et avec une
clef longue au plus comme le petit doigt,
une clef de nécessaire, elle ouvrit une
porte. Elle se trouva dans une sombre et
douillette antichambre : épais rideaux,
lourdes portières, tapis moelleux amor-
tissaient la lumière, assourdissaient le
bruit des pas et de la voix. Puis elle pénétra dans un petit boudoir rose de Chine
où tout était coquet, tendre, voluptueux, les
tentures, les meubles, les tableaux, les
glaces de Venise, et jusqu'aux reflets dont
les teintes chaudes semblaient aménagées
avec art pour embellir le visage et troubler les sens.

Robert l'attendait, indolemment couché
sur un sopha turc.

Le drame terrible qui se passait dans sa vie ne paraissait aucunement l'émouvoir. Au lieu d'éprouver cette anxiété, propre aux amoureux de la première phase, il était presque assoupi, ainsi qu'un amant ennuyé qui n'attend que le prétexte de la rupture.

Les menaces d'Etienne avaient donné le coup de grâce à cet amour sur le déclin.

Juliette tomba mourante sur la poitrine de son amant.

— Ah! enfin! s'écria-t-elle dès qu'elle put parler, je m'appartiens, je puis penser à haute voix : car mentir, toujours mentir, tromper, se cacher, cela est affreux, vois-tu. Depuis deux jours, il n'est pas un de mes regards, pas une de mes paroles qui ne soient un mensonge, une dissimulation. C'est là un supplice horrible. Je n'y tiendrais pas. Vingt fois par jour j'ai été sur le point de lui crier : « Eh bien! oui, Robert est mon amant et je l'aime uniquement, follement. »

Elle lui conta ce qui s'était passé.

Elle parlait impétueusement, se grisant de ses paroles.

— Que faire? mon Dieu! que faire! Partir avec Etienne, je ne le puis pas, je ne le veux pas.

— Ma chère enfant, dit Robert qui s'était levé et marchait lentement dans la chambre, tu me demandes sérieusement ce qu'il faut faire! Eh bien! tu n'as qu'un parti à prendre.

— Lequel? demanda Juliette anxieuse.

— Ecoute-moi d'abord. Je ne suis pas un moraliste, je ne pose pas pour cela, tu le sais bien. Mon ami Pierre Fromont me refuse même le sens moral, et il a peut-être raison, si l'on entend par sens moral le respect des conventions sociales. En fait de morale, l'ergotage philosophique est pour moi une lettre close. Je ne reconnais qu'une morale, la bonté; le Christ disait : l'amour, c'est la même chose. Le mal, selon moi, n'est pas de manquer à des devoirs sociaux ou mondains, plus ou moins étroits, puérils ou injustes ; le mal, c'est de faire souffrir son prochain. Or, Juliette, songez-y, si vous quittez votre mari, ce sont trois existences à jamais brisées et malheureuses, celle d'Etienne, celle de votre enfant et la vôtre. Il vaut mieux continuer à le tromper.

— Mais tromper, c'est pour moi une souffrance de toutes les heures. Je suis fière : le mensonge m'est odieux, parce qu'il m'avilit.

— Ma chère amie, repartit Robert, vous êtes encore très romanesque; le mensonge est une nécessité sociale, puisque la plupart des relations sont basées sur la fausseté. Vous vous habituerez à mentir.

— Mais encore, cette existence ainsi partagée m'est insupportable. Enfin, il veut m'emmener à Rio-Janeiro.

— Qu'est-ce qu'un voyage de six mois, si cela peut nous assurer ensuite une complète sécurité?

— Ah! vous ne m'aimez plus, vous ne m'aimez plus! s'écria-t-elle désespérée.

— C'est parce que je t'aime, au contraire, plus que moi-même, plus que ma passion, que je raisonne ainsi.

— Non, non, ce n'est pas là le langage de la passion. Quand on aime, on ne raisonne pas. Est-ce que je raisonne, moi! Pour vous, j'ai tout sacrifié, je sacrifierais tout encore. Veux-tu partir avec moi, dis!

— Voyons, ma chère, calme-toi, reprit Robert qui s'assit à côté d'elle et l'entoura doucement de son bras. Je t'aime de toute mon âme ; mais je ne puis pas plus quitter Marcelle que tu ne peux quitter Etienne, ces deux êtres si bons, si affectueux, qui nous aiment si tendrement.

— Aimez donc votre femme, s'écria-t-elle, hors d'elle-même.

Elle se dirigea vers la porte.

Robert la retint.

— Tu ne sortiras pas dans cet état. Non, je n'aime pas Marcelle comme je t'aime, tu le sais bien.

— Vous l'aimez mieux! Ce n'est pas elle que vous consentiriez à quitter même pendant six mois; tandis que moi je quitterais Etienne pour la vie. Robert, Robert, ne m'abandonne pas. C'est ma grande passion pour toi qui m'excuse, qui me réhabilite à mes propres yeux, c'est cette passion seule qui me fait vivre.

Mais Robert restait froid. Il essaya encore de l'apaiser.

Elle l'écoutait, le scrutait d'un regard pénétrant ; elle cherchait à lire au fond de son cœur. Mais n'y découvrant que de la froideur, de la lassitude, elle le repoussa avec violence. Elle se leva, alla de nouveau vers la porte. Là, ses forces la trahirent. Elle se retourna, s'appuya au mur.

— Robert, Robert, supplia-t-elle en lui tendant les bras.

Elle sanglotait.

Robert était attendri, touché de tant d'amour. Peut-être allait-il lui promettre de fuir avec elle. Mais, au milieu de cette douleur suprême, la malheureuse n'osant invoquer Dieu, et néanmoins cherchant au ciel un appui, un secours, s'écria :

— Ma mère! ma mère!

Cette invocation glaça Robert comme si un spectre se fût soudain dressé entre eux.

Il n'osa prendre Juliette dans ses bras, il n'osa lui dire de rester, car c'était l'entraîner dans un précipice, le même précipice où madame Delormel était tombée.

— Juliette, reprit-il avec énergie, je vous aime ; mais il faut partir. Vous invoquez votre mère ; c'est son souvenir qui nous dicte notre devoir, car je lui ai juré, vous le savez bien, de veiller sur vous, sur votre bonheur.

— Qu'en avez-vous fait de mon bonheur ?

— Il faut nous séparer, momentanément du moins, continua-t-il avec le même ton d'autorité ; car nous devons à tout prix détruire les soupçons de ton mari. Consens donc à partir pour Rio-Janeiro. Mais une fois à Nantes, tu parviendras sans peine à le faire changer de résolution. Tu prétexteras une maladie, par exemple, et vous vous arrêterez au Croisic. Là, je tâcherai de t'aller voir. En tous cas, nous trouverons le moyen de correspondre.

Juliette, anéantie, incapable de lutter plus longtemps, finit par se rendre aux conseils de Robert.

Les adieux furent déchirants.

Quand Robert eut fermé la porte sur elle, il poussa un soupir d'allégement.

— Voilà une rupture, pensa-t-il, faite au bon moment. Les tiraillements, les chocs, les reproches, tout ce triste cortége du désenchantement allait commencer, tandis que nous conservons tous deux quelques illusions ; et les souvenirs agréables l'emporteront sur les souvenirs fâcheux.

Quand Juliette sortit, elle ne remarqua pas une voiture qui stationnait devant le numéro 11. Elle descendit jusqu'à l'église, rentra par la porte de derrière, se jeta à genoux ; et se voilant le visage de ses mains, elle sembla prier avec ferveur.

A quelques pas d'elle, dissimulé derrière un pilier, Etienne l'observait, en proie à une sorte de rage blanche. Tant d'hypocrisie le révoltait, le dégoûtait.

Il n'y avait aucune hypocrisie pourtant dans l'attitude de Juliette. Elle priait comme prient les désespérés ; car elle sentait bien que Robert ne l'aimait plus. Elle criait à Dieu avec colère les déchirements de son cœur ; broyée de tous les côtés à la fois, elle demandait au ciel une consolation, tout en l'accusant de sa douleur.

— Mon Dieu, disait-elle, si c'est mal d'aimer ainsi, pourquoi m'avoir donné un cœur, pourquoi m'avoir refusé la force de résister ? Seriez-vous réellement ce Dieu méchant et jaloux qui ne se réjouit qu'au spectacle des sacrifices douloureux ? Nous auriez-vous donc créés pour souffrir et pour vous repaître de la vue de nos souffrances ? Non, vous êtes bon, voilà ce que je veux croire. Ayez pitié de moi, de mon âme meurtrie ; faites que Robert m'aime encore, ou du moins donnez-moi le courage de le fuir et de supporter son abandon.

Quand elle releva ses yeux baignés de larmes, Etienne était devant elle. Elle tressaillit ; mais elle se remit promptement.

— Vous venez me chercher, fit-elle ; allons.

Ils sortirent ensemble et montèrent dans la même voiture.

— Vous m'espionnez, Etienne ? dit Juliette après un moment de silence. J'en suis contente. Je le souhaitais presque, car je voyais que vous ne m'aviez pas encore rendu toute votre confiance. Mon confesseur m'a engagée à partir. Cela me coûte sans doute ; mais à présent je suis résignée. Qu'avez-vous donc ? demanda-t-elle tout à coup en remarquant le visage altéré de son mari.

— Continuez, je vous écoute.

— Mais non, tu souffres, Etienne, qu'as-tu ? Elle voulut lui prendre la main.

Il la repoussa rudement.

— De grâce, expliquez-vous, reprit-elle. Encore d'injustes soupçons !

— Taisez-vous, n'ajoutez pas un mot ; je ne serais peut-être pas maître de moi.

Juliette se tut.

Etienne ferma les yeux et s'accota dans un coin de la voiture. On eût dit qu'il dormait. Seulement de temps à autre Juliette observait une légère crispation de la main, et un frémissement des lèvres...

Arrivés rue de Courcelles, Juliette monta dans sa chambre, Etienne la suivit.

Elle ne pouvait dominer entièrement son émotion, car elle prévoyait une nouvelle scène et s'apprêtait à la révolte.

Elle jeta sur la table son chapeau et son vêtement.

— Eh bien, dit-elle, hautaine, maintenant parlerez-vous ? En vérité, cette vie n'est pas tenable.

— C'est aussi mon avis, riposta Etienne.

— Etre espionnée jusqu'à l'église, jusqu'au pied du confessionnal !

— Votre confesseur habite donc le numéro 7 de la rue Servandoni ?

Juliette devint fort pâle ; mais, surmontant son trouble :

— Vous m'avez vue sortir de cette maison, dit-elle avec un sourire dédaigneux. J'y étais allée en effet visiter une famille indigente que venait de me recommander mon directeur.

— Cette famille se nomme ?

Elle hésita. Aucun nom ne lui venait à l'esprit.

— Eh bien ! je vais vous l'apprendre, moi, dit-il ; vous allez porter des secours à M. Jacques Mennesson qui se paye un mobilier de 19,500 fr.

Et il lui jeta à la figure la facture du tapissier.

Juliette le regardait avec des yeux agrandis par la terreur ; ses genoux tremblaient. Elle voulut balbutier une dénégation; mais les paroles ne pouvaient sortir de son gosier serré. Elle devina qu'il savait tout.

Elle se laissa tomber à genoux.

— Pardon, grâce, pardon, ne me tuez pas.

Etienne la regardait, inflexible, haineux.

Juliette, muette de terreur, restait dans son attitude suppliante.

— Je ne vous tuerai pas, répondit-il enfin, car je ne vous aime plus, Dieu merci! Je vous méprise trop. Mais vous quitterez cette maison à l'instant même, entendez-vous? Vous irez chez votre grand'mère. Il ne faut plus que je vous voie. J'ai promis de ne vous faire aucun mal; mais partez, partez tout de suite —

Il disait ces mots d'une voix saccadée, haletante.

— Est-il possible qu'il existe de semblables créatures? reprit-il, je n'aurais pu croire à tant d'astuce et de perversité. Vous que j'ai tant aimée, qu'il n'était pas un battement de mon cœur qui ne fût à vous! Vous que j'ai gâtée comme un enfant qu'on idolâtre, me mentir à tous les instants, me tromper jusque dans ma paternité! Etienne! Etienne! tu ne sais pas. Si tu savais, tu me pardonnerais. Ecoute... Mon Dieu... mon Dieu!

— Non, assez de mensonges! Je n'en veux plus entendre. Je ne vous pardonnerai, je ne vous reverrai jamais.

Il se dirigeait vers la porte.

— Etienne! cria-t-elle dans une suprême détresse.

Il s'arrêta.

— Je t'aime, lui dit-elle avec un accent de supplication passionnée. Je t'aime! Ah! tu ne comprends pas, toi, un instant d'égarement, de folie. Pardonne, Etienne, mon Etienne; comment ne t'aimerais-je pas? Il faudrait que je fusse un monstre; et je ne suis qu'une pauvre femme un peu folle, si tu veux, mais bonne et tendre, qui n'aime réellement que toi.

Elle se traînait à ses genoux, appuyait contre lui sa belle tête éplorée, lui baisait ardemment les mains. Abandonnée par son amant, abandonnée par son mari, elle était réellement égarée.

Pauvre Etienne! il avait souhaité des preuves; ils les avait cherchées avec une ardeur presque sauvage.

Maintenant qu'il savait, il eût voulu douter encore. Une affection comme la sienne ne pouvait se briser en un jour. Mille attaches le retenaient invinciblement à cette femme, toute méprisable qu'elle fût.

Enfin, l'excitation de la jalousie ravivait encore cette flamme mal éteinte. Il se sentait engourdir par ses caresses comme au contact d'une torpille.

Il ne pouvait s'éloigner, sa volonté faiblissait, sa colère tombait peu à peu. Cependant, s'il pardonnait, c'en était fait de lui à jamais. Il eut peur; et se roidissant tout à coup contre cette langueur qui l'énervait, il s'arracha des bras de Juliette et s'enfuit.

Juliette roula sur le parquet comme une masse inerte.

XXXII

Marcelle, le cœur oppressé par la crainte d'un malheur, était repartie pour la campagne, où elle avait laissé son enfant. Robert d'ailleurs avait promis de venir y dîner: c'était donc là qu'elle devait l'attendre.

Quand elle y arriva, la justice était auprès du lit de Lucette. Le juge d'instruction interrogeait la malade. Bassou, arrêté, avait accusé sa femme d'adultère, et nommé M. de Luz comme complice. Il alléguait les mille francs que Robert avait donnés à Lucette pour plaider en séparation.

Pressée de questions adroites, affaiblie d'ailleurs par la fièvre, Lucette avait avoué que, dans la nuit du crime il y avait eu, en effet, un homme et une femme renfermés dans sa maison, qu'enfin Robert avait une fois abusé d'elle.

Marcelle trouva madame Patouillet atteinte d'une sorte de crise nerveuse. La justice chez elle! Un procès scandaleux dans lequel leur nom allait figurer, les turpitudes de son gendre dévoilées! Il avait, sous le toit conjugal, séduit une femme de service; il était l'amant de madame Moriceau! Dans son indignation, elle ne put rien cacher à sa fille, qui reçut ainsi le dernier coup. Non-seulement il ne l'aimait plus, mais il ne la respectait pas. Marcelle crut sentir un moment que la vie se retirait de son cœur. Toutefois, devant le berceau de son enfant, elle trouva la force de dominer sa douleur; elle chercha même à calmer sa mère; elle lui cacha l'appréhension terrible qui l'obsédait.

Etienne, il est vrai, avait promis de ne faire aucun mal aux coupables; mais une parole vive pouvait amener une provocation. Ce serait un duel à mort.

Cependant Robert, pour se distraire du départ de Juliette et secouer l'impression pénible de cette dernière scène, était allé chez Cora, dont la sérénité, l'enjouement spirituel, ferait une diversion agréable aux emportements passionnés de Juliette. Il commençait à douter pourtant qu'on pût entamer cette vertu.

— Bah! lui dit-il en la quittant, sous votre air gracieux et votre physionomie toute française, vous cachez une âme de quakeresse. Les quakeresses me sont antipathiques. On les respecte, mais on ne les aime pas. Décidément, je ne vous aime plus.

— Alors, vous vous avouez vaincu ? Voyons, essayez encore. Venez avec nous, dans la Beauce, passer quinze jours.

— Quoi ! dans ce pays plat, monotone comme un cœur sans passions ? Je conçois que vous adoriez votre Beauce. Moi, je n'aime que les pays tourmentés, aux précipices insondables, aux torrents impétueux, aux rocs déchirés.

— Eh bien ! allons en Suisse.

— J'irai où vous voudrez. Je m'ennuie. Tenez ! aimez-moi un peu par charité.

— Je vous aimerai beaucoup ; mais il faut d'abord vous convertir. Vous avez trop de vices, vous me faites peur.

— Me convertir ? Adieu ! Si j'étais vertueux pendant huit jours, je prendrais le spleen.

Il sortit, malgré les instances de Cora pour le retenir.

— Peuh ! c'est une femme charmante, mais impossible, pensa-t-il. Ce mari toujours invisible qu'elle adore ! Qui sait ? Cet amour ultra-conjugal n'est peut-être qu'une tactique de coquetterie. C'est égal, elle m'irrite les nerfs. Je n'y retournerai pas.

Tout en se disant cela, il fit volte-face et rentra chez Mme Dercourt.

— Pardon, madame, lui dit-il ; j'avais oublié de vous demander quand vous partiez pour la Beauce.

— Dans huit jours.

— Alors, daignez nous prévenir ; Marcelle et moi nous serons peut-être des vôtres, puisque vous le permettez.

Cora sourit.

— Si vous souriez ainsi, je ne pars plus, reprit-il. Je le vois, vous vous moquez de moi. Prenez garde, quand vous serez ma victime, je pourrais bien me venger.

Puis il alla au cercle et y passa la nuit. Il perdit une forte somme, but et causa avec beaucoup d'entrain.

Quant à Marcelle, pendant que Robert coquetait, jouait et riait, elle se tenait à la fenêtre, l'oreille tendue, l'œil au guet, cherchant à percer les ténèbres, au moindre bruit palpitant tout à la fois d'espoir et de crainte.

Souvent elle l'avait attendu des nuits entières, en passant par toutes les émotions que peut ressentir une femme aimante lorsqu'elle attend un être cher ; mais cette nuit-là, une inquiétude horrible doublait son impatience.

Il était cinq heures du matin quand Robert rentra chez lui. Il trouva Marcelle étendue tout habillée sur son lit, presque inanimée, tant elle avait souffert pendant cette nuit d'angoisse. Elle ne l'attendait plus ; elle le croyait mort.

A sa vue, elle se dressa, jeta un grand cri, s'élança vers lui.

— Monsieur Moriceau ! l'avez-vous vu ? s'écria-t-elle.

— Non, je n'ai pu passer chez lui, comme j'en avais d'abord le projet.

— Chez lui, je le sais bien ; mais ailleurs....

Robert, ému par les libations de la nuit, répondit avec ce demi-sourire hébété de l'ivresse :

— Ailleurs ! où donc ? Ma foi non. Etienne est un bon garçon, mais peu divertissant, maintenant surtout qu'il devient jaloux de sa femme. Je suis allé chez ton amie Cora, charmante toujours, quoiqu'un peu bégueule. Puis, j'ai été retenu au cercle : j'ai joué, je perdais, je me suis entêté, la nuit passait... Eh bien ! pourquoi me regardes-tu avec ces grands yeux égarés ?

— Mais c'est vous, Robert, qui avez les yeux égarés ; jamais je ne vous ai vu ce singulier visage.

— Je suis un peu gris, c'est possible. On nous a servi un petit vin du Rhin qui portait à la tête. Voyons, couche-toi vite. J'y vais aussi, j'ai besoin de dormir.

— Il s'est grisé pour s'étourdir, pensait Marcelle. Vous voulez me donner le change, reprit-elle. Une provocation peut-être, un duel. Ah ! Robert, je vous en conjure, ne vous battez pas contre cet honnête homme. J'ai tant souffert cette nuit ! songez à notre pauvre petit qui serait orphelin, et un peu à moi aussi, qui mourrais s'il arrivait un malheur.

— Ah ! ça, de quoi parles-tu ? rêves-tu ? ou si c'est moi qui suis complètement ivre ?

Il riait toujours de ce même rire qui effrayait Marcelle.

— J'ai vu M. Moriceau, moi, dit-elle lentement, en regardant fixement son mari ; il allait rue Servandoni.

Robert tressaillit.

Marcelle reprit :

— Dans l'appartement loué au nom de M. Jacques Mennesson. Vous n'y étiez donc plus ?

A ces mots, Robert se leva comme un homme qui se réveille en sursaut.

— Rue Servandoni ! Comment sait-il ? Qui lui a dit ?

— C'était vrai !... murmura Marcelle en s'affaissant sur son lit...

La jeune femme, alors tremblante d'indignation, lui conta ce qui s'était passé.

Robert baissait la tête sans répondre.

— Ainsi, s'écria-t-elle, plus de doutes possibles, pas un mot d'excuse ! Vous me trompiez, vous trompiez votre ami. Quel homme êtes-vous donc ?

— J'ai les idées un peu troublées ; demain, je t'expliquerai... Une méprise...

Il voulut s'approcher de Marcelle, lui entourer la taille, la baiser au front.

Elle fit un mouvement en arrière, un mouvement de répulsion, presque d'horreur.

— Comment, ma petite femme, tu deviendrais méchante, toi ? Eh bien ! tu as raison, je le mérite. Mais demain tu me pardonneras, n'est-il pas vrai ? Je te promets d'être bien sage, et nous irons dans la Beauce avec ton amie Cora.

En passant devant le berceau de son fils, il lui envoya un baiser.

Il sortit en chancelant un peu.

Marcelle le regardait s'éloigner. Elle restait stupéfiée, pâle comme une morte. Cet homme qu'elle avait aimé avec une sorte d'idolâtrie, cet homme en cet instant la dégoûtait. Involontairement elle pensait à Etienne, à Etienne si bon, si affectueux, si digne d'être aimé, et comme elle, si malheureux !

Elle se jeta sur le berceau de son fils, l'embrassa avec passion, avec désespoir ; ce fils désormais était sa seule affection.

Lorsque Robert se réveilla complétement dégrisé, il passa dans l'appartement de sa femme.

Marcelle n'avait pu prendre aucun repos. Elle se tenait encore auprès du berceau de son enfant. Son attitude, ses regards, son visage fatigué, marbré, attestaient une incurable douleur.

Madame Patouillet se trouvait chez sa fille. Ses yeux rougis portaient les traces des larmes qu'elle avait versées depuis deux jours.

Robert, quand il n'était pas emporté par ses passions, montrait une très vive sensibilité, surtout devant les douleurs qu'il avait causées.

En voyant ces deux femmes brisées par lui, il se sentit honteux, presque repentant. C'était cette bonté native, pleine d'élan et de générosité, qui, malgré ses coupables entraînements, lui gagnait la sympathie.

Il les aborda d'un air réellement contrit. Mais elles furent insensibles à ses avances.

Toutefois l'air méprisant de madame Patouillet l'irrita.

— Peut-être, si un tiers n'était pas sans cesse entre nous, dit-il, trouverais-je plus de plaisir à rester auprès de toi.

— Ah ! c'est cela, monsieur, je vous gêne, repartit madame Patouillet. Vous sentez que je n'ai pas la même indulgence que Marcelle. Je m'étonne, en effet, que vous osiez paraître dans cette chambre après les révélations d'hier.

Exaspérée, elle lui jeta à la face les aveux de Lucette.

Robert était altéré.

Marcelle eut pitié de lui et fit signe à sa mère de les laisser seuls.

— Je le vois, tu veux lui pardonner encore, se récria madame Patouillet. Mais pauvre fille, plus tu lui pardonneras, plus il te mettra sous ses pieds. Ah ! les hommes se ressemblent tous, qu'ils soient comtes comme ton mari ou marchands de coton comme ton père.

— Mère, laisse-nous, supplia Marcelle, j'ai à parler à M. de Luz.

Quand ils furent seuls, Robert fit un mouvement pour prendre la main de sa femme.

— Je vous en prie, dit-elle sévère et triste, ne me touchez pas. Je veux vous demander ce que vous entendez faire.

— Ce que j'entends faire, Marcelle ? Mais me mettre à tes genoux et implorer mon pardon. Je le sais, je suis un misérable, j'ai mérité ton mépris, ta haine ; je n'ai d'espoir qu'en ton angélique bonté. Ta mère a raison, tu as été trop douce et trop bonne ; j'en ai abusé. Mais tu me vois vraiment malheureux de t'avoir causé tant d'inquiétude et de chagrin. Tu es trop pure sans doute pour comprendre certains entraînements. Je me suis conduit à l'égard de Lucette d'une manière infâme, je l'avoue. Ma seule excuse, c'est que je n'avais pas ma raison. J'étais comme hier tout à fait gris. Quant à madame Moriceau, j'ai rompu avec elle ; elle va partir, d'ailleurs. Je ne la reverrai jamais. Marcelle, je t'en conjure, sois bonne une fois encore. Ne crois pas, comme le prétend ta mère, que je sois ingrat. Chacun de tes pardons accroît ma reconnaissance et ma tendresse pour toi.

Sans doute le repentir de Robert était sincère ; mais Marcelle, trop souvent déçue, ne croyait plus à ses protestations.

Elle soupira tristement. Trop accablée pour résister plus longtemps, elle lui abandonna la main qu'il sollicitait ; et le conduisant auprès du berceau de son enfant :

— Jurez-moi, dit-elle, sur la vie de notre fils que, quoi qu'il puisse arriver, vous ne vous battrez pas avec M. Moriceau.

— Je le jure sur la vie de notre enfant et sur notre amour.

Alors la pauvre femme se laissa tomber sur un fauteuil, la tête renversée, et des pleurs coulèrent de ses yeux fermés.

Qu'était-il devenu, hélas ! ce bel amour qu'il invoquait ? Qu'était devenue cette tendresse exaltée qui autrefois lui montrait Robert comme un dieu ? Ces dernières blessures avaient à jamais tué en elle la foi et l'amour. Si elle conservait pour son mari un reste d'affection, ce n'était plus qu'un sentiment de pitié.

XXXIII

Quand Juliette reprit ses sens, elle avait une sorte de fièvre folle. Pendant plusieurs jours, ainsi qu'après le premier abandon de Robert, sa vie fut en danger.

Etienne alors ne vit plus en elle qu'une femme qu'il avait aimée, qu'une créature malheureuse qui réclamait ses soins. Oubliant tout grief, il s'établit à son chevet. Lui qui avait voulu la tuer, il tremblait à présent en découvrant sur ses traits les symptômes de la mort.

Maintenant que la maladie lui enlevait sa beauté, que la jalousie parlait moins impérieusement, et que les sens étaient apaisés, il l'excusait presque. Toutefois, quand le médecin la déclara hors de danger, sa compassion diminua en même temps que ses craintes. Il ne la quitterait cependant qu'après son complet rétablissement.

Lorsque Juliette recouvra toute sa connaissance, ressaisit la réalité, et vit, penché sur elle, le doux visage d'Etienne, elle se leva sur son séant et regarda son mari avec des yeux hagards.

— Vous ici ! s'écria-t-elle. Ah ! vous me pardonnez donc ?

— Pour le moment, laissons le passé, répondit-il. Plus tard... Maintenant, il vous faut du calme.

Et il l'appuya doucement sur l'oreiller.

Cependant, à mesure que la convalescence se dessinait, Etienne restait moins longtemps à côté d'elle. Parfois même, il ne s'arrêtait que pour prendre de ses nouvelles.

Elle n'osait se plaindre, bien que cet abandon l'affectât douloureusement.

Elle demanda la liste des personnes qui étaient venues s'informer d'elle pendant sa maladie. Parmi tous ces noms, elle n'en cherchait qu'un, celui de Robert, et il n'y était pas.

Que s'était-il donc passé entre lui et Etienne ? Elle n'osait questionner son mari ; mais quand il était là, elle le regardait d'un œil anxieux, interrogateur.

Un soir, comme elle souffrait davantage, Etienne prolongea sa visite.

Elle semblait endormie.

Il s'approcha d'elle sans bruit, et pendant un instant la contempla.

Elle lui parut vraiment laide. Son visage émacié avait les tons mats et bistrés de la maladie. Ses tempes évidées, les orbites des yeux creusés, les coins de la bouche abaissés, son air souffrant et triste l'émurent profondément.

— Pauvre femme ! murmura-t-il tout bas.

Juliette, enhardie par cette exclamation de pitié, lui prit la main. D'un geste plein de câlinerie, elle la passa sous sa joue.

Elle ne dit rien et continua de fermer les yeux.

Mais bientôt Etienne sentit des larmes chaudes mouiller sa main.

— Souffrez-vous ? demanda-t-il en s'inclinant vers elle.

— Etienne, Etienne, dit-elle suffoquée par les sanglots, ai-je assez souffert ? assez expié ? Suis-je assez repentante ? mon Etienne, mon mari bien-aimé, mon seul ami, m'aimes-tu encore ?

Il se tut.

— De grâce ! réponds-moi.

— Plus comme autrefois !

— Et jamais, jamais vous ne me rendrez votre tendresse ?

— Je ne puis faire que le passé n'ait pas existé. Il y a désormais entre vous et moi un abîme que ma volonté ne peut combler. Il est telle flétrissure que rien ne saurait effacer, ni le temps, ni l'expiation.

— Que vous êtes sévère, Etienne !

Elle continua de pleurer.

Ces larmes, coulant sur un visage flétri, cette poitrine amaigrie soulevée par les sanglots avaient quelque chose de si navrant qu'Etienne n'y put résister.

— Eh bien ! peut-être pardonnerai-je. Mais soyez franche une fois, faites-moi votre confession entière. Depuis quand aimez-vous M. de Luz ? Dites la vérité, entendez-vous ? Car vous ne me tromperiez plus.

— Oui, je vous dirai tout ; c'est dans la vérité entière qu'est mon excuse. Vous savez la douloureuse histoire de mon enfance. Quand je connus M. de Luz, j'avais douze ans. C'était le seul être qui m'aimât, qui s'intéressât à moi. Je l'ai donc aimé dès ce temps-là de toute mon âme d'enfant abandonné. Il me gâtait, lui, alors que tout le monde me délaissait. Depuis quand l'ai-je aimé d'amour ? Je n'en sais rien. Déjà au couvent, lorsqu'on m'appelait au parloir, mon cœur battait avec force ; et quand mes amies me disaient : c'est ton beau prince charmant, je me sentais rougir. Mais je n'ai su réellement que je l'aimais d'une passion invincible, que lorsqu'il vint m'annoncer son mariage. J'ai failli mourir.

— Ainsi, dit Etienne d'une voix étouffée, vous vous êtes mariée par dépit. Quand vous avez juré de m'aimer, votre cœur déjà était à un autre. Jamais, jamais, moi, pauvre malheureux, vous ne m'avez aimé ! Quelle atroce déception !

Il cacha sa tête dans ses mains.

— Continuez, je veux tout savoir, reprit-il. Vous êtes moins coupable, peut-être. La faute est aussi à moi, à moi que l'amour aveuglait. Depuis quand étiez-vous la maîtresse de M. de Luz?

— Ne me questionnez pas à ce sujet, répondit-elle. Un moment d'inexplicable vertige, de folie! Mais je l'ai durement expié. Il ne m'aime plus. Qui sait même s'il m'a jamais aimée! Lui à qui j'avais sacrifié mon repos, mon honneur et votre affection, eh bien! lui-même m'a conseillé de partir. C'est un être égoïste, cruel, qui m'a broyé le cœur sans pitié. Vous le voyez donc, mon amour est éteint; il ne peut renaître.

— Ainsi, reprit Etienne, la cause de votre maladie, ce n'était pas le chagrin de notre séparation, c'était la douleur de perdre votre amant. Ainsi pour vous je n'ai jamais rien été, rien que votre valet!

— Sans doute, répliqua-t-elle, vous m'aviez fait la vie trop facile; je n'ai apprécié votre affection que le jour où elle m'échappait. Non, ce n'est pas l'abandon de M. de Luz qui m'a désespérée; c'est le vôtre, je vous le jure. Je ne vous demande plus votre amour, je m'en reconnais indigne; mais votre amitié, me la refuserez-vous? Elle m'est plus chère que tout au monde. Quand vous vous êtes arraché de mes bras, j'ai senti autour de moi la nuit et le vide, un vide sans fond, une nuit sans issue, et mon cœur tout à coup s'est glacé. Ah! puisque vous ne pouviez me rendre votre affection, que ne m'avez-vous laissé mourir? Etienne! Etienne, soumettez-moi à telles épreuves qu'il vous plaira. Il n'est aucune expiation que je n'accepte avec joie.

Etienne gardait le silence. Il marchait dans la chambre d'un air sombre.

— Eh bien, reprit-il enfin, voulez-vous encore partir pour Rio-Janeiro?

— Oui. Oh! oui, emmenez-moi loin, bien loin, dans une solitude où vous serez certain que je vous aime uniquement. Et un jour, plus tard, n'est-ce pas? quand vous serez sûr de moi, vous me rendrez votre affection.

— J'essayerai, dit-il avec effort. Mais sachez-le bien, si nous quittons la France, ce sera pour longtemps.

Elle accepta et remercia avec effusion.

Ils convinrent de partir aussitôt que le médecin le permettrait.

Cependant Juliette n'avait pas été complétement sincère. Sans doute son ressentiment contre Robert lui faisait croire qu'elle ne l'aimait plus; sans doute elle était touchée de la générosité de son mari; mais elle ne voulait pas quitter la France.

De toute la nuit, elle ne put reposer.

Dès le matin, elle se traîna jusqu'à son bureau et écrivit:

« Cher docteur,

» Mon mari veut m'emmener à Rio-Janeiro. Je sens que l'Océan sera mon tombeau. Avant d'entreprendre ce long voyage, ne pensez-vous pas qu'il faudrait réparer mes forces et m'acclimater à l'air de la mer? Vous serez d'avis, je n'en doute pas, qu'une station au Croisic me serait nécessaire. Comme je ne puis paraître m'opposer au désir de mon mari, je compte sur vous pour lui faire retarder ce départ, qui m'effraye beaucoup.

» Pas un mot de cette lettre à mon mari. »

Puis elle adressa à M. Patouillet un autre billet ainsi conçu:

« Monsieur,

» Nous allons passer quelques mois au Croisic. Veuillez, je vous prie, ajourner à notre retour toute décision relative à l'hôtel.

» J'ai vu avec un vif plaisir votre nom plusieurs fois inscrit parmi les amis qui sont venus prendre de mes nouvelles. Merci de ce bon souvenir, et croyez à ma profonde reconnaissance. »

Dans la journée, le docteur vint et déclara que madame Moriceau ne pouvait encore supporter la traversée. Il ordonna les bains de mer du Croisic.

Mais de nouvelles circonstances vinrent modifier l'habile stratégie de Juliette.

XXXIV

Le procès de Bassou allait se juger.

Il avouait son crime et l'intention qu'il avait eue de tuer sa femme. Mais il continuait à accuser Lucette, et invoquait à l'appui le billet de mille francs donné par Robert.

Lucette, qui pendant sa maladie avait avoué la présence de Robert et de Juliette dans sa maison, s'était depuis rétractée.

Robert niait également.

Cependant une porte avait été enfoncée, une porte verrouillée en dedans.

Or, la justice devait s'éclairer sur ces faits; car du plus ou moins de culpabilité de Lucette dépendrait la condamnation ou l'acquittement de Bassou.

Un matin, Etienne reçut la visite d'un juge d'instruction qui qui lui exposa les motifs de son enquête.

— C'est moi, dit Etienne, qui ai enfoncé la porte de Bassou.

— Vous pensiez trouver à l'intérieur M. de Luz et madame Moriceau.

— J'avais en effet quelques présomptions qu'ils pouvaient être là; et j'ai parfois des violences de caractère qui me troublent le cerveau. Mais j'ai acquis depuis, la certitude que je m'étais trompé.

— Et vous ne soupçonnez pas, reprit le juge, qui avait pu fermer la porte à l'intérieur ?

— Je ne soupçonne personne.

Mais en prononçant ces mots sa voix fléchit.

Le juge surprit ce changement d'intonation. Il demanda à interroger madame Moriceau.

Etienne le conduisit auprès de sa femme. Il n'avait pu la prévenir. Le magistrat demanda à rester seul avec elle.

Dès qu'il eut expliqué le but de sa visite, Juliette montra tant d'émotion, de terreur, que le magistrat en fut touché.

— Remettez-vous, madame. Le cas est grave, comme vous le voyez ; mais nous tâcherons dans le procès-verbal de sauvegarder votre réputation.

— Ma réputation ! s'écria-t-elle, mon nom figurerait dans une affaire criminelle ! Ah ! monsieur, c'est horrible, je ne suis point la maîtresse de M. de Luz. Vous n'avez pas le droit de m'interroger.

— La femme Bassou a tout avoué, reprit le juge avec une impassibilité qui bouleversait Juliette. C'est vous et M. de Luz qui étiez dans la maison du garde, et que Bassou a vus s'échapper par la fenêtre. En avouant ici, vous serez dispensée de comparaître devant le tribunal ; tandis que si vous niez, vous devrez être confrontée avec la femme Bassou.

— Moi, confrontée avec une femme de chambre ! Mais, monsieur, de quel droit me faire subir de pareilles humiliations ? Encore une fois, je ne suis point la maîtresse de M. de Luz.

Devant tant de fierté, la conviction du juge fut ébranlée : il crut à l'innocence de Juliette.

Il hésitait, prêt à se retirer, lorsque se ravisant :

— Cette femme de chambre, dit-il, passe pour votre rivale.

— Ma rivale, c'est faux, c'est faux ! exclama Juliette, éperdue.

— La femme Bassou déclare cependant que M. de Luz l'a séduite. M. de Luz ne vous a-t-il jamais parlé de cette femme ? N'avez-vous jamais soupçonné aucune intrigue entre elle et lui ?

Juliette se leva chancelante, courut à la fenêtre.

— De l'air, de l'air ! criait-elle. Ah ! monsieur, de grâce, ne voyez-vous pas que vous me faites mourir ?

— Avouez, madame, et je vous quitte à l'instant.

— C'est horrible, horrible ! répétait-elle toute frémissante.

Le magistrat appela Etienne qui attendait dans la chambre voisine, et qui reçut dans ses bras Juliette mourante. Les yeux hagards, la prunelle fixe, elle était effrayante à voir.

— Cela n'est pas, cela n'est pas ! disait-elle.

Elle paraissait n'avoir plus conscience de ses paroles.

— Qu'y a-t-il donc ? demanda Etienne au magistrat.

Le juge ne répondit pas.

— Non, non, reprenait-elle, M. de Luz n'est pas l'amant de Lucette. Une femme de chambre, c'est impossible, impossible !

Etienne comprit que la jalousie causait cet égarement.

— Elle l'aime encore, pensa-t-il.

Le juge se retira. Sa conviction était formée.

Cependant, il se faisait en Juliette une révolution profonde, la révolution du dégoût, le plus horrible châtiment pour la femme qui a aimé.

— Ah ! vous êtes bien vengé, Etienne, dit-elle, mieux vengé que si vous m'eussiez laissé mourir, vengé par la honte, par la dernière des humiliations. Partons tout de suite ; que je n'entende pas mon nom mêlé à celui de cet homme, mon nom mêlé à un procès criminel, mon nom, que dis-je ! le vôtre. Ah ! je suis une infâme créature. Je ne mérite pas votre pitié. Non, chassez-moi, reniez-moi, car votre bonté me rend plus vile encore. Jamais je n'oserai vous regarder en face, vous si grand, si généreux, et moi…

Ce repentir, ce dégoût de la vie étaient si sincères cette fois, qu'Etienne en fut ébranlé. Sauver du désespoir cette femme si humiliée, la relever par le pardon complet, tel fut l'élan de son cœur.

— Je te pardonne, pauvre femme, dit-il avec une voix et un regard pleins d'une bonté infinie.

Huit jours après ils étaient à Nantes, attendant un départ pour Rio-Janeiro.

L'affaire Bassou se jugea en septembre.

Les débats ayant établi la culpabilité de Lucette, Bassou obtint le bénéfice des circonstances atténuantes. Il ne fut condamné qu'à deux ans de prison.

La séparation entre les époux fut en même temps prononcée par le tribunal civil. Mais à sa sortie de prison, le père aurait le droit de reprendre l'enfant.

Cependant, malgré la prudence qu'apportèrent les magistrats dans l'instruction du procès, pour ménager l'honneur des deux familles mêlées à cette affaire, la so-

ciété à laquelle Etienne et Robert apparte-
naient connut une partie de la vérité.

Les femmes les moins collet-monté ne
prononcèrent plus le nom de la belle madame Moriceau qu'avec des exclamations
d'horreur.

Désormais, elle se trouvait donc bannie
de ce monde où elle avait excité tant d'admiration et tant d'envie.

Moriceau, appelé à Paris pour les débats, obtint que sa femme ne comparaî-
trait point ; et il poussa même la générosité jusqu'à lui cacher la cause de son
voyage ainsi que les sévérités inexorables
des jugements du monde.

Au commencement d'octobre ils s'em-
barquèrent pour le Brésil.

XXXV

Deux années se passèrent.

. . . .

LETTRE DE JULIETTE A ROBERT DE LUZ

Rio-Janeiro, 23 novembre.

«Mon ami,

Car vous m'accordez au moins votre
amitié, n'est-ce pas ?

Que vous dirai-je des deux années qui
viennent de s'écouler ? Que vous dirai-je
de la malheureuse Juliette que vous avez
aimée ? Vous ne la reconnaîtriez pas. Je
languis, je m'étiole, je meurs. Encore un
an de cette existence, et jamais je ne reverrai la France.

La France ! il faut en être loin pour savoir combien on l'aime. Non, je ne veux
pas mourir dans cet affreux pays où tout
m'est odieux, même le ciel éternellement
doux, éternellement bleu. Je veux mourir
là-bas, au milieu des brouillards, je veux
revoir Paris, mon beau Paris, et les chers
Parisiens surtout. Je sens d'ailleurs que
dès que je respirerai l'air de la France, je
renaîtrai, car en France seulement je puis
vivre.

Ah ! le mal du pays, on en meurt, cela
est trop vrai. Le cerveau et le cœur se
resserrent... et la poitrine aussi ; et dans
l'esprit incessamment tourné vers la patrie, il ne germe plus que la fleur sombre
et amère du regret.

Alors le sang pâlit, et les forces s'en
vont, et l'on sent la vie qui lentement
vous abandonne.

J'ai un enfant pourtant, une fille qui
vous ressemble, Robert. Ce sont vos regards, votre sourire, vos beaux cheveux
dorés comme un rayon de soleil. Je reste
des journées entières à la contempler ; car,

à sa vue, je me souviens ; je me souviens,
et c'est pourquoi tout à coup je ne puis la
voir sans colère ; je me sens tout embrasée par les souvenirs qui m'envahissent
comme une fièvre.

Avec le regret du pays, voilà la maladie
qui me tue.

Cependant j'ai voulu aimer ma fille ; je
me suis jetée dans la maternité avec passion ; je croyais qu'elle me sauverait,
qu'elle éteindrait dans mon cœur toute
autre flamme. Hélas ! l'amour le possède
tout entier. Je ne puis vivre sans amour.

Et j'ai beau faire, je ne puis aimer
Etienne comme je vous ai aimé, Robert.
Cependant, il est si bon pour moi ! Il a
voulu me faire ici la vie heureuse, aussi
française que possible. J'ai une maison
confortable, luxueuse même, avec des
meubles français. Mes modes viennent de
Paris. Un Parisien qui descendrait ici se
croirait transporté dans un appartement
de la Chaussée-d'Antin.

Pour me plaire, il cherche à aimer cette
enfant, qui vous ressemble. Il la caresse.
L'enfant l'aime et lui sourit. Mais quand
il ne sait pas que je l'observe, je vois bien
à la tristesse qui se répand sur son visage
qu'il est malheureux, qu'il souffre par moi
et sans se plaindre. Ah ! je préférerais sa
colère à cette douce résignation, à ces reproches muets qui sont pour moi un remords permanent.

Le croiriez-vous ? parfois je le déteste,
cet homme si parfait, à cause de sa per-
fection même. S'il était méchant, emporté, brutal, au moins aurais-je une excuse
à mes fautes, au moins pourrais-je sans
crime songer à le fuir ; car je ne puis rester ici.

Je veux partir, je le veux comme veulent les mourants qu'envahit une idée
fixe. Je quitterai Etienne, je quitterai ma
fille, je quitterai tout pour revoir la
France, et pour te revoir aussi, Robert ;
car je t'aime encore, malgré tout, et je
veux mourir dans l'air que tu respires.

Mais je n'en ai pas prévenu mon mari ;
il s'opposerait à mon départ.....

Je reprends ma lettre interrompue par
une scène qui vient d'avoir lieu entre
Etienne et moi.

Hier, je lui exprimai mon désir de revoir la France ; je lui certifiai que là seulement je pourrais me guérir de cette maladie de langueur dont je meurs ; mais il me
répondit très sèchement : C'est impossible. — J'insistai. — Plus impérieusement
encore, il répéta : C'est impossible. —
Vous préférez donc que je meure ? — Si
vous le voulez, me dit-il, nous irons dans
un autre pays ; mais en France, jamais !

Ainsi, il préfère sa tranquillité à ma
guérison. Malgré sa générosité, il y a là

un égoïsme révoltant, un ressentiment qui, ce me semble, doit alléger un peu ma reconnaissance.

Depuis que j'ai parlé de retourner en France, ses regards comme sa contenance sont gros de réticences et de reproches; il semble redevenu soupçonneux, et lorsqu'il fixe sur moi sa grande pupille, j'éprouve par tout le corps un frisson d'épouvante.

Ce matin, j'ai pu sortir.

J'ai vendu mes diamants pour trois mille francs qui suffiront à payer ma traversée. Puis j'ai retenu secrètement une place sur le second paquebot. Celui qui vous portera ma lettre ne me devancera que de huit jours.

Je vous en supplie, Robert, par amitié pour moi, venez m'attendre au Havre. Si j'arrivais en France sans voir une figure amie, j'éprouverais une impression trop douloureuse. Enfin, malade comme je suis, j'aurais peut-être besoin de secours. Je vous serais aussi fort obligée de m'avancer une somme d'argent que je vous rendrai dès que j'aurai régularisé ma situation vis-à-vis de mon mari; car j'ai l'intention, s'il ne veut pas venir me rejoindre, de réclamer ma dot ou une pension qui me permettra de vivre loin de lui.

A bientôt, bientôt. En traçant ces mots, mon cœur bat à se rompre. Ah! pourvu que j'arrive! Au revoir, Robert! Robert! N'oubliez pas la pauvre femme qui vous a tant aimé.

JULIETTE.

Mais comme Juliette ne comptait pas absolument sur Robert, elle écrivit une seconde lettre à M. Patouillet :

« Monsieur,

» Je retourne en France, seule, car mon mari refuse de m'accompagner. Vous m'avez autrefois offert vos services avec tant de désintéressement et de bonne grâce que, parmi tous mes anciens amis, vous êtes le seul à qui j'ose m'adresser, et sur l'obligeance duquel je compte entièrement. Ce qui m'inspire cette confiance, outre la noblesse bien connue de votre caractère, c'est l'affection que vous m'avez témoignée, affection dont je suis aussi flattée que reconnaissante.

» Je pense vivre modestement, avec une grande économie. Ne pourriez-vous me louer un appartement de deux à trois mille francs dans l'une de vos maisons, et me prêter dix mille francs qui me suffiront pour la première année? Je vous les rembourserai dès que je rentrerai en possession de ma dot, ce qui ne peut tarder un an.

» J'arriverai au Havre le 12 janvier et serai à Paris le 13. Je vous préviendrai immédiatement.

» Recevez à l'avance, monsieur, l'assurance de ma profonde gratitude.

» JULIETTE. »

Le jour du départ arrivé, Juliette se dit plus souffrante que de coutume.

Etienne crut qu'elle avait un peu de fièvre. Son regard était ardent, ses joues, ordinairement si pâles, étaient d'un rose vif.

Elle avait en effet la fièvre, la double fièvre de l'espoir et de l'angoisse. Pourrait-elle mener à bien son projet d'évasion?

Dès qu'Etienne, après lui avoir dit bonsoir, eut fermé la porte, dès qu'elle entendit son pas s'éloigner, elle s'élança hors du lit, jeune, alerte, vigoureuse. Il semblait que toute son ardeur et toutes ses forces lui fussent revenues comme par miracle.

Elle s'habilla à la hâte. Puis elle entassa pêle-mêle dans un porte-manteau les objets disposés à l'avance.

Le plus léger bruit la faisait tressaillir, lui causait comme des défaillances; car Etienne pouvait rentrer.

Sa petite malle terminée se trouva trop lourde; elle ne put la soulever. Elle rejeta dehors quelques effets au hasard. Puis elle alla au berceau de sa fille, en souleva le rideau.

L'enfant souriait dans son sommeil. A la vue de ce joli visage rose, de ce charmant petit être, si confiant au bonheur, son amour maternel se réveilla impérieux, passionné. Elle éprouva dans ses entrailles de mère un déchirement suprême. Elle se laissa tomber à genoux, entoura la couchette de ses bras, attacha ses lèvres à la petite main potelée qui reposait sur le bord du berceau; et le cœur gonflé, les yeux pleins de larmes:

— Non, non, murmura-t-elle, je ne veux pas te quitter. Je ne le puis, je ne le puis pas.

En cet instant, une poignée de sable jetée du dehors frappa la vitre.

Elle tressaillit.

C'était le signal de l'homme qui venait chercher ses effets.

Elle alla à la fenêtre, puis elle revint au berceau.

— Mais ce ne sera qu'une séparation de quelques mois, pensa-t-elle; car Etienne viendra me rejoindre.

Elle baisa encore l'enfant, aspira sa douce haleine.

— Ah! si je la regardais plus longtemps, dit-elle, je ne partirais point.

Elle posa sur la table une lettre à l'adresse d'Etienne, souffla sa lumière, et sans se tourner vers l'enfant, se dirigea à tâtons vers la porte. Mais elle tremblait si fort que ses genoux s'entrechoquaient et ne pouvaient la soutenir. Elle entendait, dans le silence de la nuit, les battements de son cœur.

Elle passa devant la chambre d'Etienne.

Ce fut une nouvelle épreuve. Involontairement, elle s'arrêta, appuya sa tête contre la porte et étouffa un sanglot.

— Pauvre Etienne! soupira-t-elle.

Elle continua sa route, d'une main portant péniblement sa petite malle, de l'autre se soutenant à la muraille.

Elle arriva dans la rue.

Là sa poitrine crispée par tant d'émotions se dilata et aspira l'air à pleins poumons. C'était l'air de la liberté.

— Enfin! s'écria-t-elle.

L'homme qui l'attendait prit le portemanteau.

— Allons, allons vite, lui dit-elle en espagnol.

Elle craignait qu'Etienne ne se fût éveillé, ne l'eût entendue, ne suivît ses traces.

Maintenant elle courait presque, tant il y avait de ressources nerveuses dans cette femme tout à l'heure mourante.

Bizarre créature, en effet, capable de toutes les énergies, comme de toutes les faiblesses; inconséquente comme tous les êtres passionnés que dominent à la fois plusieurs sentiments! Elle avait une réelle amitié pour Etienne, un réel amour pour son enfant; mais elle était encore plus amante que mère.

Vers trois heures du matin, Etienne s'éveilla, pensa à sa malade qu'il croyait avoir laissée plus souffrante que de coutume. Il se leva, et doucement alla écouter à sa porte pour savoir si elle reposait.

La porte était entr'ouverte.

Il entra, et vit çà et là des objets épars, Il courut au lit de Juliette. Ce lit était vide.

Que signifiait cette sortie nocturne? La possibilité d'une fuite ne lui vint pas à l'esprit. Cependant un vague et horrible pressentiment l'oppressait.

Il souleva le rideau de l'enfant qui dormait toujours.

Il aperçut sur la table la lettre qu'y avait déposée la fugitive. Il la saisit avidement; mais au moment de l'ouvrir, il ne put pas. Ses bras retombèrent. Qu'allait-il apprendre?

Il lut enfin.

« Pardonnez-moi, Etienne, la grande douleur que je vais encore vous causer. Je pars, je retourne en France, car je ne puis vivre ici. Je meurs lentement, et je me sens trop jeune encore pour accepter la mort. Vous comprendrez, je l'espère, cette résolution extrême d'une mourante qui se cramponne à la vie. C'est chez moi une conviction intime, instinctive, que je ne guérirai que là-bas, et je veux guérir. Vous avez refusé de m'y conduire; c'est pourquoi je pars seule, sans vous prévenir; mais je désire ardemment que vous veniez m'y rejoindre, que vous m'ameniez ma fille.

» Ma fille! Ah! si vous saviez avec quel déchirement je la quitte, et quelle confiance il faut que j'aie en votre cœur pour vous la laisser!

»Sans doute je vous dois une grande reconnaissance pour votre infinie mansuétude, surtout pour la tendresse que vous montrez à cette enfant. Merci à genoux, merci! de ne pas la rendre responsable de ma faute. Vous n'avez pas voulu me pardonner à demi, vous me pardonnez jusque dans mon enfant.

»Aussi on dirait qu'elle comprend l'inépuisable bonté de votre cœur. Elle vous aime plus que moi. C'est vous qu'elle appellera à son réveil, c'est à vous qu'elle tendra les bras. Etienne, ne repoussez pas ma petite Juana; car elle est innocente, elle. Vous ne voudrez pas non plus m'en séparer à jamais; vous ne voudrez pas que je meure sans la revoir.

»Au moment de vous quitter, je fais, croyez-le, un retour bien douloureux sur le passé. Je sens profondément mes torts. Et cependant, il y a bien de la fatalité dans votre malheur et dans le mien. Si je vous ai fait souffrir, ce n'est pas sans souffrir moi-même. Hélas! nous n'étions pas faits l'un pour l'autre.

» Quand je vous ai épousé, je vous ai trompé sans doute, puisque je ne vous aimais pas comme vous m'aimiez; mais je ne croyais plus aimer Robert, je croyais le haïr. Le monde d'ailleurs n'admet-il pas ces mariages de pure convenance dans lesquels l'amour n'entre point? Enfin, je ne me connaissais pas.

» Pouvais-je supposer qu'il y eût en moi tant de passions mauvaises? Je ne sais par moment quel démon me possède; l'impureté est dans mon âme, quoi que je fasse. J'ai voulu la combattre en vous aimant, en aimant ma fille. Je sentais que ces douces affections m'eussent purifiée, réhabilitée. Eh bien! elles n'ont pu remplir ma vie. C'est le vide, c'est l'ennui qui me tuent; il me faut le bruit, le mouvement, les dissipations et les plaisirs d'une vie mondaine. Vous le voyez donc, c'est ma nature qui est pervertie, mon imagination qui est dépravée, et non mon cœur qui vous aime profondément, sincèrement, et qui souffre de vous causer un chagrin. Lorsque je pense à la douleur que vous éprouverez dans un moment, il se serre à me faire mal.

»Pauvre Etienne. Ah ! oui, je suis indigne de vous. J'embrasse vos genoux avec respect. Bon et cher cœur, pardonnez une dernière fois à votre Juliette, bien coupable, mais bien reconnaissante.

»Je vous dis au revoir, non pas adieu.

»Si j'arrive vivante, dès que je serai là-bas, je vous écrirai. »

Quand il eut achevé la lecture de cette lettre, Etienne, étourdi du choc, resta quelques instants immobile, la prunelle fixe ; et de temps à autre il criait : Juliette, Juliette !

Puis tout à coup il se leva ; une pensée domina le tumulte de son esprit : l'empêcher de partir, lui dire ce que par une générosité exquise, il lui avait laissé ignorer jusqu'alors, c'est-à-dire le scandale causé par le procès Bassou, sa réputation compromise, partant l'impossibilité pour eux de rentrer en France.

Il courut au port.

Les premières lueurs du jour blanchissaient le ciel et éclairaient la majestueuse embouchure du fleuve.

Il s'enquit du paquebot qui partait pour la France.

On lui montra à l'horizon un point noir.

— Il y a une heure, lui dit-on, que l'*Espérance* a levé l'ancre.

Il s'appuya contre un ballot de marchandise, et son regard se fixa sur ce point qui peu à peu diminuait, et enfin disparut.

Alors, il revint chez lui, dans la chambre de Juliette.

Il vit sur un fauteuil la robe qu'elle avait quittée la veille.

Il la saisit, la pressa convulsivement contre sa poitrine, contre ses lèvres.

Et puis il la déchira avec une sorte de rage.

L'enfant se mit à crier.

Etienne, furieux, courut au berceau, rejeta le rideau, leva sur l'enfant sa main crispée, prête à frapper.

Mais l'enfant souriant à travers ses larmes *dit* :

— Papa !

Etienne alors laissa retomber sa main, prit l'enfant dans ses bras, la serra sur son cœur. Il sanglotait.

XXXVI

Robert, après avoir reçu la lettre de Juliette, se rendit chez Pierre Fromont.

Il le trouva bourru, morose.

— Qu'as-tu, lui demanda-t-il, le sacrifice est donc consommé ?

— Quel sacrifice ?

— Ton mariage.

— Je suis plus que jamais ennemi du mariage, du ménage et de la famille.

— Et cependant, malgré les théories échevelées, je doute qu'il y ait au monde un monogame de ta force. Avoue que tu aimes toujours ton ingrate.

— C'est possible ; mais je mets les principes au-dessus des sentiments.

— Alors, qu'est-ce qui te donne cet air renfrogné ?

— Je viens de jeter mon perroquet par la fenêtre et j'ai battu Jocko.

— Qu'ont-ils donc fait, les malheureux ?

— Ils m'agacent, l'un avec son éternelle chanson : *J'ai du bon tabac* ; l'autre avec ses grimaces. Je me suis surpris tout à l'heure faisant les mêmes grimaces que Jocko. Et il me regardait d'un air si narquois, si outrecuidant, que j'en étais à me demander s'il n'aurait pas la prétention de refaire à son usage le système de Darwin, de se croire, lui, singe, un homme perfectionné. Pour le ramener à l'humilité, je l'ai mis en pénitence. Tiens, regarde-le, qui me fait des pieds de nez.

En effet, Jocko, juché sur la corniche d'un buffet antique, se livrait vis-à-vis de son maître aux ironies les moins respectueuses.

— Que les singes sont des gens heureux ! soupira Robert. Au moins, ils n'ont pas inventé une civilisation où les jouissances sont mesurées, non selon l'ampleur des capacités, mais selon le volume de métal qu'on a en poche.

— Et surtout, ajouta Pierre, ils n'ont pas inventé le mariage.

— Oui, une belle trouvaille, reprit Robert. Ah ! mon cher, tu as raison, résiste, résiste.

— Que t'arrive-t-il donc à ton tour ?

— Il m'arrive que je suis sur le point de me démarier, autant du moins que faire se pourra.

— Que dis-tu ?

— Avant de m'engager dans ces liens odieux, j'étais à peu près honnête homme. Maintenant, je suis forcé de me considérer comme un chenapan. D'abord, j'ai rendu ma femme très malheureuse ; mais c'était prévu. En outre j'ai gaspillé sa dot.

— Comment, les six millions ?

— J'avais des dettes, que j'ai payées ; puis j'ai pris au bout. Tu sais que rien au monde ne m'est répulsif comme une règle d'arithmétique. Quand j'ai de l'argent, je le jette par les fenêtres jusqu'à ce qu'il ne m'en reste plus. Je n'ai pas d'autre manière d'équilibrer mon budget. J'ai vendu tout ce qu'il m'était possible de vendre. Il ne nous reste plus que l'hôtel de la rue de Berry, et 500,000 francs de valeurs à peu près entre les mains de M. Patouillet, qui refuse de s'en dessaisir. Je suis donc dans une dèche complète. Que veux-tu que je fasse, avec 25,000 francs de rente? Je sais bien que beaucoup de pauvres diables se contenteraient de ce morceau de pain ; mais pour moi, c'est la misère. Il faudrait m'astreindre à de sordides lésineries; il faudrait me dire à tout instant : si je dépense 10,000 francs à ce caprice, il ne me restera rien pour manger. Alors, ne pouvant résister à mes fantaisies, je continue à les satisfaire avec la même facilité qu'elles me viennent; et je me trouve, comme avant mon mariage, criblé de dettes. Or, voilà les créanciers qui envahissent l'hôtel. C'est à fuir aux antipodes; c'est à souhaiter de redevenir sauvage ou singe, pour aller vivre dans les bois.

— Pauvre malheureux !

— Ah ! ne te moque pas. Ma vie n'est pas gaie, va ! Madame Patouillet me fait une mine longue comme ça. Pour elle, j'y suis habitué. Car dès le premier jour elle m'a regardé comme un voleur qui venait lui dérober le cœur de sa fille. Maintenant elle me hait. Quant au beau-père, il était charmant avant l'élection. Tu sais qu'il comptait sur moi pour l'appuyer auprès de la noblesse ; mais depuis...

— Il a échoué ?

— A l'unanimité. Désastre honteux ! Alors c'est ma faute, bien entendu. J'y ai mis de la négligence, je n'ai pas su intriguer. Moi, intriguer pour un Patouillet ! Je ne suis donc plus bon qu'à jeter aux loups. J'ai mal géré la fortune. Il est vrai que je l'ai plus digérée que gérée. On me reproche le crime de Bassou, le procès qui s'en est suivi. Tout cela ne m'est pas dit en face; ils savent bien que je ne le supporterais pas. Mais ce sont des allusions indirectes, des regards haineux, des inflexions de voix acides, enfin tout un arsenal de petites épingles et d'aiguilles crochues auprès desquelles un bon coup de poignard en pleine poitrine serait un bienfait.

— Comment, ce sublime Démosthènes, aux airs olympiens, posant pour les belles manières et les grands sentiments...

— Est devenu méchant comme un mauvais roquet. Sa nature primitive, sa vraie nature de cuistre a reparu. Physiquement même tu ne le reconnaîtrais pas. Ce n'est plus ce bel homme, entre deux âges, pomponné, sanglé, toujours la bouche en cœur, portant haut la tête, la figure rebondie. Hélas ! son menton rejoint mélancoliquement sa poitrine, ses joues pendent ; son ventre ballotte ; son œil autrefois émérillonné est terne, abattu ; sa bouche, triste ; ses cheveux sont presque blancs. Si sa mauvaise humeur ne se tournait pas tout entière contre moi, je le plaindrais presque.

— Et ta femme, de quel côté se range-t-elle ?

— Pauvre femme ! elle voudrait protester, me défendre ; hélas ! ma cause est si mauvaise ! Elle ne l'ose pas. Elle est encore sublime de résignation, de dévouement ; mais on sent qu'elle n'accomplit qu'un devoir. Le saint enthousiasme est éteint.

— Elle ne t'aime plus ?

— J'en ai peur.

— Alors reviens à elle sincèrement, reconquiers son amour.

— Que veux-tu que j'en fasse ? Je l'ai cependant essayé une fois ou deux, et sais-tu à quelle humiliation je me suis exposé ? Dès que je l'aborde avec tendresse, immédiatement elle me parle d'affaires. La chère créature a deviné que je ne l'avais épousée que pour sa fortune. Et maintenant elle croit que chacune de mes protestations est intéressée. En un mot, je sens qu'elle me méprise, et je n'ai pas le droit de m'en offenser.

— En effet, tu n'es guère non plus sur un lit de roses.

— Ce n'est pas tout, voilà Juliette qui me tombe sur les bras.

— Madame Moriceau ! exclama Pierre Fromont avec un soubresaut.

— Oui, elle m'écrit qu'elle quitte son mari, qu'elle s'enfuit sans un sou, et elle me demande de lui prêter de l'argent, — elle s'adresse bien ! — et d'aller l'attendre au Havre.

— Comment ! elle arrive bientôt ?

— Dans huit jours. Or, je ne me soucie pas de renouer une intrigue avec elle. Je ne puis aucunement l'entretenir. Après le scandale du procès Bassou, il ne me manquerait plus qu'une affaire de ce genre.

— Alors cède-moi ta place. J'irai à sa rencontre et lui porterai quelques milliers de francs en ton nom.

— Toi ! merci, mon cher, merci ! Ah ! ça ! tu es donc amoureux d'elle ?

— C'est possible.

— Et jamais tu ne m'en as rien dit ?

— Je ne l'aime pas encore ; mais puisque l'occasion se présente, je veux essayer.

— Toujours pour oublier Annette ?

— Oui.

— Et Pierrot ?

— Ne me parle jamais de lui.

— Pourquoi ?

— Parce que je déteste les enfants plus que jamais.

— Tu te vantes. Mais vois donc Jocko. Il lit ta correspondance, Dieu me pardonne !

Jocko en effet était assis devant le bureau de Pierre. Il avait ouvert le buvard, en avait éparpillé tous les papiers. D'une main il tenait une lettre froissée et jaunie; de l'autre, un de ces chiffons dont les peintres se servent pour essuyer leurs pinceaux. Il semblait lire, et par intervalle se frottait les yeux avec ce mouchoir improvisé.

Pierre se retourna, et à la vue des nouvelles singeries de Jocko, il ne put s'empêcher de rire et de rougir à la fois.

— Je gage que c'est une lettre d'Annette, s'écria Robert. Il te la voit lire tous les jours, et sans doute qu'en la lisant, tu te sers d'un mouchoir.

— Ce singe est affreux, il suivra le perroquet, dit Pierre, qui fit le geste de le frapper.

Le singe s'enfuit, laissant tomber la lettre.

Robert la ramassa. C'était une lettre de Pierrot, si usée, à force d'avoir été tenue et embrassée peut-être, que les mots en étaient illisibles. Robert la lut.

« Mon cher papa,

« Si tu voyais ton petit Pierrot, tu ne le reconnaîtras pas. On dit que j'ai l'air si raisonnable que je ressemble à un petit homme.

» Depuis que je ne te vois plus, je n'ai plus envie de rire ni de jouer, et maman pleure bien souvent.

» Quand je lui demande pourquoi nous avons quitté le bel atelier, où l'on s'amusait, où il y avait des confitures et des joujoux, où il y avait petit père surtout qui nous aimait tant, elle ne me répond pas, elle pleure encore plus fort. Elle me dit : Sois bien sage et nous y retournerons.

» Mais voilà très-longtemps que je suis bien sage, petit père, je t'assure. Si c'est toi qui nous a mis en pénitence, nous méritons bien d'en sortir.

» Ton petit Pierrot t'embrasse à la pincette sur les deux joues et sur les *œils*. Si tu ne veux pas que nous allions là-bas, viens nous voir. Nous te pardonnerons, car nous t'aimons toujours de tout notre cœur.   » PIERROT. »

— Laisse-donc cette lettre, dit l'artiste. Elle a dû être revue et corrigée par Annette. Je n'aime plus cette femme. Nous faire souffrir tous depuis deux ans avec cet entêtement qui lui a pris tout à coup !

— Cependant...

— Ne m'en parle plus.

— Au fait, tu as raison; ne te marie pas; cependant...

— Tu m'impatientes avec tes cependant.

— Laisse-moi achever : cependant quand on s'est entendus pendant dix ans, il y a beaucoup de chances pour que l'on continue à s'entendre.

— C'est tout le contraire. Tu le vois bien d'ailleurs, puisque nous voilà brouillés. Mais parlons, je t'en prie, de madame Moriceau.

Il alla retourner une grande toile sur laquelle Robert, ébloui, vit une magistrale ébauche du portrait de Juliette. Il y avait là une splendeur de coloris inouïe, une hardiesse de lignes, une largeur de dessin vraiment admirables.

— Eh bien, dit-il, je trouve madame Moriceau plus belle encore. Je n'ai pas su rendre la passion de son visage pâle et de ses grands yeux sombres. Retrouver cette expression, c'est depuis deux ans mon idée fixe, un désir si intense, que je suis presque amoureux de cette femme, qui occupe ainsi ma pensée. Voilà pourquoi je veux la voir, lui rendre service. Je voudrais l'aimer éperdûment.

— Madame Moriceau ne te fera pas oublier Annette. Tu l'aimeras autrement, d'un amour exalté, d'un amour d'imagination; mais le cœur ne sera pas pris. On n'aime avec le cœur que les femmes qui en ont. Juliette est trop passionnée pour être aimante.

— N'importe ! pour le moment j'ai besoin de m'étourdir. Me permets-tu d'aller l'attendre en ton lieu et place ?

— Sans doute, dit Robert; mais que pensera-t-elle de moi ?

— C'est bon, j'arrangerai cela.

XXXVII

Juliette arriva au Havre complétement rétablie. La traversée et surtout le bonheur de revenir en France avaient opéré sa guérison.

Sans doute, pendant les premiers jours, le remords d'avoir quitté Étienne, le souvenir de son enfant l'avaient douloureusement obsédée. Mais, peu à peu, en approchant du terme de son voyage, ses impressions pénibles s'étaient effacées pour ne laisser de place qu'à la joie.

Elle était plus belle qu'elle ne l'avait jamais été. Sa beauté, comme voilée de langueur, sans perdre son caractère passionné, avait une teinte de poésie et de sentiment qui en augmentait le prestige. La beauté des premières années, en effet, n'a ni ces ombres, ni cette flamme, ni ces hardiesses, ni ces mystères.

En la voyant, Pierre Fromont, fasciné, honteux de sa laideur, se montra tout à fait gauche et timide. Il balbutia les excuses de Robert; mais, à l'éclair qui passa dans les yeux de Juliette, à la rougeur subite de son visage, il vit qu'elle n'était pas dupe de ce mensonge, et qu'elle attribuait l'absence de Robert à la vraie cause : son indifférence.

Elle reçut donc assez mal le pauvre Pierre, à peu près comme un intendant ou un premier domestique. Pendant le trajet du Havre à Paris, prétextant une grande fatigue, elle lui parla fort peu, et le remercia sans effusion. Toutefois, elle l'autorisa à revenir prendre de ses nouvelles.

Le lendemain matin, M. Patouillet, prévenu, vint la chercher à l'hôtel d'Angleterre où elle était descendue, et la conduisit dans un appartement, à la fois discret et somptueux, situé rue Caumartin. Il s'excusa galamment de n'avoir pu mieux faire. Il eût voulu lui offrir l'hospitalité dans l'hôtel même de la rue de Courcelles qu'il possédait encore ; mais cet hôtel était loué pour une année. Aussitôt vacant, il le mettrait à sa disposition.

Tout cela fut dit d'une façon si respectueuse que Juliette ne put s'en offenser. Elle refusa nettement l'hôtel, car elle ignorait si son mari lui restituerait sa dot, ou lui payerait seulement une pension. Mais elle accepterait tout, plutôt que de retourner dans cet affreux pays où elle avait failli mourir.

Alors, le prenant pour confident, elle lui conta ses douleurs, ses ennuis, colora sa conduite des plus beaux sentiments, et lui protesta de sa reconnaissance sans bornes pour le service, si désintéressé qu'il lui rendait.

Le pauvre Patouillet, subjugué par ce langage élevé et sentimental, par ces manières de princesse qu'elle savait si bien prendre, était ému au point de sentir ses yeux se mouiller.

Il eût voulu mettre sa fortune entière aux pieds de Juliette ; il y mit son cœur ; sa vie, un dévouement à toute épreuve, accompagnés d'une lettre de crédit illimité sur son banquier.

Juliette accepta, la rougeur au front et des larmes de honte dans les yeux. Elle maudit de nouveau sa douloureuse destinée qui la forçait de recourir ainsi à la générosité de ses amis. Mais Étienne ne la laisserait pas sans ressources. Elle s'acquitterait bientôt et ne profiterait de ces offres qu'avec une grande réserve et dans la mesure de ce qu'elle pourrait rendre.

— Elle mit une grâce si touchante dans ses remerciments que Patouillet la quitta, enivré et rajeuni. En effet, l'amour de cette belle femme, de cette perle incomparable, le dédommageait de l'échec de ses ambitions. C'était une consolation inespérée. L'idée de supplanter son gendre, dont il avait tant à se plaindre, ac-

crut encore l'ivresse qu'il ressentait de son futur triomphe ; car l'abandon avec lequel Juliette lui avait fait ses confidences, la manière expressive dont elle avait accentué sa reconnaissance ne lui laissaient aucun doute sur l'impression qu'avait produite sa délicate munificence.

Cependant Juliette voulait voir Robert, et Robert ne venait point.

Le malheureux avait caché à son ami Fromont une partie de sa détresse et de ses fautes.

Repoussé par Cora Dercourt, dont la vertu était demeurée inflexible, il s'était jeté plus éperdûment que jamais dans la dissipation.

C'était actuellement une femme du demi-monde qui l'occupait et le ruinait. La belle Toto était la splendeur du moment ; elle était célèbre sur le turf par ses chevaux, ses équipages, ses paris audacieux, ses diamants et ses cheveux rouges ; du reste, spirituelle autant qu'habile, et aussi avare qu'avide.

Robert l'aimait parce qu'elle le trompait et l'amusait. Chez elle, en outre, on jouait gros jeu ; et toute la jeunesse crevée, parieuse et chevaline, s'y donnait rendez-vous.

Jusqu'alors, Robert avait dominé les femmes qu'il avait aimées. C'était à son tour de subir une domination. Il semble que ce soit le châtiment de ces hommes qui toute leur vie se sont joués des femmes et de l'amour, de tomber sous la tyrannie d'une créature indigne.

La belle Toto traitait Robert sans pitié, et il ne regimbait pas. Quand elle l'insultait, il lui baisait la main ; si elle le mettait à la porte, il rentrait par la fenêtre. Il passait sa vie chez elle ; quelquefois même il restait plusieurs jours sans rentrer à son hôtel.

C'était cette nouvelle passion qui l'empêchait d'aller voir Juliette. D'ailleurs, que lui dirait-il ? Si elle voulait renouer, comme cela était certain, pourrait-il la repousser, dans l'isolement où elle se trouvait ? Et il ne voulait pas abandonner Toto ; car il était jaloux.

Un soir, il perdit 30,000 fr., et Toto lui fit un affront sanglant : elle lui montra une broche de diamants qu'elle lui demandait depuis quinze jours, et qu'un seigneur russe venait de lui envoyer.

Il rentra chez lui humilié, découragé, malade. Maintenant, il haïssait et méprisait cette femme ; il eût voulu la broyer sous ses pieds, et cependant il n'avait qu'une pensée : éclipser son rival par un présent d'une valeur double.

Enfin, les trente mille francs qu'il avait

perdus sur l'honneur, il fallait les payer ou se brûler la cervelle.

Il trouva chez lui plusieurs lettres de Juliette qu'il n'ouvrit pas. Il passa chez sa femme.

Marcelle était sortie.

Il vit sur un meuble de boule une cassette où elle serrait ses diamants. Il ne pensa pas qu'il allait commettre un vol ; il se dit seulement qu'il contractait un emprunt dont elle ne s'apercevrait pas.

Il ouvrit la cassette, enleva une rivière de diamants et une couronne de comtesse du prix de 100,000 francs.

Il n'offrit pas à sa maîtresse les bijoux de sa femme ; mais il les engagea pour la somme de 50,000 francs. Il paya 30,000 les pendants d'oreille semblables à la broche de Toto ; et avec les 20,000 restants, il partit pour Bade.

Un de ces nombreux inventeurs de systèmes de jeu lui avait communiqué un procédé infaillible pour faire sauter la banque en une heure. Mais en deux heures il perdit ses 20,000 francs.

Alors, désespéré, il écrivit à Marcelle :

« Ma chère femme,

» C'est à peine si j'ose encore vous donner ce nom.

» C'est moi qui ai volé vos diamants ; n'en accusez personne. Je dis volé, car je ne me crois aucunement le droit de disposer de vos bijoux pas plus que de votre fortune. Si je me suis emparé de votre bien, ce n'était donc point que je prétendisse user du droit injuste que m'accorde la loi ; non, j'y ai été poussé par des entraînements plus forts que mon raisonnement, je dirai presque que ma volonté.

» Mais peut-être, dans votre infinie mansuétude, trouverez-vous que cette faiblesse de caractère mérite votre pitié.

» Quoi qu'il en soit, j'expie durement mes fautes. J'avais à payer une dette de jeu, une dette d'honneur. Pour me sauver, il ne me restait qu'une ressource, jouer encore. J'ai donc engagé vos diamants que je comptais pouvoir racheter et je suis parti pour Bade. J'ai tout perdu, et si vous ne me venez en aide...

» Qu'allais-je écrire ? Un mot qui vous eût bouleversée...

» Je connais, ma chère femme, votre générosité. Je sais qu'il suffit de vous exposer mon embarras, et que vous ferez l'impossible pour venir à mon secours, quels que soient mes torts envers vous.

» Ne vendez pas vos beaux bijoux. Engagez-les seulement ; je suis sûr de pouvoir dans huit jours les racheter.

» Merci encore. Je baise humblement vos pieds, ma divine Marcelle, ma seule consolation. Ce que je n'oserais plus vous dire, j'ose vous l'écrire encore. Tu es, je te le jure, la seule femme que j'aie réellement aimée, la seule à qui je puisse confier mes faiblesses, parce que tu es la seule assez bonne, assez aimante pour les excuser.

» Ton ROBERT. »

Quand Marcelle reçut cette lettre, elle resta quelques instants stupéfiée. Cet homme autrefois placé si haut dans son esprit, cet homme dérobait des diamants comme un voleur ; et il s'humiliait, et mentait encore pour obtenir, non pas son pardon, mais de l'argent. Elle se demanda avec une sorte de terreur s'il ne pourrait descendre plus bas encore.

Pendant qu'elle songeait, son fils vint la tirer par sa robe. Elle abaissa les yeux vers lui, et fut frappée en cet instant de sa ressemblance avec Robert.

— O mon Dieu ! murmura-t-elle en le serrant avec effroi contre sa poitrine, ne lui donnez pas aussi les passions de son père !

Elle se leva, prit le reste des bijoux, alla chez son bijoutier, emprunta 30,000 fr. qu'elle envoya à Robert avec ces simples mots :

« J'ai fait ce que vous m'avez demandé. Je vous envoie tout ce que j'ai pu obtenir. Je souhaite que cette somme vous suffise. Puissiez-vous nous revenir bientôt !

» Le petit réclame souvent son père et vous embrasse de tout son cœur.

» MARCELLE. »

Trois jours après, Robert revint, en effet, mais sans un sou.

Il était complétement abattu par ce dernier revers. Il savait que M. Patouillet rachèterait les diamants de sa fille, mais qu'il ne donnerait pas d'argent.

Cependant, il ne pouvait reparaître chez Toto sans avoir payé sa dette de jeu. Une seule ressource lui restait : vendre l'hôtel. Depuis longtemps il y pensait ; mais il n'osait demander la signature de Marcelle. D'ailleurs, comment se résoudre à mettre sa femme hors de chez elle ?

En revoyant Marcelle, il eût voulu se jeter à ses pieds ; il fut retenu par la gravité, par la sévérité de son accueil. Elle ne lui adressa pourtant aucun reproche.

Il rentra dans son appartement.

Désespéré, las de vivre, il avait perdu cette énergie nerveuse qui lui permettait autrefois de réagir si gaiement contre les mauvais tours du sort.

Depuis une demi-heure, il était devant son feu, les pieds sur ses chenets, regardant les tisons d'un œil vague et morne, dans l'attitude, en un mot, d'un homme accablé sous le poids de l'infortune, quand on annonça Pierre Fromont.

Juliette, ne recevant aucune réponse à ses lettres, envoyait à Robert Pierre Fromont comme ambassadeur.

— Ah ! te voilà, fit machinalement Robert.

— Es-tu malade ? demanda Pierre, surpris de lui voir ce visage atone.

— Oui, très malade.

— Quelle maladie ?

— Une maladie mortelle : le dégoût de la vie.

— Tu n'as donc plus d'argent ?

— Je suis ruiné, archiruiné. J'ai tout perdu : l'honneur, l'amour de ma femme et l'estime de moi-même.

— Et Toto peut-être t'a mis à la porte ?

— Cela m'est égal ; je ne l'aime plus.

— Eh bien ! mon cher, en revanche, Juliette t'aime toujours. C'est elle qui m'envoie.

— C'est bon ! j'irai lui faire mes adieux. Pauvre femme ! Encore une victime du mariage.

— Mais il me semble que c'est plutôt le mari qu'il faudrait plaindre.

— Ah ! tu crois cela, toi ? Le mari est comme Marcelle. Ils ont souffert, sans doute ; mais ils n'ont pas, comme Juliette et moi, à se débattre contre leurs passions et contre les entraves du lien conjugal. Enfin ils ont pu conserver l'estime d'eux-mêmes. Ils n'ont à se reprocher aucune souillure, tandis que nous... Ah ! j'en ai assez de la vie ; elle n'est supportable qu'avec beaucoup d'argent. Autrement, c'est un tissu de douleurs, de privations, d'humiliations surtout. Et comme ma ruine est aujourd'hui irrémédiable...

— Eh bien ?

— Eh bien ! je songe à me faire sauter la cervelle.

— Allons ! tu me rassures, répondit Fromont. Quand on songe vraiment au suicide, on n'en prévient personne.

— Si j'en parle, c'est que je regarde cette manière d'en finir comme la plus simple et la plus naturelle. La mort subite n'est-elle pas cent fois plus enviable qu'une mort amenée par la maladie ? Entre une tuile qui me tomberait sur la tête et un coup de pistolet, il n'y a qu'une insignifiante différence. Le premier genre de mort est l'effet du hasard ; le second est l'effet de ma volonté, dominée elle aussi par le hasard des circonstances. Qu'est-ce que la vie après tout, puisqu'un accident si mince peut la briser ? L'importance que les hommes attachent à l'existence tient à leur immense orgueil. Que sommes-nous, hélas ! dans le mouvement universel ?

Qui donc s'apercevra que demain j'aurai cessé d'exister ?

— Ah ! ça ! Robert, parles-tu sérieusement ?

— Très sérieusement.

— Je suis inquiet de t'entendre discourir ainsi ; car j'ai remarqué que tu ne raisonnes jamais que lorsque tu vas commettre une sottise.

— C'est sans doute, répliqua Robert en souriant tristement, parce que j'ai besoin de me prouver à moi-même que cette sottise est chose raisonnable.

— Voyons, tâchons de causer sensément. Plaie d'argent, dit-on, n'est pas mortelle. Diable ! comme tu y vas ! se tuer parce qu'on n'a plus que 25,000 francs de rente ! Si tous ceux qui ne les ont pas se brûlaient la cervelle, combien resteraient debout ? Dis-moi que tu éprouves un moment d'ennui difficile à passer.

— Non, ce n'est pas cela seulement. D'ailleurs, il ne me reste même pas ces 25,000 fr. de rente ; car j'ai beaucoup de dettes, et le sieur Patouillet se propose de plaider en séparation.

— Ta femme n'y consentira pas.

— Eh bien ! quoi ! Tu veux que je continue à m'humilier ainsi, à soutirer à cette femme angélique jusqu'à son dernier sou ? Et puis ce n'est pas tout, je vieillis, je suis vieux.

— As-tu bien trente-cinq ans ?

— Trente-sept, mon cher, et je ne puis me résoudre à vieillir. Vois-tu sous mes yeux ces petites lignes encore minces, mais menaçantes ; vois-tu ces fils blancs dans mes cheveux ? Mes yeux rapetissent sensiblement, et l'autre jour, en parlant devant ma glace, il m'a semblé que ma bouche se tordait un peu. Enfin, signe plus caractéristique, deux échecs en un an ! Madame Dercourt s'est moquée de moi, on ne peut plus agréablement, c'est vrai ; mais elle s'est moquée de moi. Puis Toto me traite comme un valet et me trompe outrageusement. Hélas ! c'est à ces sortes de déceptions qu'un homme reconnaît réellement qu'il baisse.

Dans un an ou deux, on m'appellera un *vieux beau*. Les femmes que j'aimerai, car j'aimerai toujours, je suis de ceux dont le cœur ne vieillit pas, ces femmes, je les verrai me préférer des clercs d'avoué de vingt-cinq ans. Oh ! honte ! Tu l'as dit souvent : je suis un artiste, un apôtre de l'amour. Je dois tirer le rideau au beau moment, au sommet de ma gloire, et ne pas me laisser voir dans ma décrépitude. Je trouve que j'ai déjà trop attendu.

— Tu es superbe ; vrai, tu es superbe. Dans ton genre, tu es un héros. Je t'admire, je t'approuve. Retire-toi de cette vie d'aventures, deviens un bon bourgeois. Il

st temps. Mets au monde encore une
demi-douzaine d'enfants, fais-toi patriarche, fonde une dynastie, puisque tu
n'as pas contre les enfants les mêmes pré-
tentions que ton serviteur. Tel est le genre
de suicide que je te conseille.

— Comment, c'est toi, toi dont toute la
philosophie se base sur la fatalité des organisations, qui viens me prêcher cette
sorte d'huitrification?

— Allons! reprit Pierre, puisque tu
plaisantes, me voilà plus tranquille, et
j'espère que tes idées noires vont s'envo-
ler au premier rayon de soleil.

— Le soleil, en effet, voilà la seule
bonne chose de la vie, la seule jouissance
qui ne laisse après elle aucune amertume,
la seule que je regretterai.

— Et l'amour? ingrat! Viens voir Juliette, ne fût-ce que par reconnaissance.

— Tes affaires ne marchent donc pas?

— Elle a consenti hier à poser pour son
portrait, mais seulement si je t'amenais
chez elle. Tu le vois, de gré ou de force, il
faut que je t'y conduise.

— C'est bon, j'irai pour te rendre service.

— Pourrais-je saluer ta femme?

— Si tu veux. Mais ne lui dis pas un
mot de notre conversation.

— Sois tranquille.

Pierre entra chez Marcelle. Il connaissait assez Robert pour savoir que son ami
méditait sérieusement un suicide. Il crut
devoir communiquer ses craintes à madame de Luz.

Cette révélation bouleversa Marcelle.
Elle se leva par un soubresaut, puis elle
retomba.

— Se tuer! dit-elle. Ah! je devine. Mon
Dieu! mon Dieu!

Elle courut à l'appartement de Robert,
l'enlaça dans ses bras.

— Robert, vends tout, tout. Te faut-il
une procuration? Tout ce que je possède
est à toi.

Le lendemain, Robert avait une procuration en règle pour vendre l'hôtel.

Huit jours après, il le cédait, au prix
de 400,000 francs, à un M. Robinet, agent
d'affaires, qui n'était que le prête-nom de
mademoiselle Zoé Coulon, autrement dite
la belle Toto.

Marcelle dut ainsi céder la place à la
maîtresse de son mari.

Or, Toto, quand il s'agit de payer, sut
reconquérir l'amour de Robert, et elle ne
paya point. Il resta donc avec ses dettes.
Seulement Toto lui fit la grâce de lui offrir un logement gratuit dans son hôtel.

Robert passa ainsi pour avoir chassé sa
femme de sa maison afin d'y installer sa
maîtresse. Marcelle le crut aussi.

Ce dernier outrage combla la mesure.

Sur les instances de M. et de madame Patouillet, madame de Luz se décida enfin à
rentrer avec eux rue de Provence et à dé-
poser au parquet une demande en séparation.

XXXVIII

Cependant Robert, malgré sa promesse,
n'était point allé voir Juliette.

Elle aussi commençait à expier ses fautes. Depuis son retour en France, elle
avait subi une série d'humiliations et de
déboires.

La première déception, la plus poi-
gnante, c'était l'abandon de Robert dont
elle avait appris enfin les relations avec
la belle Toto. La seconde, c'était le silence
d'Etienne qui n'avait pas daigné répondre
à ses lettres. Puis c'était l'amour de M. Patouillet chaque jour plus explicite, plus
pressant, et qu'elle ne pouvait repousser
entièrement, sous peine de rester sans
ressources. Enfin une blessure plus ré-
cente avait achevé de l'abattre.

Ignorant le retentissement scandaleux
qu'avait eu le procès de Bassou, elle avait
cherché à renouer ses anciennes relations
et envoyé des cartes; mais ces cartes
étaient restées sans réponse.

Elle fit des visites. On la reçut avec froideur. Dans certaines maisons même on
l'éconduisit.

Que signifiait cet ostracisme? Son retour en France était-il mal jugé? Connais-
sait-on l'hospitalité que lui accordait M. Patouillet?

Abandonnée de tous, désespérée, elle se
jeta dans les bras de Pierre Fromont que
pourtant elle n'aimait pas. Elle subit la
cour de M. Patouillet qui lui faisait horreur.

Robert avait pris un appartement modeste, place de la Madeleine. Il commençait à accepter une pauvreté relative. De
temps à autre, il recevait de l'argent d'une
main inconnue. Qui lui adressait cet argent? Il devina la main généreuse de Marcelle.

Pauvre Marcelle! En pensant à lui, elle
était prise de vagues terreurs. Qu'allait-il
devenir? Elle le savait, dans un besoin
d'argent, capable de tout, et ne le voyait
plus; mais elle lui écrivait quelquefois.
Elle croyait ne pas devoir l'abandonner
entièrement, afin qu'il sût à qui recourir
en cas d'extrême détresse.

Robert, lui, était toujours à peu près
dans la même disposition d'esprit. Dégoûté
de la vie quand sa bourse était vide, il
reprenait goût à l'existence dès qu'elle
était remplie. Tantôt il gagnait au
jeu, tantôt il perdait. Et, selon la perte ou

le gain, il se voyait repoussé ou favorablement accueilli par Zoé Coulon.

Il avait aimé dans Nana la bonne fille gaie, un peu folle. Ce qui le subjuguait dans Toto, c'était sa perversité raffinée et couverte, son air royal, son regard impérieux et méchant. Plus elle le maltraitait, plus il semblait s'attacher à elle.

Un soir pourtant, elle l'abreuva de tant d'outrages qu'il sortit de chez elle avec la résolution héroïque de n'y jamais rentrer.

Pour oublier cette fille qui se jouait de ses souffrances, il se décida à revoir Juliette; il tâcherait de ranimer cette ancienne passion.

Dès le lendemain soir, il se dirigea rue Caumartin.

Mais en route, prévoyant une scène de larmes, de reproches, prévoyant que Juliette allait se jeter à son cou, lui témoigner un amour que peut-être il ne partagerait plus, il faillit rebrousser chemin.

Juliette avait cessé de l'attendre.

Elle se tenait au salon, étendue sur un divan. Sa robe de velours noir faisait ressortir la pâleur délicate de son teint et le sombre éclat de ses yeux.

Quand on annonça M. de Luz, elle se dressa comme soulevée par un choc galvanique.

— Je n'y suis pas pour M. de Luz, dit-elle très haut, de façon à être entendue de Robert.

Puis elle retomba accablée par le sacrifice qu'elle venait de faire à son orgueil.

Mais Robert, forçant la consigne, entra et se précipita à ses pieds.

— Juliette! Juliette! s'écria-t-il, embrassant ses genoux.

La tête renversée, les yeux fermés, elle restait immobile, comme paralysée par une émotion qu'elle voulait cacher.

— Je ne vous aime plus, dit-elle enfin d'une voix étouffée. Depuis que je vous connais, je souffre par vous. Vous avez fait de moi la dernière des femmes. Savez-vous ce que je suis? Savez-vous où m'a poussée votre abandon? Je suis... Elle s'arrêta, rejeta des deux mains ses cheveux en arrière. Elle se leva et s'éloigna de Robert.

— Non, n'achevez pas, Juliette. J'ai peur de comprendre, dit Robert en jetant un regard sur les splendeurs de l'appartement.

— Que comprenez-vous? fit-elle en le toisant fièrement.

Il se rapprochait.

— N'avancez pas. Il n'y a plus rien de commun entre nous. Adieu!

Elle voulut se retirer; mais des liens irrésistibles l'enchaînaient à sa place. Elle fit pourtant quelques pas, chancelante, alanguie.

Sa figure pâle, émue, était alors d'une beauté si souveraine que Robert, lui aussi, invinciblement attiré, s'élança vers elle, la prit dans ses bras, la ramena au divan, se prosterna à ses pieds, couvrit ses mains de baisers violents.

Enveloppée, aveuglée par les flammes de cet amour, qu'elle ne pouvait vaincre, Juliette pardonna.

XXXIX

Marcelle obtint gain de cause. La séparation de corps et de biens fut prononcée. Du reste Robert ne se défendit pas. Il acceptait même avec bonheur cette sorte de divorce.

En se retrouvant libre, il se sentit comme rajeuni, ressuscité.

Marcelle, au contraire, quoique guérie de tout amour, éprouva de cette séparation une amère tristesse. Bien qu'en réalité elle fût veuve, le monde lui faisait un devoir de ne plus aimer, de rester fidèle à un homme qui, lui, avait manqué à tous ses serments et à tous ses devoirs, à un homme qui avait brisé sa vie et son cœur.

Elle prit son enfant, le serra passionnément dans ses bras et pleura longtemps.

Cet enfant avait quatre ans alors, et dans trois ans, le père pourrait le prendre.

Depuis qu'elle plaidait, elle n'avait pas revu Robert. Peut-être conserverait-il quelque ressentiment de ce procès, et un jour, par vengeance, réclamerait-il son enfant. Elle pensa d'abord à lui écrire, mais une froide lettre ne saurait le convaincre, l'attendrir comme la vue de ses larmes, de sa profonde douleur.

Elle se résolut à l'aller voir.

Robert la reçut avec une politesse parfaite, mais un peu cérémonieuse.

Pendant quelques instants, tous deux embarrassés gardèrent le silence.

Robert, le premier, surmonta cette contrainte.

— Eh bien! Madame, dit-il avec respect, à quoi dois-je l'honneur de votre visite?

— Vous m'en voulez beaucoup de ce procès? dit-elle toute tremblante.

— Moi! vous en vouloir! je sais bien que vous n'y êtes pour rien.

— Alors, appelez-moi votre amie, Robert, car je veux à tout prix conserver votre amitié.

— Mon amie! Oh! oui, fit-il avec un soupir. Ma meilleure et ma plus chère amie, je vous le jure.

— Ainsi, reprit Marcelle, je ne suis pas désormais pour vous, comme je le...

doutais, une [...] un affectueu[...]

— Ah! m[...] ment touché, mander cela. mettre à vo[...] que vous ne[...] et toute affec[...] confond, m'é[...] être digne de votre égard co[...] rables, et ce pardon que vo[...] m'offrir votre [...]

— Et aussi j[...] vous demander [...] fils.

— Comment, un moment que [...] de la loi, j'irais [...] Pour quel homm[...] je le sais, je v[...] soupçons les p[...] moins, faites-mo[...] je ne suis pas un[...] faible seulement, [...] ses passions. C[...] m'ont rendu par [...] vous. Mais, avez-[...] ement, de propos[...] serais la plus gran[...] prenant ce que vo[...] monde, votre enfa[...]

— Je craignais [...] sais; si pourtant [...] même, moi, peut-ê[...] heureux, voudra-t-i[...] pour le consoler. Ça [...] les en accorde le d[...]

— Encore une foi[...] at du père peut ba[...] de la mère? Si l[...] que les hommes [...] croyez, Marcel[...] es, il y a encore e[...] justice. Or, que [...] ai-je fait pour lu[...] action! Vous, a[...] ert par lui, ayant [...] puis qu'il est au [...] pas enfanté cent [...] inquiétudes, les doul[...] sa causées! Jamais [...] la loi m'y autorise [...] dernier vol, cette [...] prendre votre fils [...] stance même, votre [...] votre unique con[...] celle, jamais! Je vo[...] me reste d'honne[...] de notre enfant. [...] Merci. Oh! merci [...] lui tendant la mai[...]

nue, était alors d'une
e que Robert, lui aussi,
ré, s'élança vers elle,
s, la ramena au divan,
pieds, couvrit ses mains

uglée par les flammes
le ne pouvait vaincre,

XXIX

ain de cause. La sépa-
le biens fut prononcée
se défendit pas. Il ac-
bonheur cette sorte de

nt libre, il se sentit
ssuscité.
traire, quoique guéri
ouva de cette sépara-
tesse. Bien qu'en réa-
le monde lui faisait un
imer, de rester fidèle à
, avait manqué à tous
ous ses devoirs, à m
brisé sa vie et se

ant, le serra passionné
et pleura longtemps.
t quatre ans alors.
e père pourrait le

laidait, elle n'avait pa
ut-être conserverait-
ent de ce procès, et u
nce, réclamerait il s
d'abord à lui écri
ttre ne saurait le c
r comme la vue de
onde douleur.
l'aller voir.
ut avec une polites
peu cérémonieuse.
es instants, tous de
èrent le silence.
ier, surmonta cette
dame, dit-il avec
-je l'honneur de vo

oulez beaucoup de
ute tremblante.
n vouloir ! je sais
pour rien.
ez-moi votre amie,
à tout prix conse

Oh ! oui, fit-il ave
leure et ma plus
ure.
t Marcelle, je ne
ur vous, comme je

doutais, une étrangère. Vous me garderez un affectueux souvenir.

— Ah ! mon amie, s'écria Robert vraiment touché, c'est vous qui venez me demander cela. N'est-ce pas moi qui dois me mettre à vos pieds, vous implorer, afin que vous ne me retiriez pas toute estime et toute affection ? Votre générosité me confond, m'écrase. Quel homme eût pu être digne de vous ? Je me suis conduit à votre égard comme le dernier des misérables, et ce n'est pas seulement votre pardon que vous m'accordez ; vous venez m'offrir votre amitié !

— Et aussi je viens, dit-elle hésitante, vous demander si vous me laisserez mon fils.

— Comment, vous auriez pu supposer un moment que, me prévalant du bénéfice de la loi, j'irais vous enlever votre enfant ? Pour quel homme me prenez-vous donc ? Je le sais, je vous ai donné droit aux soupçons les plus injurieux. Mais au moins, faites-moi la grâce de penser que je ne suis pas un méchant homme. Je suis faible seulement, incapable de résister à mes passions. Ces passions impérieuses m'ont rendu parfois égoïste, dur envers vous. Mais, avez-vous pu croire que froidement, de propos délibéré, je vous causerais la plus grande des douleurs en vous prenant ce que vous avez de plus cher au monde, votre enfant ?

— Je craignais, j'avais peur. Je me disais : s'il pourtant il l'aime autant que je l'aime, moi, peut-être un jour, triste, malheureux, voudra-t-il avoir aussi son fils pour le consoler. Car enfin, puisque la loi lui en accorde le droit...

— Encore une fois, non ! Est-ce que le droit du père peut balancer un instant celui de la mère ? Si la loi le fait prévaloir, c'est que les hommes seuls ont fait le code. Mais, croyez, Marcelle, que malgré mes passions, il y a encore dans mon cœur quelque justice. Or, que suis-je à cet enfant ? Qu'ai-je fait pour lui ? Que m'a coûté sa [...] ? Vous, au contraire, vous avez [...]ert par lui, avant même sa naissance ; puis qu'il est au monde, ne l'avez-vous pas enfanté cent fois par toutes les [...]études, les douleurs morales qu'il a causées ! Jamais, soyez-en sûre, bien que la loi m'y autorise, je ne commettrai [ce der]nier vol, cette dernière iniquité, [p]rendre votre fils, c'est-à-dire votre [substa]nce même, votre propriété indénia[ble], votre unique consolation, jamais, [jamai]lle, jamais ! Je vous le jure sur tout [ce qui] me reste d'honneur et sur la [vie] de notre enfant.

— Merci ! Oh ! merci ! dit la jeune [femme en] lui tendant la main.

Robert prit cette main et la baisa avec une vive et réelle émotion.

Elle voulut se lever et partir, car elle-même se sentait fort émue.

Robert la retint. Le passé fut évoqué. Les jours de vrai bonheur avaient été rares ; mais Marcelle en gardait le souvenir ineffaçable. Elle en parla avec un regret touchant, une grâce attendrie.

Robert la regardait avec surprise. Il lui trouvait une poésie nouvelle. Cette femme frêle et charmante enfant, lui sembla grandie par la souffrance. Il découvrit des séductions inattendues dans ses yeux plus profonds, un peu voilés maintenant par les pleurs qu'il avait fait verser ; dans le triste et bon sourire de ses lèvres pâlies ; et jusque dans ses traits déjà fatigués, portant la trace des chagrins qu'il avait causés.

Enfin, dégagé de ces liens, de ces devoirs si antipathiques à sa nature indépendante et mobile, il vit en Marcelle une autre femme, une femme qui ne lui appartenait plus et qui dès lors avait pour lui l'attrait du fruit défendu. Il sentit renaître son amour ; ou plutôt pour la première fois, il éprouva auprès d'elle un trouble véritable. Une fantaisie bizarre s'empara de lui ; il voulut reconquérir sa femme.

Il s'humilia, implora ; il déploya cette éloquence passionnée et ces caresses de langage qui lui avaient si souvent ramené le cœur de Marcelle. Il devint pressant, audacieux même.

Marcelle crut à un caprice, à une dépravation.

Elle se leva toute pâle d'effroi, toute frémissante.

— Ne m'outragez pas, dit-elle. Il ne peut plus y avoir entre nous que de l'amitié. Si nous nous revoyons, comme je l'espère, veuillez ne pas l'oublier.

Et elle sortit.

Robert resta un instant comme étourdi.

— Ah ! ça, voyons ! dit-il, est-ce que je serais amoureux de ma femme à présent ? Mais oui, c'est positif. Me voilà tout ému, parole d'honneur ! J'ai voulu la séduire, je crois. En effet, ce serait piquant. Bah ! quoique séparés, nous ne restons pas moins mariés. Si je revenais à elle, il faudrait encore l'aimer éternellement. Et, d'ailleurs Juliette... Juliette est décidément la seule femme assez semblable à moi, assez asservie à ses passions, assez révoltée contre les lois du monde pour m'intéresser sérieusement et longtemps.

Cependant, malgré lui, il pensa à Marcelle.

XL

Marcelle, en rentrant chez elle, encore toute bouleversée de cette scène inouïe, trouva Cora qui l'attendait.

— Eh bien, lui dit son amie, j'ai appris ce matin la bonne nouvelle : tu as gagné ton procès.

— Ah ! un triste procès, Cora, et qui va me faire une vie bien désolée. Quelle que soit la pureté de ma conduite, ma position restera fausse aux yeux du monde. La loi est cruelle. Est-il juste que mon existence demeure à jamais enchaînée à celle d'un homme qui n'a pas pris au sérieux ses engagements ? Tu sais à quel point je suis constante, et si j'eusse souhaité de rencontrer dans le mariage une affection durable. Mais aujourd'hui, je vois bien que tu avais raison, et que les liens indissolubles sont souvent un obstacle à la constance même et au bonheur.

— Il est certain, répliqua Cora, que si le mariage indissoluble était notre destinée naturelle, Dieu ou la nature nous eût tous créés constants. Mais c'est là une vérité trop claire pour que les hommes la reconnaissent. Qu'as-tu donc ? tu parais toute émue, toute fiévreuse.

Marcelle raconta sa visite à son mari.

— Jamais, ajouta-t-elle, il ne parut m'aimer autant.

— Il t'aime, certainement. La perspective de te perdre lui fait apprécier enfin la valeur du trésor qu'il possédait.

— Un moment j'ai cru qu'il avait besoin d'argent, et que cette recrudescence de tendresse n'était qu'un calcul.

— Tu ne connais pas encore ton mari, ma chère Marcelle ; il est trop impétueux, trop fantaisiste pour être jamais un calculateur. Il t'aimait tout à l'heure, tout simplement parce qu'il n'y était plus obligé. Ce serait peut-être le moment de le ramener ; et si maintenant tu voulais suivre mes conseils...

— Non, Cora, non, il est trop tard. Mon amour est éteint. Peut-être renaîtrait-il ; mais, à présent, j'ai quelque tranquillité, et, après mes douleurs passées, ce calme est presque du bonheur. D'ailleurs, avec sa nature capricieuse, il n'aimerait pas longtemps ; quinze jours peut-être, et je recommencerais à souffrir. Non, oh ! non jamais ! Je lui continuerai mon amitié, je l'aiderai autant qu'il sera en mon pouvoir ; j'apprendrai à mon fils à le chérir, à le respecter même ; mais c'est tout ce qu'aujourd'hui le devoir m'impose, et c'est tout ce que je puis faire.

— Pauvre femme ! tu as raison, dit Cora. Le mal, c'est que nos lois, comme notre morale, veulent ramener tous les hommes au même moule, sans admettre l'infinie variété des caractères, tout aussi normale et légitime que l'infinie variété des visages. Une loi qui prétendrait soumettre tous les visages à un type unique, et qui déclarerait subversifs et punissables tous ceux qui s'en écarteraient, ne me paraîtrait pas plus insensée que la loi qui prétend enserrer tous les amours dans des chaînes éternelles. Au moins faudrait-il, quand, par exemple, deux natures tout à fait dissemblables se sont méprises en s'unissant, qu'elles pussent se désunir et recouvrer la liberté.

— Ah ! oui, je sais, tu prêches pour le divorce.

— Eh bien ! n'es-tu pas de mon avis, maintenant ?

— Maintenant, que ferais-je de cette liberté ? Pour rien au monde, je ne voudrais me remarier, ni aimer.

— Aujourd'hui, c'est possible ; mais dans deux ou trois ans, quand tes plaies seront parfaitement cicatrisées, ton pauvre cœur, si jeune encore et si aimant, souffrira de l'isolement. Car rien ne s'oublie plus vite que la douleur ; et c'est là sans doute un des plus grands bienfaits de la nature.

Comme Marcelle secouait tristement la tête en signe de dénégation, un domestique annonça M. Moriceau.

— M. Moriceau, s'écria Marcelle qui tressaillit, faites entrer.

Elle alla avec empressement au devant de lui. Mais en le voyant, elle fit un haut le corps involontaire. C'est à peine si elle pouvait le reconnaître. Cora, elle aussi, le regardait avec stupeur, et avec cette compassion respectueuse qu'inspire une infortune imméritée.

Les traits d'Étienne portaient en eux l'empreinte d'un malheur navrant. Ses yeux tristes étaient à demi baissés : on eût dit qu'il craignait de rencontrer sur les visages un sourire railleur ou une expression de pitié. Ses cheveux étaient tout à fait blancs.

— Je voudrais parler à M. Patouillet, dit-il après les civilités d'usage.

— Mon père est absent ; mais veuillez l'attendre, je vous prie.

Il s'assit, ne répondant que par monosyllabes aux questions affectueuses de Marcelle.

Cora crut que sa présence l'embarrassait ; elle se retira.

Dès qu'elle se trouva seule avec lui, Marcelle lui tendit la main.

— Monsieur Moriceau, mon ami, mon seul ami, dit-elle, que je suis heureuse de vous revoir ! J'ai pensé à vous bien souvent. Je voulais vous écrire, et je n'osais point. Comme vous n'écriviez pas vous-même, je me disais : c'est qu'il est heureux ; car, on prétend que rien ne rend égoïste comme le bonheur.

— C'est plutôt le malheur, madame, qui m'a fait garder le silence. Je vous sais si bonne que je n'eusse point voulu vous attrister du récit de mes chagrins.

— Ah! oui, je sais; elle vous a quitté, elle est revenue seule.

— Depuis six mois.

— Et vous, depuis combien de temps êtes-vous de retour?

— Depuis trois semaines. Depuis trois semaines je l'épie, je me contiens, j'ai voulu savoir, je sais, dit-il. C'est horrible. Cette femme est la dernière des créatures. Je ne la reverrai pas. Elle ment avec tant d'art, s'accuse en termes si touchants, que peut-être me laisserais-je encore abuser par ses impostures et son faux repentir.

— Alors, dit Marcelle anxieuse, que voulez-vous faire?

— Rassurez-vous, madame, je ne l'aime plus assez pour la tuer, elle et ses amants.

— Ses amants! exclama Marcelle.

— Ah! c'est vrai, vous ne pouvez savoir... Elle a trois amants.

— Vous vous trompez, peut-être.

— Je suis sûr. Je payerai ses dettes, car je ne veux pas qu'on puisse attribuer les désordres de ma femme à un manque d'argent. Je reviens de Nantes, où je me suis procuré 200,000 francs, sa dot. Je la lui rendrai; j'y ajouterai 100,000 francs à une condition : c'est qu'elle quittera mon nom et me laissera l'enfant.

— L'enfant! interrogea Marcelle timidement.

— Sa fille, qui n'est pas la mienne. Dans mon désespoir, pour avoir un être à aimer, je l'ai adoptée, pauvre petite! Elle me rappelle bien des douleurs ; mais elle en est innocente, et elle m'aime, elle.

— Pensez-vous retourner au Brésil?

— Je ne sais pas encore ce que je ferai. Il ne me restera qu'une fortune très modique, 10,000 francs de rente à peu près. C'est bien strictement le nécessaire. J'habiterai Paris ou peut-être la province, un endroit où je pourrai vivre inconnu. La curiosité du monde et sa pitié banale me seraient insupportables.

— Mais l'affection d'un ami, dit encore Marcelle.

— Hélas! les amis sont rares ; et puis il faudrait confier à cet ami mes secrets chagrins ; il faudrait enfin qu'il connût mon cœur ; et peu voilé. L'expansion est pour moi un effort que je ne me sens plus capable de faire. J'ai trop souffert.

— Mais un ami qui connaîtrait déjà votre vie, un ami qui aurait lu dans votre cœur, qui saurait tout ce qu'il contient de grandeur, de dévouement, de sentiments tendres et généreux, un ami qui déjà l'aurait entendu battre dans un moment de suprême douleur ; enfin si cet ami... c'était moi, M. Moriceau, ajouta-t-elle avec élan, en lui tendant ses deux mains !

— Vous! vous! balbutia Etienne tout ému de surprise.

Il hésita pourtant.

— Merci de cette offre si généreuse, reprit-il, merci de votre confiance, mais je ne puis accepter, madame.

— Ainsi vous refusez, dit Marcelle tristement.

— Oui, madame.

— Vous ne me jugez donc pas digne de votre amitié?

— Ah! madame, une amitié comme la vôtre serait pour moi, croyez-le, un bonheur inespéré. Mais votre générosité même me fait un devoir de refuser. J'ai pour votre caractère un si profond respect ; vous méritez si bien l'estime de tous que je craindrais les interprétations malveillantes du monde. Un seul mot qui atteindrait votre réputation serait pour moi le plus grand de tous les chagrins.

— Certes, repartit Marcelle avec dignité, il faut tenir à la considération du monde, et j'y tiens autant que personne ; mais l'amitié que je vous offre ne peut, en rien porter atteinte à ma réputation. Si je croyais que votre cœur comme le mien fussent encore accessibles à une affection plus tendre, je ne vous eusse jamais fait cette proposition. Je sais tous les dangers de l'amitié entre un homme et une femme encore jeunes ; mais nous avons trop souffert l'un et l'autre par l'amour pour qu'un tel sentiment puisse renaître en nous. Pour moi, je le disais, il n'y a qu'un instant, à madame Dercourt, l'amour me fait horreur, tandis qu'une douce amitié me serait un réel bienfait, et pourrait seule guérir des blessures qui saigneront longtemps encore.

— Sans doute, madame ; mais le monde est sceptique. Nous plaçant sur la même ligne que ma femme et votre mari, il nous confondrait tous deux, vous surtout, dans une même réprobation.

— Eh bien! je pense, moi, monsieur Moriceau, que lorsque le monde est injuste, il faut avoir le courage de s'affranchir de ses jugements. C'est pourquoi je vous renouvelle ma proposition : voulez-vous être mon ami?

Il hésitait encore. Mais elle le rassura. Ils prendraient des précautions d'ailleurs. Elle avait l'intention de vivre loin du monde. Qui saurait à Paris leur intimité!

En été, au lieu d'aller dans les villes d'eaux trop fréquentées, ils se réfugieraient dans quelque anse solitaire, et là se livreraient ensemble et tout entiers à l'éducation des chers petits qu'ils aimaient. Ce serait désormais le but, le bonheur de leur vie.

Étienne ne demandait qu'à être convaincu; il accepta. Toutefois, il n'avait pas dit à Marcelle tous les motifs de son hésitation.

Dans ce moment M. Patouillet entra.

Il était redevenu le beau, le majestueux, le sémillant Patouillet des meilleurs jours. En voyant M. Moriceau, il tressaillit. Cependant, il lui tendit la main; mais Étienne ne la prit point.

— Je voudrais vous entretenir seul un moment, dit Étienne.

M. Patouillet sentit une sueur froide le couvrir tout entier.

Il le conduisit dans son cabinet.

Étienne commença ainsi:

— Je viens, monsieur, régler votre compte avec madame Moriceau.

Les jambes de M. Patouillet tremblèrent si fort qu'il s'appuya à la cheminée.

— Je ne comprends pas ce que vous voulez dire, répondit-il.

— Inutile de jouer l'étonnement, monsieur, je connais vos relations avec madame Moriceau.

M. Patouillet nia avec d'autant plus d'assurance qu'il n'était pas encore l'amant heureux de Juliette. Il avait seulement des espérances qu'il regardait déjà comme des réalités.

— Ce n'est point là la question que je viens vous adresser. Je sais bien que, fussiez-vous l'amant de ma femme, vous ne l'avoueriez pas. Voici ce que j'ai appris d'une manière très positive: vous lui louez un appartement qu'elle n'a pas le moyen de payer; car cet appartement et son train de maison représentent au moins quarante mille francs de rente. Je dois vous prévenir qu'elle n'en aura en réalité que quinze mille. Veuillez donc me dire ce qu'elle vous doit. Ne dissimulez pas un centime, car je tiens à vous payer intégralement. Jusqu'à ce jour, je suis responsable des dettes de ma femme. Demain, je ne le serai plus. Je lui remettrai sa fortune et lui rendrai sa liberté, en la prévenant qu'elle est dégagée envers vous de toute reconnaissance. Voilà ce que je dois faire et je le ferai.

Patouillet s'attendait à une provocation. Quand il vit qu'il ne s'agissait, en effet, que d'un règlement de compte, il respira.

Toutefois il essaya de nier encore que Juliette lui dût quoi que ce fût.

— Puisque vous ne voulez rien accepter, c'est donc que vous êtes payé déjà, dit Étienne terrible.

Mais, en cet instant, le doux souvenir de Marcelle lui apparut et se plaça entre lui et M. Patouillet.

Sa colère tomba.

— Payez-moi donc, monsieur, dit Démosthènes; car je vous jure sur l'honneur que je ne suis pas l'amant de madame Moriceau.

Et il lui mit sous les yeux une lettre de Juliette prouvant, en effet, qu'ils n'en étaient encore qu'au platonisme.

— Ah! tant mieux, dit Étienne.

En laissant échapper cette exclamation, il pensait moins à Juliette qu'à Marcelle, qu'il n'eût pu revoir dans cette maison du moins, si ses doutes eussent été fondés.

XLI

Six ans après les événements que nous venons de raconter, c'est à dire l'année dernière, au commencement de juin, Marcelle écrivait à Étienne, alors à Nantes:

« Mon ami

» Je pars pour Roscoff où vous avez eu l'obligeance de me retenir une chaumière; mais vous ne me dites pas que vous en ayez retenu deux; c'est là ce qui m'inquiète. La chaumière n'est supportable qu'avec un cœur, et je ne puis me passer du vôtre. Depuis votre départ, je suis obsédée par toutes sortes de diables bleus. Pourquoi nous avez-vous quittés aussi brusquement le mois passé? Des affaires pressantes, disiez-vous. Et puis vos visites plus rares cet hiver, et puis cette seule et unique chaumière, et puis vos lettres laconiques, et puis, et puis, je me fais tant et tant de questions, je me livre à des suppositions si fantastiques, que je n'en dors plus; et l'idée que vous avez peut-être un secret chagrin m'ôte l'appétit.

» Vous savez que votre amitié est mon seul bonheur en ce monde; et si je devais la perdre... Mais, j'ai tort d'écrire cela. D'abord ce ne sont peut-être que des chimères que se forge mon esprit inquiet, dans la solitude absolue où je vis depuis votre départ. Auriez-vous quelque projet, quelque autre affection, que sais-je? Mon Dieu je suis folle. Pardonnez-moi.

» Vous êtes si bon! J'en abuse pour vous tourmenter. Non, il n'y a rien, n'est-ce pas? Vous m'aimez toujours comme votre meilleure amie et vous ne m'abandonnerez pas. Vous viendrez à Roscoff. Je le veux, je le veux, je le veux.

» Vous m'avez tant gâtée depuis six ans que je ne mets plus de bornes à mes exigences. C'est votre faute.

» D'ailleurs que deviendrait mon Charlot sans sa petite Juana? Il la réclame tous les jours. C'est au point que j'en ai des impatiences. Cependant Juana me manque aussi.

» Une idée qui me bouleverse, parce que je connais votre excessive délicatesse : auriez-vous entendu quelque propos sur notre intimité ?

» Mais vous savez mes sentiments à ce sujet : Quand on est fort de sa conscience et de son droit, il faut mépriser ce monde injuste et corrompu, ce monde si tolérant pour ceux qui se soumettent hypocritement à ses lois, et si sévère envers ceux qui marchent loyalement devant eux sans se soucier de ses calomnies.

» D'ailleurs là-bas, à Roscoff, nous serons heureux, tranquilles, ignorés. Les bruits du monde ne pourront nous y atteindre.

» A bientôt, n'est-ce pas, très bientôt. Car vous ne voudriez pas nous causer à tous un immense chagrin.

                » MARCELLE. »

Roscoff est un petit port de Bretagne, encore inconnu de la gent élégante et joyeuse qui, chaque année, se répand sur les côtes de l'Océan.

Roscoff, d'ailleurs, par la sévérité de son aspect, ne plaît guère qu'aux artistes et aux âmes reployées sur elles-mêmes dans une grande pensée ou dans un grand sentiment ; car Roscoff est à la fois affreux et splendide.

Ville noire.

Mer sombre.

Rochers terribles.

On arrive à Roscoff et l'on sent son cœur se serrer. On y reste en voulant fuir.

Un charme secret vous y retient, vous y fixe, et l'on s'aperçoit que ce coin sauvage possède d'attachantes beautés.

Il faut être artiste pour en découvrir les harmonies mystérieuses et les puissants contrastes.

La mer y mugit comme nulle part. Elle y vit, elle y palpite, elle y a des fureurs léonines, elle y déracine des granits géants, arrache aux gouffres où elle s'abîme des blocs démesurés qu'elle vomit sur ses rives.

Elle nourrit des monstres.

Les pieuvres y sont colossales ; les crabes, effrayants.

Le cap est dans l'eau.

Partout la lame bat ce grand corps dénudé et le lave.

Partout aussi le roc surgit du flot et semble repousser l'Océan.

Et puis, au milieu de cette nature grandiose, âpre, austère, des îles verdoyantes, des baies calmes et chaudes, qui font rêver aux sites colorés de la côte napolitaine ; des cimes de rochers enguirlandées de lierres et de lianes ; ouvrant aux amours, dans leurs flancs creusés par la vague, des nids frais et charmants d'où l'on entend le flot soupirer sur les grèves.

Enfin le gulf-stream y promène son eau tiède et y nourrit toute une flore terrestre et marine, dont les grâces délicates, les senteurs, les formes exotiques, la luxuriante végétation, jette un peu de lumière et de sérénité, comme un sourire dans ce paysage sombre et tourmenté.

C'est là que Marcelle vint s'établir avec son fils et avec Lucette, qu'elle avait consenti à reprendre auprès d'elle malgré sa faute.

A la suite de son procès, la pauvre Lucette, malade et incapable de gagner sa vie, était tombée dans une profonde misère. Bassou, en prison, avait fait de mauvaises connaissances. S'étant rendu complice d'un vol important, il avait été condamné à quatre ans de travaux forcés. Madame de Luz, émue de tant de malheurs, avait pardonné à Lucette, qui, depuis lors, lui témoignait un dévouement sans bornes.

Etienne, sur la prière de Marcelle, était venu les attendre à la station de Morlaix.

A l'altération de ses traits, à son embarras, à sa voix émue, au tremblement qu'il éprouva, quand Marcelle s'appuya sur lui, elle devina qu'elle ne s'était pas trompée ; qu'un secret chagrin le torturait ; elle devina qu'il l'aimait et luttait de toutes ses forces contre cet amour. Aussi n'osa-t-elle pas lui demander de vive voix l'explication des bizarreries qu'elle lui reprochait dans sa lettre.

Ils reprirent leur existence des années précédentes. Marcelle évitait les trop longs tête-à-tête le soir au bord de la mer ; le jour les enfants étaient là. Elle avait peur, non pas d'Etienne, mais d'elle-même. Toutefois elle ne se rendait pas bien compte encore que cette crainte mêlée d'attrait fût aussi de l'amour. Sans doute, elle se disait qu'une amitié aussi intime, s'ils étaient libres, pourrait devenir une affection plus tendre ; mais ce qu'elle éprouvait pour Etienne ressemblait si peu au sentiment exalté que Robert lui avait inspiré, qu'elle s'était abandonnée sans réserve à cette pure affection.

Elle s'était fait une telle habitude de la société d'Etienne, de ses attentions, de ses soins, qu'elle ne pouvait passer un jour loin de lui sans souffrir. Maintenant qu'elle avait un ami sur qui s'appuyer, un cœur en qui verser ses peines passées, ses espérances en l'avenir ; maintenant surtout qu'elle était aimée comme elle avait souhaité de l'être, elle avait repris confiance et croyait au bonheur.

Quant à Etienne, il aimait en effet, profondément, ardemment cette femme si chaste et si tendre qui lui donnait son âme avec tant d'abandon. Mais aussi depuis six ans, il souffrait, il se sentait inquiet, malheureux, malade ; il eût voulu non seulement l'amitié de Marcelle, mais son amour. Cependant il avait pour elle un tel respect qu'il n'eût point osé lui révéler ses souffrances. Et puis il se trouvait, lui, déjà vieux, avec ses cheveux blancs, ses traits fatigués et tristes ; tandis que Marcelle était encore si belle !

Elle avait trente ans, c'est-à-dire qu'elle était dans toute la splendeur de la jeunesse, dans l'achèvement de sa beauté. Depuis que Robert était effacé de son souvenir, son visage avait repris ses teintes rosées, ses yeux, leur éclat voilé d'ombre et son sourire, encore un peu triste, avait recouvré pourtant sa grâce enfantine. Donc Etienne aimait Marcelle comme il avait aimé Juliette, avec la même impétuosité contenue, avec le même dévouement passionné. Et ce second amour bénéficiait encore des déceptions du premier. Il n'eût même osé comparer dans sa pensée Marcelle si pure et si sincère, à l'impudique et menteuse Juliette.

Comment avait-il pu comprimer aussi longtemps cet amour ? C'est qu'il ne souffrait violemment que loin d'elle. Hors de présence, il était fiévreux, emporté, irascible même ; il se révoltait contre sa souffrance ; il voulait lui avouer son amour, et si elle le repoussait, la quitter, la fuir à jamais ; mais dès qu'il la revoyait, dès qu'il rencontrait son regard calme et son frais sourire, dès qu'il entendait sa voix douce, un peu plaintive, dès qu'il se sentait enveloppé par le charme apaisant que dégageait toute sa personne, il se trouvait soudain rasséréné, plus attendri que troublé.

Toutefois, cet amour entravé était arrivé à cette période de souffrance aiguë où il devient une véritable maladie morale, une idée fixe, presque une folie.

XLII

Un soir, ils étaient rentrés plus tôt que d'habitude. Le temps pronostiquait une tempête. L'atmosphère chargée d'électricité accablait et surexcitait en même temps.

Les enfants, fatigués par la chaleur du jour, luttaient péniblement contre le sommeil.

D'ordinaire, Marcelle ne les couchait qu'après le départ d'Etienne, car elle gardait aussi Juana pendant leur séjour au bord de la mer.

Ce soir-là, elle les envoya reposer de meilleure heure.

— Voyons, chers enfants, leur dit-elle, venez faire vos prières.

Et tous deux agenouillés devant Marcelle, les mains jointes sur ses genoux, récitèrent leur prière du soir.

Marcelle, sans être exagérée dans sa dévotion, était restée pieuse. Son esprit un peu faible, chez lequel le sentiment dominait la raison, n'avait pu s'affranchir des préjugés religieux. Mais sa piété était douce et élevée comme son âme.

Quand les enfants eurent terminé, elle ajouta d'une voix émue :

— Mon Dieu, veuillez que ceux qui nous ont fait du mal ne soient pas punis de leurs fautes, et pardonnez-leur comme nous leur pardonnons.

Etienne, à ces paroles, sentit ses yeux se mouiller.

— Qui donc t'a fait du mal, maman, s'écria le petit Charlot. Je voudrais bien le savoir, car je ne lui pardonnerais pas du tout.

— Moi non plus, fit Juana, qui répétait ordinairement ce que disait Charlot.

— Voyons, Charlot, si tu avais battu Juana, et si Juana, au lieu de te le rendre, venait t'embrasser, ne serais-tu pas honteux de ta méchanceté, et disposé à devenir meilleur ? Eh bien ! mon enfant, la plus belle et la plus terrible vengeance qu'on puisse tirer du méchant, c'est le pardon et la bonté.

— Pourtant, je t'assure, mère, qu'on ne peut pas toujours être bon. Quand on nous frappe, encore passe ; mais quand on nous manque de respect...

— Qui donc vous aurait manqué de respect, monsieur Charlot ? dit en souriant Marcelle.

— D'abord, qu'est-ce que des bâtards ? demanda l'enfant.

— Pourquoi cette question ?

— C'est qu'aujourd'hui sur la plage, j'ai entendu une femme qui disait, en nous voyant passer : « Ce sont les petits bâtards, les enfants de cette femme blonde que vous voyez là-bas avec ce monsieur noir. » Alors j'ai demandé au petit pêcheur qui nous ramassait des coquillages ce que c'était que des bâtards. Il m'a répondu : « Ce sont des enfants qu'on méprise, parce que leurs parents ne sont pas mariés ; » et il m'a demandé à son tour si tu étais mariée avec le monsieur noir.

— Et qu'as-tu répondu ? reprit Marcelle troublée.

— J'ai dit que je connaissais bien papa, que ce n'était pas M. Moriceau. Alors il a eu un vilain rire qui m'a mis très fort en colère, et je n'ai plus voulu répondre à ses questions ni à celles de cette vilaine femme qui était venue nous rejoindre.

— Tu as bien fait, mon enfant.

— Nous ne sommes pas des bâtards, n'est-ce pas, maman?

— Non, mon enfant.

— Et papa vit toujours?

— Oui, certainement.

— Il ne nous aime donc pas qu'il ne vient jamais nous voir?

— Et maman, dit aussi Juana, vit-elle toujours?

— Oui, répondit Etienne.

— Je vois bien que tu ne l'aimes pas. Pourquoi? est-ce qu'elle t'a fait du mal?

— Tu sais, Juana, que je t'ai défendu ces questions.

— Eh bien! moi non plus, je ne l'aime pas. Je me rappelle une belle dame avec de grands yeux qui me faisaient peur, tandis que toi, quoique tu ne sois pas si beau, et qu'on t'appelle le monsieur noir, tu ne m'as jamais fait peur. D'ailleurs, moi, je te trouve beau, petit père, ajouta-t-elle en sautant sur les genoux d'Etienne, parce qu'il n'y a personne d'aussi bon que toi; c'est maman Marcelle qui le disait hier.

Etienne et Marcelle se regardèrent, et dans ce regard, leurs cœurs s'étreignirent.

Marcelle appela Lucette qui vint chercher les enfants.

Lucette maintenant était méconnaissable. Le malheur, la misère avaient détruit tout vestige de son ancienne et merveilleuse beauté. Que de tourments accusaient les rides prématurées de son front! Que d'amertume dans les plis de ses lèvres autrefois si gracieuses!

— Qu'a donc Lucette? demanda Etienne quand il se trouva seul avec Marcelle. Il me semble qu'elle a les yeux rouges, et elle paraît plus triste encore que de coutume.

— Son mari lui a écrit de nouveau ce matin. Toujours cet odieux chantage. Il lui enlèvera son fils si elle ne lui envoie pas d'argent. Sans doute, il en a perdu le droit; mais Lucette lui fait passer tout ce qu'elle gagne de peur d'un mauvais coup.

— Pauvre femme! se trouver liée pour la vie à un être pareil, un forçat!

— C'est affreux! soupira Marcelle. La terreur de Lucette, c'est qu'il ne périsse un jour sur l'échafaud.

— La loi, reprit Etienne, ne devrait-elle pas du moins prévoir des cas semblables, et rompre des liens qui rivent l'existence d'un être honnête à celle d'un criminel? Ces demi-séparations ne sont-elles pas plus immorales, plus douloureuses, plus funestes même à l'ordre social que le divorce; car la séparation désunit sans délivrer; elle condamne à une sorte de suicide moral des cœurs faits pour aimer.

» Pourquoi pas le divorce? Les enfants, dit-on. Mais la séparation, aussi bien que le divorce, ne brise-t-elle pas pour eux la vie de famille? Je prétends, moi, que la séparation est aussi douloureuse pour les enfants que pour les parents; qu'elle leur fait une situation aussi fausse.

» Vous le voyez bien, votre enfant, aujourd'hui, a failli rougir de vous parce que votre position est équivoque et la sienne aussi. Vous le voyez bien, malgré la pureté de votre vie, vous serez toujours soupçonnée, votre vertu sera toujours suspecte. Vous avez beau n'être que victime, le monde vous traite en paria; vous êtes une sorte de déclassée. Que sont donc les vils intérêts d'argent que prétend sauvegarder le Code, au côté des droits du cœur, à côté de l'honneur? N'est-elle pas inique, immorale, flétrissante; au lieu d'être protectrice, cette loi qui ne rompt que la communauté des intérêts et qui laisse subsister, quand elle ne la crée pas, la communauté du déshonneur?

Ils avaient souvent ensemble abordé cette question; mais jamais Marcelle n'avait entendu Etienne s'élever avec cette véhémence contre la loi qui les vouait l'un et l'autre à un malheur irréparable, éternel.

— Ce n'est pas seulement la loi civile, objecta Marcelle timidement; c'est la loi religieuse, mon ami, qui s'oppose au divorce.

— La loi religieuse! Je respecte votre foi, madame, si elle vous a aidée à supporter le malheur. Pourtant, sous peine d'impiété, nous ne pouvons prêter à Dieu des exigences aussi injustes, aussi barbares. Non, car Dieu est équitable et bon: il nous a créés pour le bonheur; surtout il nous a faits libres, il veut la libre expansion de notre cœur. Les hommes seuls sont iniques; ils n'ont pas le sentiment de la vraie loi morale et de la dignité humaine. Non, la société n'a pas le droit d'attenter à la liberté individuelle en ce qui concerne l'essor des affections, de dire à deux êtres qui ont un cœur: Vous n'aimerez plus; elle n'a pas le droit, quand personne ne doit en souffrir, d'empêcher chacun d'arranger sa propre destinée comme il l'entend. C'est elle qui est responsable de tous les crimes de désirs, de tous les adultères cachés et de tous les malheurs qui en résultent. Qui donc serait lésé, par exemple, si vous vous remariiez, si je me remariais? Serait-ce votre mari qui ne vous a jamais aimée? Et la fortune de son enfant serait-elle compromise, puisqu'il ne lui en a pas laissé? Serait-ce ma femme qui a déshonoré mon nom, qui le déshonore chaque jour, ma femme qui me hait et qui sans doute soubaite ma mort? Seraient-ce ces pauvres enfants abandonnés? N'auraient-ils pas du moins une famille régulière dont ils ne rougiraient pas? Vous-même, pure et noble femme, unie à un être digne de vous, vous ne seriez plus en butte aux soupçons injurieux. Enfin Lucette, protégée par un autre mari, n'aurait plus à redouter les menaces de ce bandit, et sa vie ne serait pas à jamais flétrie par ce lien qui la déshonore, elle et son enfant.

— Ah! sans doute, vous avez raison, mon ami; mais les lois, hélas! sont plus fortes que nous, et nos souffrances ignorées ne les feront pas changer. Je vous en prie, ouvrez cette fenêtre. Ne trouvez-vous pas qu'il fait un peu chaud?

Etienne se leva pour ouvrir la croisée.

Marcelle était oppressée: elle éprouvait une sorte de malaise. L'animation nerveuse avec laquelle Etienne venait de parler lui faisait vaguement appréhender un danger. Elle essaya de changer de conversation.

— Vous ai-je dit que j'attendais ma mère demain? J'ai reçu un mot ce matin qui m'annonce son arrivée, si toutefois mon père consent à la laisser partir, et lui donne l'argent nécessaire pour son voyage; car, depuis les dernières catastrophes qui l'ont ruiné, il est plus irritable, plus tyrannique que jamais. Croiriez-vous qu'il accuse cette pauvre femme de tous ses désastres? C'est elle qui l'a ruiné, dit-il, par son incurie, son insouciance. Vous savez si elle avait le droit seulement de donner un conseil, de faire la moindre dépense. Souvent même il lui refusait l'argent le plus indispensable, sous prétexte qu'elle eût été incapable de le gagner et de le dépenser sagement. Je n'ose me plaindre, moi, quand je pense au malheur de ma mère. Elle a tout supporté par tendresse pour moi, pauvre femme! L'amour maternel en a fait une sainte, une martyre.

— Ah! oui, soupira Etienne, que de victimes obscures si complétement écrasées par le mariage, qu'elles n'ont plus même la force de se plaindre!

— Ma pauvre mère, reprit Marcelle, a tant souffert des violences de mon père, de ses reproches iniques, qu'elle en a pris une sorte de tremblement nerveux. Elle est réellement malade, et j'espère que l'air de la mer, le calme surtout et nos soins parviendront à la rétablir. Seulement, mon ami, peut-être serons-nous obligés de nous voir un peu moins souvent. Vous savez à quel point ma mère est jalouse de mon affection, et cette jalousie augmente de jour en jour.

— Est-ce mon éloignement que vous ordonnez, madame? demanda Etienne bouleversé.

Au même instant, un éclair illumina le ciel et un coup de tonnerre terrible ébranla la cabane. Une rafale poussa violemment les fenêtres entr'ouvertes, la bougie s'éteignit, un meuble renversé tomba avec fracas.

Surpris par cette brusque tempête, tous deux se levèrent à la fois. Marcelle jeta un cri; tremblante, elle s'élança vers son ami, et de tout son poids s'appuya sur le bras frissonnant d'Etienne, qui la serrait doucement contre lui, ainsi qu'un enfant effrayé qu'on veut rassurer.

Elle ployait davantage.

Tout le jour, à bout de courage, obsédé par cette pensée fiévreuse qui le torturait depuis six ans, il avait été sur le point d'avouer ses luttes, ses souffrances. A présent qu'il tenait entre ses bras cette femme tant aimée, au lieu de lui crier son amour qui débordait, il n'osait pas même le lui laisser deviner.

— Qu'avez-vous, Marcelle, qu'avez-vous? De grâce, répondez-moi, disait-il d'une voix étouffée.

— Rien, je ne sais... La frayeur.

Elle voulut se dégager; mais elle retomba.

Il la reconduisit à son fauteuil.

— Le tonnerre... j'ai eu peur... je vais mieux... merci, dit-elle. Restez auprès de moi, je vous en prie.

Par une étreinte nerveuse elle lui pressait fortement la main.

— Souffrez-vous? demanda encore Etienne effrayé de ce trouble.

— Non, plus maintenant. Je suis bien, là, près de vous; mais ne me quittez pas. Suis-je assez peureuse! Quel danger cependant pourrait m'atteindre, protégée par une amitié comme la vôtre! La foudre elle-même ne m'effraye plus. Et vous pensiez tout à l'heure que je vous ordonnais de me quitter! Mais que deviendrais-je sans vous? N'êtes-vous pas mon seul ami, le seul devant lequel j'ouvre ma pensée tout entière? Après mon fils, vous êtes ce que j'ai de plus cher au monde; et si vous m'abandonniez, je ne pourrais plus vivre. Loin de vous, si vous saviez comme je suis malade, inquiète! Chaque fois que vous me quittez, il me semble que mon cœur se déchire. Quel bien-être on éprouve à sentir à côté de soi une amitié si tendre, toujours en éveil, ingénieuse à vous épargner la moindre contrariété, la plus légère souffrance!

Etienne s'était laissé glisser aux genoux de Marcelle.

— Merci, merci, murmurait-il en baisant pieusement ses mains.

L'orage continuait au dehors, mais avec moins de violence. Le tonnerre grondait au loin. On entendait le sourd rugissement des flots. La pluie fouettait les vitres.

Ils restèrent quelque temps silencieux, ivres de bonheur, et bercés par le bruit de la tempête.

Tout à coup Marcelle, cédant à un mouvement irrésistible de reconnaissance et de tendresse, prit entre ses petites mains le front d'Etienne et le baisa.

Etienne laissa échapper un cri sourd, un cri de passion. Il repoussa violemment Marcelle, se leva, voulut s'éloigner; mais il chancela et tomba comme foudroyé.

En le voyant étendu, inerte, Marcelle fut prise d'une terreur folle. Elle se jeta sur lui, l'appela avec délire par les noms les plus tendres, et dans son égarement, elle l'entourait de ses bras.

Il revint à lui.

— Je vous aime, je vous aime, répétait-il éperdu. Vous m'aimez donc aussi. Je n'osais espérer un pareil bonheur. Mon amie adorée, ma femme, ma femme !

Il la serra dans ses bras avec transport.

— Quel vertige ! Ah ! pardonne, je suis fou !

Marcelle ne répondait plus ni à ses paroles, ni à ses étreintes. Elle restait immobile, stupéfaite.

Cet amour si véhément l'effrayait, mais elle n'osait le repousser.

— Oui, reprenait-il avec la même ardeur, ma femme devant Dieu, puisque les hommes nous ont séparés. Nos cœurs faits l'un pour l'autre sont unis à jamais. Nous quitterons la France, veux-tu ? ce monde où nous avons tant souffert, et nous irons bien loin dans un pays où personne ne nous connaîtra ; un beau pays plein de soleil et de poésie, un de ces pays où il y a toujours des fleurs. Là, plus de froid, plus de souffrance ; un printemps doux et éternel comme notre tendresse, comme notre bonheur. Réponds, réponds-moi donc. Tu consens, n'est-ce pas ? Tu m'acceptes pour ton mari, ton soutien, ton ami à jamais. Mais ta main est froide, tu pleures. T'ai-je offensée ?

— Non, vous ne m'offensez pas, Etienne. Rien de vous ne peut m'offenser ; mais je pleure parce que le bonheur que vous m'offrez, que je désire autant que vous, est impossible. Ce ne sont pas, je vous l'ai dit, les hommes seulement qui nous séparent, c'est Dieu, c'est ma religion, c'est ma conscience. Vous céder serait un crime, une souillure que ni le monde, ni Dieu, ni moi-même, ni nos enfants peut-être ne nous pardonneraient. Non, je ne puis, je ne veux pas faillir à mon honneur, à ma dignité. Sans doute la conduite de mon mari me rendrait excusable ; mais parce que j'ai épousé un homme indigne, en suis-je plus autorisée à manquer à mes devoirs, à mes serments ? Cependant,

je suis heureuse que vous m'ayez avoué votre amour. Maintenant, il n'y aura plus de secret entre nous. Je devinais que vous me cachiez une souffrance, je ne pouvais y remédier, puisque je l'ignorais ; mais à présent, je saurai l'apaiser, la guérir.

Elle se releva, ralluma la bougie ; car toute cette scène s'était passée à la lueur des éclairs incessants qui déchiraient le ciel.

Quant Marcelle revint à Etienne, elle le trouva, la tête inclinée, le visage abattu, l'œil morne. Elle lui prit la main.

— Dites-moi, supplia-t-elle, que vous m'aimez toujours, que vous ne m'en voulez pas de mon refus, que vous ne me quitterez pas, que nous resterons à jamais unis.

— Oui, vous avez raison, répondit-il résigné et calme en apparence, vous ne pouvez faillir, vous ! Merci de m'avoir rappelé à moi-même, merci de votre pardon ! Que vous êtes bonne et généreuse ! Mais il se fait tard. Il est temps que je rejoigne ma cabane.

— Vous reviendrez demain, n'est-ce pas, de bonne heure ?

— Oui, de bonne heure, fit-il.

En passant devant la chambre des enfants, il demanda à les voir dormir.

Il les baisa au front tous les deux.

— Y a-t-il rien de plus beau qu'un enfant endormi ! dit-il en soupirant. Quelle sérénité ! Puissent les passions ne jamais les atteindre ! Voyez donc, que notre Juana est belle ! Vous l'aimez bien, n'est-ce pas ? Vous l'aimerez toujours ?

— Oui, mon ami, toujours, puisque vous l'aimez.

Au moment de le quitter,

— Promettez-moi, ajouta Marcelle, saisie d'une vague appréhension, promettez-moi que nous ne nous séparerons pas.

— Je vous le promets, dit-il d'une voix hésitante.

Il déposa sur la main de Marcelle un baiser respectueux et recueilli dans lequel il parut mettre toute son âme.

Dès qu'elle fut seule, Marcelle se jeta à genoux, et laissa éclater les sanglots qui la suffoquaient.

— Mon Dieu, mon Dieu ! Comme je l'aime ! s'écria-t-elle en joignant les mains avec désespoir, donnez-moi la force de lui résister ! Pauvre cœur, si bon, si dévoué ! Lui qui a déjà tant souffert, le faire souffrir encore, c'est horrible.

Elle marchait maintenant à travers la chambre, indécise, troublée.

— Cela ne se peut pas, se dit-elle, Etienne a raison. Un Dieu bon ne peut ordonner un tel sacrifice, un sacrifice inutile, dont personne ne profitera. D'ailleurs, est-il bien sûr que ce soit un crime ? Me donner à un homme qui m'aime ainsi, que j'aime, moi, de toute mon âme, y a-t-il rien là qui puisse blesser ma dignité ? Après tout, si c'est un crime, eh bien ! je le commettrai pour lui. Oui, mon cœur, ma conscience, ma dignité même m'y poussent. Ce qui est honteux, c'est de faire souffrir ceux qui nous aiment. Ah ! qu'il me tarde de le revoir et de lui confier pour toujours ma vie, mon bonheur et mon honneur aussi, qu'il saura mieux sauvegarder que moi-même !

Plus calme maintenant, elle alla se coucher à côté de ses enfants.

XLIII

Etienne, au lieu de rentrer chez lui, resta dehors sur la grève. Mais ce n'était point pour observer les horreurs grandioses de cette nuit d'orage, les incendies du ciel et la tourmente des flots.

Il marchait lentement, la tête penchée en avant. Il ne sentait ni la pluie qui mouillait son visage, ni la rafale qui par instant s'opposait à sa marche.

De temps à autre, il découvrait son front brûlant, comme pour apaiser la tempête qui bouleversait aussi son cerveau. Mille pensées tumultueuses traversaient son esprit désolé, semblables aux nuages grisâtres qui, poussés par le vent, couraient épars sur un fond noir.

Tout à coup il marcha plus vite, puis il revint sur ses pas comme invinciblement attiré. Il s'éloigna de nouveau avec colère.

Marcelle habitait une maisonnette sur la baie des Villes. Il côtoya le rivage, franchit le Rochroum, puis le fort de Liek, et continua son chemin jusqu'à une falaise escarpée qui dominait la mer en surplomb.

La tempête semblait se calmer. On voyait circuler sur la plage quelques vigies, quelques falots.

Il gravit le rocher. Arrivé au sommet, son regard embrassait la mer immense. D'un côté, la petite anse de Roscoff ; en face de lui, l'îlot de Batz, avec son phare à feux tournants, qui éclairait de ses rayons impassibles et splendides cette lutte titanesque des éléments.

Tout à coup, il lui sembla que des voix sortaient du rocher. Il tressaillit, prêta l'oreille. Il n'entendit plus rien.

Alors il leva au ciel un regard désespéré, une dernière fois se tourna vers la demeure de Marcelle. Puis il se précipita dans le gouffre.

Au moment où Etienne Moriceau parvenait au haut de la falaise, deux hommes assis dans une anfractuosité du rocher, à l'abri de la bourrasque, fumaient et devisaient.

— Tu m'avoueras, disait l'un, que tu me conduis là à un spectacle peu récréatif : passer la nuit dernière en chemin de fer, et, au lieu de s'étendre dans un bon lit, venir s'asseoir dans cette grotte humide, si ce sont là les délices de Roscoff....

— Tais-toi, ripostait l'autre, ton prosaïsme me fait pitié. Peut-on être dépourvu à ce point de l'amour du beau ?

— De l'horrible, veux-tu dire ?

— Mais regarde donc cette sublime tempête, ces montagnes mouvantes qui se heurtent et se dévorent, ces embrasements sinistres succédant aux ténèbres du chaos, et ces déchirements du ciel et ces nuages semblables à des dragons en furie. Puisque ce spectacle ne t'émeut pas, fume et ne dis rien. Tu sais que je n'aime pas à être distrait quand je fais mes études. Il faut que je m'imprègne de toutes ces horreurs, car je médite un naufrage pour la prochaine exposition, une œuvre magistrale, tu verras.

Ils se turent. Soudain, ils virent le corps d'un homme traverser l'espace et disparaître dans la vague.

Tous deux d'un même élan, coururent au bord du précipice.

— Au secours ! au secours ! crièrent-ils ; mais leurs voix se perdaient dans les mille voix de l'ouragan.

L'artiste jeta ses vêtements et plongea. L'autre hélait toujours. Penché sur l'abîme, il sondait le gouffre d'un regard plein de terreur.

Cependant, les secours arrivèrent. Il était temps. Vingt fois le sauveteur avait saisi Etienne ; vingt fois la vague les avait séparés. Ses forces étaient à bout.

Une heure après, Etienne, ranimé, se trouvait couché à l'hôtel de Bretagne. Il avait une forte fièvre, accompagnée d'assoupissement. Toutefois, le médecin déclara qu'un bon sommeil le remettrait, et que le lendemain il serait sur pied.

Mais Etienne ne put dormir. A travers la mince cloison qui le séparait de ses voisins, une conversation qui lui parut d'abord un rêve, un effet du délire, tint son esprit en éveil.

Les deux amis qui l'avaient sauvé soupaient avant de se coucher ; car on entendait le bruit des verres et des fourchettes se mêler à celui des paroles.

— Quelle chose bizarre ! disait l'artiste, n'ai-je pas cru reconnaître tout à l'heure dans mon noyé un homme que je n'ai vu qu'une fois, mais dans une circonstance difficile à oublier ? Bah ! c'est impossible.

Il y a huit ans, tout au plus, M. Moriceau était encore fort jeune ; et cet homme a les cheveux blancs. Quelle ressemblance pourtant !

— M. Moriceau ! exclama son compagnon. Serait-ce le mari de la belle Moriceau qui a, un moment, occupé tout Paris, et à laquelle tu n'as pas été, je crois, tout à fait étranger ?

— C'est cela.

— Tu as même été, rapporte la chronique, au mieux avec elle.

— Oui.

— Longtemps ?

— Pendant un mois.

— C'est peu.

— Ah ! mon cher, c'était bien assez.

— Comment ? on la dit si séduisante !

— Elle a de belles lignes, une couleur superbe ; mais pas de cœur.

— Tu l'as aimée cependant.

— A la folie. On ne peut aimer cette femme que comme cela.

— On prétend qu'elle a le diable au corps.

— Oui ! Elle vous brûle.

— Cependant, au bout d'un mois, tu en avais assez ?

— Certes, j'ai plus souffert en ce mois de douloureuse mémoire que je n'ai souffert dans toute ma vie. Cette femme a cependant eu sur ma destinée une influence décisive et bienfaisante. Elle m'a fait comprendre que je n'étais point bâti pour de telles secousses, et que l'art est un maître jaloux qui n'admet pas de rival. Juliette Moriceau a contribué puissamment à modifier mes idées sur l'art, sur la passion et sur la famille. Moi, qui avais cru jusque-là qu'il fallait être possédé de la fièvre d'amour pour produire de grandes œuvres, j'ai dû reconnaître que rien n'est plus atrophiant pour le talent, plus opposé au développement du sentiment artistique que ces passions absorbantes, que ces entraînements violents.

— Que dis-tu là ?

— Hélas ! oui ; pendant ce mois de folie et les six mois qui ont suivi, je n'ai pu donner un coup de pinceau : je tournais tout bonnement à l'idiotisme. J'ai compris alors que la famille seule pouvait me sauver, en me rendant le calme et les douces affections.

— C'est à ce moment que tu as rappelé Annette.

— Et que je me suis marié. Dès lors, j'ai recouvré toute ma liberté d'esprit, qui depuis ne m'a plus quitté.

— Donc, à quelque chose malheur est bon ; car tu es aujourd'hui le modèle des papas et des maris.

— Positivement. Moi qui croyais détester les enfants, je reconnais maintenant que je les adore, et que j'étais fait pour le mariage. Mes deux marmots font la joie de ma vie.

— Alors tu ne crois plus à la fatalité des organisations.

— Au contraire, plus que jamais. J'ai souffert tant que mon organisation était hors de sa voie normale. Depuis que j'ai trouvé ma véritable destinée, c'est-à-dire l'amour de l'art, le travail dans le calme de la vie de famille, je suis le plus heureux des hommes. Tu vois donc bien que mon histoire prouve en faveur de ma thèse.

— Cependant, allégua son interlocuteur, supposons que la belle Juliette, au lieu de tomber sur un mari qu'elle n'aimait pas, un mari jaloux comme plusieurs tigres, jaloux comme un vrai peau-rouge, pas civilisé du tout, eût épousé Robert de Luz, crois-tu qu'elle n'eût pu faire une bonne et vertueuse femme ?

— Mariés, répliqua l'artiste, ces deux êtres-là se fussent arrachés les yeux au bout de quinze jours ; car ils ne comprennent pas les sentiments tendres.

Tandis que voilà dix ans qu'ils s'aiment, qu'ils souffrent, qu'ils se brouillent, qu'ils se réconcilient. Sans doute, cette vitalité exubérante, cette imagination toujours surexcitée, cette ardeur sensuelle inépuisable, constituent une maladie réelle. De pareils êtres sont des produits de notre société subversive, des sortes de maniaques passionnels qui portent avec eux le désordre et la douleur. Mais combien ne sont-ils pas plus redoutables encore quand ils sont enchaînés ?

— Encore une question sur cette belle Juliette, qu'un de mes amis a, comme toi, connue particulièrement. Qu'a-t-elle fait de son marchand de coton ?

— Elle l'a ruiné, puis congédié.

— J'ai même entendu dire que le fameux comte de Luz n'était pas étranger à cette ruine.

— Comment cela ?

— On prétend que ledit Patouillet entretenait madame Moriceau, et que madame Moriceau...

— Pauvre Robert ! C'est une de mes déceptions les plus douloureuses ; car je l'ai aimé à l'égal d'un enfant d'adoption. Quelle belle et puissante nature ! Il a traversé le monde parisien comme un resplendissant météore. Que lui a-t-il manqué pour faire un grand homme et peut-être un homme de génie ? Une jeunesse difficile qui développât en lui la volonté et le sentiment du devoir, ces deux contrepoids sans lesquels les plus belles organisations restent incomplètes et stériles.

— Et qu'est devenue madame de Luz ?

— Le piquant de cette douloureuse histoire, c'est que les deux époux trompés se consolent, dit-on, et se vengent ensemble par une lune de miel qui dure depuis six ans. Deux êtres bons et constants d'ailleurs, bien dignes de s'aimer et d'être heureux.

— Et moi qui croyais cette jolie madame de Luz une héroïne de vertu ! Ce chassé-croisé jette un froid sur mon admiration. Puisqu'elle accepte un consolateur, elle est à peu près pour moi au même rang que la Moriceau.

XLIV

Or, Etienne ne perdit pas un mot de la conversation des deux amis. Une fièvre intense l'agita toute la nuit.

A quatre heures, il se leva, passa chez lui pour changer ses vêtements. A six heures, il monta dans la patache qui conduit à Morlaix, et là prit le chemin de fer pour Paris. Il y arriva le lendemain de bonne heure.

Il entra chez un armurier, où il fit emplette d'un poignard, dont il examina la lame avec soin.

Puis il se fit conduire rue Saint-Lazare, 54, où il demanda madame Moriceau.

On lui répondit qu'elle était partie pour Bade.

Il alla ensuite rue Laffitte, 27, et s'enquit de M. de Luz.

— Parti pour Bade, lui répondit-on également.

Alors il se rendit au chemin de fer de Strasbourg, et prit un billet pour Bade.

Il semblait parfaitement calme. La chaleur était accablante. Son front ruisselait. Ses doigts avaient un mouvement nerveux presque continuel. Etait-ce un mouvement machinal ou un indice d'agitation intérieure ?

Il devait avoir encore la fièvre. Depuis quarante-huit heures, il n'avait pas mangé. Une ardeur singulière brillait dans ses yeux.

Il arriva à Bade, vers dix heures du soir.

Au lieu de descendre dans un hôtel, il se rendit directement à la maison de jeu.

Placé dans l'angle d'une porte, il pouvait observer sans être remarqué.

Robert de Luz, debout près d'une table de roulette, posait à chaque instant une poignée d'or sur un numéro.

Etienne, immobile, suivait des yeux tous ses mouvements, et de temps en temps jetait autour de lui un regard rapide.

Il était là depuis une demi-heure, quand une femme fort élégante passa à côté de lui, au bras d'un étranger.

Elle le frôla de sa robe.

Il tressaillit, regarda cette femme. Sa figure, ordinairement si placide, prit une expression effrayante. Ses narines se gonflèrent, sa bouche frémit. Ses yeux pâles eurent un regard féroce.

Cette montée de colère dura peu.

— Monsieur, demanda-t-il d'une voix calme à un jeune homme qui paraissait observer comme lui, quel est donc l'homme auquel cette femme donne le bras ?

— Un riche Moldave qui a fait sauter la banque hier.

— Et cette dame ?

— Une de ces aventurières qui chaque été infestent les villes d'eaux.

Juliette en cet instant s'approchait de Robert et lui parlait à demi-voix.

— Et ce monsieur auquel elle adresse la parole ? poursuivit Etienne.

— Un joueur, une espèce de chevalier d'industrie, ou si vous aimez mieux de chevalier d'amour, qui, dit-on, vit aux crochets de cette femme. Il joue avec son argent.

— Savez-vous où ils sont descendus ?

— Oui, à l'hôtel Victoria. Ah ! ah ! ajouta-t-il, seriez-vous pincé par la belle Moriceau ? Je vous préviens qu'elle coûte fort cher, plus qu'elle ne vaut. Comme elle pose pour une femme honnête qui a eu des malheurs, il faut lui payer ses malheurs ; et comme elle conserve un certain décorum de femme du monde, il faut encore payer cela, ainsi qu'on paye le luxe des boutiques qui étalent beaucoup de tapis et de dorures.

Etienne alors sortit, se rendit à l'hôtel Victoria, et là, en glissant une pièce d'or dans la main du garçon d'hôtel, il lui demanda une chambre voisine de celle de madame Moriceau.

Le garçon sourit.

— Il y en a une justement, répondit-il, qui peut communiquer avec l'appartement de cette dame. Seulement la porte est condamnée ; mais il ne vous sera peut-être pas impossible de vous la faire ouvrir.

Etienne le suivit.

Quand il fut dans sa chambre, il examina la porte et en dévissa la serrure avec la pointe de son poignard.

A minuit Juliette rentra, et quelques instants après Robert la rejoignit.

Il jeta sur la table plusieurs poignées d'or et une liasse de billets de banque.

— La veine est venue tard, mais elle est venue, dit-il, et fort à propos.

— Oui, repartit Juliette, car je vous avais donné ce soir mon dernier billet de mille francs, et, sans cette aubaine...

— Eh bien ! fit Robert.

— Il eût fallu partir.

— Pour aller où ?

— Que sais-je ? A Paris.

— Ou en Moldavie, répliqua-t-il vivement. Je trouve que vous vous affichez un peu trop avec ce Moldave,...

— Cela devient plaisant! Voyons, continuez,...

— Me croiriez-vous jaloux?

— Je l'espérais un peu.

— Eh bien! non. Je voudrais seulement que vous ne me rendissiez pas ridicule.

— Je ne vous comprends pas.

— Chère innocente!

— A propos de quoi cette querelle, je vous prie? dit Juliette fièrement.

— Allons! nous avons ce soir trop de foin au râtelier, pour songer à nous battre.

— Vous croyez peut-être que j'ai fait des coquetteries à ce prince moldave?

— Mon Dieu, oui.

— Et quand cela serait?

— Parbleu! je le sais bien, je n'ai pas le droit de le trouver mauvais. Eussé-je perdu ce soir, nous étions demain sans un sou. Vous songiez à vous mettre à l'abri d'un désastre. Je ne saurais que vous louer de votre prévoyance.

— Une injure semblable de votre part, c'est odieux, c'est lâche, s'écria Juliette, qui bondit sous l'insulte. Mais qui êtes-vous donc, vous, sinon le plus méprisable des hommes!

— Ma chère, tu ne me mépriseras jamais autant que je me méprise moi-même, répondit Robert en allumant tranquillement une cigarette.

Juliette, désarmée par cette réponse, se promena silencieusement dans la chambre.

— Robert, dit-elle tout à coup d'une voix sourde.

— Quoi?

— M'aimes-tu? m'aimes-tu toujours? et veux-tu enfin n'aimer que moi, dis? Et je le jure, je serai à toi, à toi seul, ton esclave, ta servante pendant la vie entière.

— Que me proposes-tu là? Recommencer une lune de miel après dix ans! Crois-moi, ce serait fade. Nous en aurions des nausées au bout de quinze jours. Non, vois-tu, nous sommes des galériens de l'amour, des forçats du plaisir. La vie que tu me proposes, mais c'est encore une espèce de mariage. Et, Dieu merci! c'est assez d'une fois.

— Vous préférez cette vie de bohême?

— Maintenant que j'y suis fait, ce n'est pas si désagréable. Il y a au moins un peu d'imprévu dans l'existence. Je trouve assez piquant que moi, qui ai dépensé jusqu'à un million par an, je ne sache pas quelquefois si et où je dînerai. D'ailleurs, quand j'en serai las, il y a un moyen bien simple...

— Ah! oui, le suicide, encore. Vous n'aurez donc aucune pitié pour une pauvre femme qui vous aime, car je vous aime toujours, moi, entendez-vous, Robert?

— Ah! parbleu! je le sais bien. Avoue seulement qu'il y a un peu de pose dans cet amour-là.

— Moi! je pose pour vous aimer! C'en est trop!

— Eh bien! non, tu m'aimes, c'est entendu. Et je t'en veux presque, ma pauvre Juliette! Sans toi, qui es désormais la seule attache sérieuse qui me retienne à la vie, il y a longtemps que je me serais brûlé la cervelle.

— C'est vrai, cela, Robert? fit-elle tout émue, tout heureuse!

— Oui, c'est parfaitement vrai, dit-il tranquillement.

Elle s'approcha de lui par un mouvement impétueux et l'entoura de ses bras.

— Ah! ça, reprit Robert en se dégageant doucement, tu m'aimeras donc toute ta vie?

Juliette resta un moment étourdie par cette question.

— Et... vous en êtes fatigué, n'est-ce pas? Eh bien! voulez-vous vous débarrasser de moi? Je vais vous en dire le moyen. Aimez-moi comme je vous aime; aimez-moi à en devenir fou et criminel comme je l'ai été; et je crois que je vous haïrai. Savez-vous pourquoi je n'ai jamais aimé que vous, pourquoi je ne puis aimer que vous? C'est parce que jamais vous n'avez été complétement à moi; parce que je vous sentais toujours prêt à m'échapper. Ah! c'est un amour vraiment fatal que celui que j'ai pour vous, un amour de damnée. Que de fois j'ai essayé de vous oublier! Oui, c'est vrai, j'ai voulu en aimer d'autres, je ne l'ai pas pu. J'ai voulu aimer mon mari, je ne l'ai pas pu. J'ai voulu aimer ma fille, je ne l'ai pas pu. Je me suis jetée dans la dissipation, j'ai souhaité tous les luxes, tous les plaisirs, tous les hommages pour vous oublier, et je vous aime encore. Emportée par cette infernale passion, j'ai renié tous mes devoirs: j'ai abandonné mon mari, j'ai abandonné ma fille. Pour vous, j'ai fait souffrir tous les êtres qui m'aimaient, à commencer par ce pauvre Etienne, un martyr. Je n'y puis penser sans me faire horreur à moi-même.

— Voilà un retour de tendresse conjugale qui ne manque pas d'opportunité, dit Robert en lançant une bouffée de fumée.

— Ah! c'est qu'il y a des instants où, révoltée de votre froideur, de votre scepticisme...

— De mon scepticisme? Et vous, à quoi croyez-vous donc?

— Moi! sceptique! Mais je crois à tout;

à Dieu, à l'enfer, et surtout à l'amour. Aimer, être aimée vraiment, je n'ai plus que ce rêve, le seul de ma vie. Je ne l'ai été qu'une fois par Etienne, et je ne l'ai pas compris. Aussi, par moments, je songe encore à aller me jeter à ses pieds, le supplier de me rendre son amour, de me rendre ma fille surtout. Ces liens, ces amours purs que j'ai méconnus, me réhabiliteront, si je puis l'être.

— Il n'y a qu'une difficulté, ma pauvre Juliette, c'est qu'il est assez probable que votre mari vous recevrait fort mal. Vous savez qu'il est l'amant de Marcelle.

— Ah ! je le sais bien, et c'est pourquoi j'hésite, j'ai peur.

— Elle le savait, fit en riant Robert. Voilà donc pourquoi aujourd'hui vous aimez votre mari : c'est uniquement parce qu'il en aime une autre, et que ce bonheur vous gêne. Croyez-moi, laissez ce brave homme en paix. Laissez-lui surtout le soin d'élever votre fille. Et si c'est Marcelle qui doit en être chargée, elle s'en acquittera mieux que vous.

— Cette femme que je hais, la charger d'élever ma fille ! ma fille à moi, la vôtre ! Non, non, je ne le veux pas. Je réclamerai mon enfant. Ah ! comme vous me méprisez ! Vous estimez donc bien votre femme ! Elle est pourtant aussi coupable que moi maintenant, puisqu'elle aussi a un amant.

En cet instant la porte de communication fut poussée violemment. Etienne, pâle, livide, effrayant, se précipita dans la chambre, le poignard levé. Il courut droit à Juliette ; et, rapidement, avec une adresse de sauvage, avant qu'elle eût pu faire un mouvement, il la frappa au cœur.

Elle poussa un râle sourd et tomba.

Alors Etienne, se tournant vers Robert, voulut aussi le frapper ; mais Robert esquiva le coup, le désarma et sortit pour appeler du secours.

Quand il rentra, accompagné de plusieurs hommes, on trouva Etienne tranquillement assis.

On s'approcha.

Ses deux mains étaient posées sur ses genoux. Sa tête, inclinée en avant, restait immobile. Ses yeux fixes, démesurément ouverts, regardaient dans le vague. Les muscles de son visage étaient horriblement contractés.

On lui adressa la parole. Mais au lieu de répondre, il éclata d'un rire saccadé, strident, effroyable.

Tous reculèrent d'épouvante.

Il était fou.

Deux jours après, les journaux de Paris enregistraient ainsi cet événement, aux faits divers :

« Bade vient d'être le théâtre d'un douloureux événement. M. M..., ancien officier de marine, a tué sa femme dans un accès d'aliénation mentale. Il a été ramené à Paris et conduit à la maison impériale de Charenton. »

FIN.

Paris. — Imprimerie Dubuisson et Ce, rue Coq-Héron, 8

[illegible]